Romanistische
Arbeitshefte 51

Herausgegeben von
Volker Noll und Georgia Veldre-Gerner

Christoph Gabriel, Natascha Müller

Grundlagen der generativen Syntax

Französisch, Italienisch, Spanisch

2., überarbeitete und erweiterte Auflage

De Gruyter

ISBN 978-3-11-030015-4
e-ISBN 978-3-11-030016-1
ISSN 0344-676X

Library of Congress Cataloging-in-Publication Data
A CIP catalog record for this book has been applied for at the Library of Congress.

Bibliografische Information der Deutschen Nationalbibliothek
Die Deutsche Nationalbibliothek verzeichnet diese Publikation in der Deutschen Nationalbibliografie; detaillierte
bibliografische Daten sind im Internet über http://dnb.d-nb.de abrufbar.

© 2013 Walter de Gruyter GmbH, Berlin/Boston

Gesamtherstellung: Hubert & Co. GmbH & Co. KG, Göttingen
∞ Gedruckt auf säurefreiem Papier

Printed in Germany

www.degruyter.com

Vorbemerkungen zur ersten Auflage

Unser Arbeitsheft stellt eine grundlegende, auf die Bedürfnisse von Studenten und Studentinnen der Romanistik und der jeweiligen Lehramtsstudiengänge zugeschnittene Einführung in die neuere generative Syntaxtheorie dar. Ausgehend vom Prinzipien- und Parametermodell konzentrieren wir uns auf die Weiterentwicklung des generativen Modells zum sog. Minimalistischen Programm, wobei wir uns auf Daten aus den in Deutschland unterrichteten Schulsprachen Französisch, Italienisch und Spanisch stützen. Aufbauend auf Konzepte, die in zahlreichen Seminaren zur romanischen Syntax an den Universitäten Hamburg, Wuppertal und Osnabrück erprobt wurden, haben wir uns um eine Darstellungsweise bemüht, die sowohl für Studienanfänger ohne einschlägige Kenntnisse zugänglich ist als es auch Fortgeschrittenen erlaubt, den Band zum Auffrischen der Syntaxkenntnisse bei der Prüfungsvorbereitung zu nutzen.

Bereits 1973 erschien als Band 1 der Reihe *Romanistische Arbeitshefte* mit Jürgen M. Meisels *Einführung in die transformationelle Syntax* eine der ersten generativ ausgerichteten Publikationen im Bereich der deutschsprachigen Romanistik überhaupt. Kurze Zeit später folgte ein weiterführender Band, der der Anwendung des Modells auf das Französische gewidmet war (Arbeitsheft 5). Zwar hatte der Verfasser in dessen Einleitung betont, dass „sich die Transformationsgrammatik an den Universitäten eines steigenden Interesses erfreu[e]" (S. 1), doch vermochte sich die generative Syntaxtheorie in der deutschsprachigen Romanistik über viele Jahre hinweg kaum gegen die Übermacht einer am Strukturalismus orientierten Linguistik zu behaupten. Erst 1998 wurde mit der *Generativen Syntax der romanischen Sprachen* von Natascha Müller und Beate Riemer (Tübingen: Stauffenburg, 1998) erneut ein einführender Band vorgelegt, der die Weiterentwicklung der Generativen Transformationsgrammatik (GTG) zum Prinzipien- und Parametermodell konsequent anhand romanischer Daten darstellte. Zwar hat die generative Syntaxtheorie im romanistischen Lehrplan zahlreicher deutschsprachiger Universitäten mittlerweile ihren festen Platz gefunden, doch steht den Studierenden neben Müller/Riemer (1998) sowie den Syntaxkapiteln in der *Hispanistik* von Natascha Pomino und Susanne Zepp (UTB 2498, Paderborn: Fink, 2004; Kapitel 5) und der *Romanischen Sprachwissenschaft* von Christoph Gabriel und Trudel Meisenburg (UTB 2897, Paderborn: Fink, 2007; Kapitel 7) derzeit keine einschlägige Literatur in deutscher Sprache zur Verfügung. Zudem beschränken sich die genannten Publikationen auf das Prinzipien- und Parametermodell und beziehen die grundlegenden Neuerungen des Minimalistischen Ansatzes nicht mit ein. Im Studienbuch zur *Generativen Syntax* von Ursula Klenk (Tübingen: Narr, 2003) wird der Minimalismus zwar in knapper Form thematisiert (S. 110–114), jedoch beschränken sich die Ausführungen auf frühe Entwicklungsstufen des Modells. Mit dem vorliegenden Arbeitsheft knüpfen wir inhaltlich an Müller/Riemer (1998) an und fassen damit wichtige Entwicklungen der letzten zehn Jahre zusammen.

Selbstverständlich lassen sich Lehrbücher nur dann verwirklichen, wenn man die entsprechende Leserschaft im Blick hat. Um ein möglichst effizientes Arbeiten mit unserem Band zu ermöglichen, haben wir uns entschlossen, die Übungsaufgaben durch Lösungsvorschläge zu ergänzen. Diese können bei den bibliografischen Daten des Bandes auf der Homepage des Verlags abgefragt werden.

Während unserer Unterrichtstätigkeit haben wir immer wieder von kritischen und konstruktiven Beiträgen und Fragen von studentischer Seite profitieren können, wofür wir uns an dieser Stelle herzlich bedanken möchten. Weiterhin danken wir unseren Kollegen und Kolleginnen Ingo Feldhausen, Joachim Jacobs, Conxita Lleó, Jürgen M. Meisel, Trudel Meisenburg, Wolfgang J. Meyer, Esther Rinke und Katrin Schmitz, deren fachliche Kompetenz und Diskussionsbereitschaft uns stets ein fruchtbares Umfeld bereitet hat. Unser Dank gilt zudem Leah Bauke, Karen Ferret, Laia Arnaus Gil, Estelle Leray, Luis López, Marisa Patuto, Anne-Kathrin Riedel, Davina Ruthmann, Judith Stemmann, Jeanette Thulke, Maryse Vincent und Liefka Würdemann, die uns bei den Endkorrekturen, den Sprachbeispielen sowie beim Erstellen des mehrsprachigen Glossars und des Registers unterstützt haben. Nicht zuletzt möchten wir uns beim Niemeyer-Verlag Tübingen und den Herausgebern der *Romanistischen Arbeitshefte* für die Aufnahme des Bandes in ihr Programm bedanken.

Hamburg und Wuppertal,   Christoph Gabriel und
im April 2008   Natascha Müller

Vorbemerkungen zur zweiten Auflage

Seit der Erstauflage unseres Arbeitsheftes haben zahlreiche Studenten und Studentinnen sowie Kollegen und Kolleginnen in Lehrveranstaltungen zur Syntax damit gearbeitet; zudem sind zwei Rezensionen erschienen (Kellert, O. 2010. *Zeitschrift für französische Sprache und Literatur* 120, 65–69; Neuburger, K. A. / Stark, E. 2010. *Romanische Forschungen* 122, 522–528). Aus beiden Quellen ist konstruktive Kritik erwachsen, die dazu geführt hat, dass die überarbeitete Auflage nicht nur in Bezug auf seitdem erschienene Literatur aktualisiert, sondern auch um inhaltliche Aspekte erweitert wurde. Neu hinzugekommen sind Abschnitte zur Syntax des Relativsatzes, zur Adjektivstellung sowie eine vertiefte Behandlung der Optimalitätstheorie und deren Anwendung auf Konstruktionen mit klitischen Pronomina. Wir danken den Herausgebern für die kritische Lektüre des gesamten Bandes sowie folgenden Personen für Anregungen und Hinweise bzw. für Unterstützung bei den Schlusskorrekturen: Annette Armbrust, Laia Arnaus Gil, Ariadna Benet, Leonardo Boschetti, Susann Fischer, Jonas Grünke, Tanja Kupisch, Trudel Meisenburg, Anne Meyer, Miriam Patzelt, Andrea Pešková, Gregor Schuhen, Jeanette Thulke und Liefka Würdemann.

Hamburg und Wuppertal,   Christoph Gabriel und
im Oktober 2012   Natascha Müller

Inhalt

Abkürzungen

*	1. ungrammatische (auch: nicht wohlgeformte) Form
	2. Verletzung eines Constraint (OT)
	3. Markierung der Rekursivität von TopP im Modell der Linken Satzperipherie nach Rizzi (1997)
☞	Handzeichen, markiert die als optimal bewertete Form (OT)
?, ??, *?	(mehr oder minder stark) eingeschränkt grammatische Form
!	fatale Verletzung eines Constraint (OT)
/.../	phonologische Umschrift
[...]	phonetische Umschrift
<...>	grafische Notation
{...}	alternative Varianten in Beispielsätzen
Ø	phonetisch leere Kategorie
1, 2, 3	1., 2., 3. Person
A	Adjektiv
Adv	Adverb, adverbiale Bestimmung
Agr	1. Kongruenzmerkmale (engl. *agreement*)
	2. funktionale Kategorie, in der Merkmale für die Kongruenz zwischen Subjekt und Verb bzw. zwischen Objekt und Verb kodiert sind (Agr$_O$, Agr$_S$)
AgrP	maximale Projektion der funktionalen Kategorie Agr (2)
Akk./AKK	Akkusativ (Kasus)
anim	Merkmal belebt
AP	Adjektivphrase
Aux	Auxiliar (Hilfsverb)
BPS	Reine Phrasenstruktur; engl. *bare phrase structure*
C	Komplementierer (engl. *complementizer*)
CL$_{dO}$, CL$_{iO}$	direktes bzw. indirektes Objektklitikon
CP	Komplementiererphrase
D	Determinant (auch: Determinierer, Determinante)
DP	Determiniererphrase
Dat./DAT	Dativ (Kasus)
dt.	Deutsch
dO	direktes Objekt
e	phonetisch leere Kategorie (engl. *empty*)
engl.	Englisch
EPP	Erweitertes Projektionsprinzip
F	Fokus (informationsstrukturelles Merkmal)
f.	Femininum (Genus)
FHG	Fokus-Hintergrund-Gliederung
FI	Prinzip der vollständigen Interpretation (engl. *full interpretation*)

Fin(P)	funktionaler Kopf, der Finitheitsmerkmale kodiert bzw. dessen maximale Projektion
Foc(P)	funktionaler Kopf, in dessen Spezifikator fokussierte Konstituenten stehen, bzw. dessen maximale Projektion (Fokusphrase)
Force(P)	funktionaler Kopf des C-Bereichs, der Merkmale des Satztyps kodiert, bzw. dessen maximale Projektion
fr.	Französisch
friaul.	Friaulisch
Fut.	Futur (Tempus)
Gen./GEN	Genitiv (Kasus)
griech.	Griechisch
I(P)	funktionale Kategorie *inflection* (Flexion) bzw. deren maximale Projektion
Imp.	Imperfekt (Tempus)
Ind.	Indikativ (Modus)
iO	indirektes Objekt
it.	Italienisch
kat.	Katalanisch
Kompl.	Komplement
Konj.	Konjunktiv
lat.	Lateinisch
LF	Logische Form
LI	*lexical item* (zusammenfassender Begriff für lexikalische und funktionale Kategorien als Elemente des mentalen Lexikons)
Lok./LOK	Lokativ (Kasus)
LOK	Thetarolle Orts- oder Lokalangabe
m.	Maskulinum (Genus)
MP	Minimalistisches Programm
N	Nomen (Substantiv)
Nom./NOM	Nominativ (Kasus)
NP	Nominalphrase
Num.	Numerus
O	Objekt
okzit.	Okzitanisch
OT	Optimalitätstheorie
P	Präposition
P&P	Prinzipien und Parameter
Part.	Partizip
Perf.	Perfekt (Tempus)
Pers.	Person
PF	Phonetische Form
Pl.	Plural (Numerus)
port.	Portugiesisch

Poss.	Possessiv
PP	Präpositionalphrase
Prät.	Präteritum (Tempus)
PRO	phonetisch leeres Subjekt infiniter Sätze
pro	phonetisch leeres Subjektpronomen
Prs.	Präsens (Tempus)
Q	Quantifizierer (engl. *quantifier*)
QP	Quantifiziererphrase
ref.	referenziell
refl.	reflexiv
rum.	Rumänisch
sard.	Sardisch
S	Subjekt
SC	engl. *small clause*
Sg.	Singular (Numerus)
sp.	Spanisch
Spec,XP	Spezifikator (auch: Spezifizierer) von XP
spez	Merkmal spezifisch
T(P)	funktionale Kategorie Tempus bzw. deren maximale Projektion
Tns	Tempus (engl. *tense*)
Top(P)	funktionaler Kopf, in dessen Spezifikator topikalisierte Konstituenten stehen, bzw. dessen maximale Projektion von Top (Topikphrase)
türk.	Türkisch
UG	Universalgrammatik
V	Verb
V_{fin}	finites Verb
VISH	engl. *VP Internal Subject Hypothesis*
vP	'kleine' Verbalphrase (maximale Projektion des kausativen Kopfes 'klein' v im VP-Schalen-Modell)
VP	Verbalphrase
X'	Zwischenprojektionsebene von X
XP	maximale Projektion von X ('X-Phrase')
Wh	Fragewort, Interrogativpronomen (vgl. engl. *where*, *what*, *why* etc.)
wh	Merkmal 'interrogativ', das die Wh-Bewegung auslöst
WhP	Wh-Phrase

1 Syntaktisches Wissen – unbewusstes Wissen

Der Begriff Syntax bedeutet zweierlei: Zum einen sind damit die **Regeln** gemeint, nach denen in einer Sprache einzelne Wörter zu komplexeren Einheiten verbunden werden – zunächst zu bestimmten Wortgruppen, sog. Phrasen und Konstituenten (vgl. 3.2.1), und dann zu ganzen Sätzen. Zum anderen versteht man unter Syntax diejenige linguistische Teildisziplin, die solche Kombinationsregeln zu erfassen sucht und die sich damit beschäftigt, was den Sprachen diesbezüglich gemein ist und was sie voneinander unterscheidet. Unter diesem Blickwinkel lässt sich Syntax als **Lehre vom Satzbau** fassen. Betrachten wir zunächst zwei deutsche Beispiele und vergleichen die Stellung von Verb (V) und Objekt (O) mit der in unseren drei romanischen Sprachen:[1]

(1) a. dt.   Ich bin sicher, dass dieser Student [$_O$ das Examen] [$_V$ besteht].   OV
     b.   Der Student will [$_O$ das Examen] [$_V$ bestehen].
(2) a. fr.   Je suis sûr que cet étudiant [$_V$ passera] [$_O$ l'examen].   VO
     b.   L'étudiant veut [$_V$ passer] [$_O$ l'examen].
(3) a. it.   Sono sicuro che questo studente [$_V$ passerà] [$_O$ l'esame].   VO
     b.   Lo studente vuole [$_V$ passare] [$_O$ l'esame].
(4) a. sp.   Estoy seguro de que este estudiante [$_V$ aprobará] [$_O$ el examen].   VO
     b.   El estudiante quiere [$_V$ aprobar] [$_O$ el examen].

In den deutschen Beispielen (1) steht das Objekt links vom Verb (Abfolge OV), und vermutlich jeder Muttersprachler (und auch jeder fortgeschrittene Lerner) würde Abweichungen hiervon als nicht korrekt (auch: ungrammatisch, nicht wohlgeformt) einstufen, z. B. *dass dieser Student [$_V$ besteht][$_O$ das Examen]*, *Der Student will [$_V$ bestehen][$_O$ das Examen]*. Die romanischen Sprachen zeichnen sich hingegen durch die Abfolge VO aus, und entsprechend werden OV-Konstruktionen als ungrammatisch bewertet, z. B. fr. *que cet étudiant [$_O$ l'examen][$_V$ passera]*, it. *Lo studente vuole [$_O$ l'esame][$_V$ passare]* oder sp. *El estudiante quiere [$_O$ el examen][$_V$ aprobar]*.

Berücksichtigt man auch deutsche Hauptsätze, die eine finite Form eines Vollverbs enthalten (hier: *besteht*),[2] dann verkompliziert sich das Bild allerdings etwas:

(5) a. dt.   [$_S$ Dieser Student]   [$_V$ besteht]   [$_O$ das Examen] [$_{Adv}$ zweifellos].
     b.   [$_O$ Das Examen]   [$_V$ besteht]   [$_S$ dieser Student] [$_{Adv}$ zweifellos].
     c.   [$_{Adv}$ Zweifellos]   [$_V$ besteht]   [$_S$ dieser Student] [$_O$ das Examen].
     d.   *[$_{Adv}$ Zweifellos][$_S$ dieser S.] [$_V$ besteht]   [$_S$ das Examen].

Zwei Aspekte fallen auf: Zum einen sind Abfolgen möglich, die mit dem oben Gesagten auf den ersten Blick nicht in Einklang zu bringen sind, denn das Objekt kann durchaus auch rechts vom Verb stehen (5a, c). Zum anderen zeigt sich eine Besonderheit des Deutschen: In Hauptsätzen können vor dem finiten Verb Wortgruppen mit unterschiedlicher grammati-

---

[1]   Soweit möglich, haben wir die Sprachbeispiele parallel konstruiert, doch stellen sie nicht in jedem Fall Übersetzungen voneinander dar.

[2]   Das finite Verb markiert die Kongruenz (Übereinstimmung) zwischen Subjekt und Verb.

scher Funktion stehen wie z. B. das Subjekt in (5a), das Objekt in (5b) oder auch eine adverbiale Bestimmung wie *zweifellos* in (5c). Allerdings wird ein Satz ungrammatisch, wenn sich hier mehr als eine Wortgruppe befindet (5d). Da das finite Verb im unabhängigen Aussagesatz generell an der zweiten Position bzw. nach der ersten Wortgruppe steht, spricht man hier von der sog. V2-('Verb-zweit')-Eigenschaft, die für den Satzbau des Deutschen (und auch des Niederländischen) bestimmend ist (für eine genauere Analyse vgl. 3.2.3).

Wenn wir unsere deutschen Sätze Wort für Wort ins Französische übertragen, stellen wir fest, dass die Entsprechungen zu (5b, c) nicht wohlgeformt sind, dass die im Deutschen ungrammatische Abfolge (5d) jedoch problemlos möglich ist:

(6) a. fr. [$_S$ Cet étudiant] [$_V$ passera] [$_O$ l'examen] [$_{Adv}$ sans aucun doute].
     b.   *[$_O$ L'examen] [$_V$ passera] [$_S$ cet étudiant] [$_{Adv}$ sans aucun doute].
     c.   *[$_{Adv}$ Sans aucun doute] [$_V$ passera] [$_S$ cet étudiant] [$_O$ l'examen].
     d.   [$_{Adv}$ Sans aucun doute], [$_S$ cet étudiant] [$_V$ passera] [$_O$ l'examen].

Dieser Kontrast ist nicht verwunderlich, wenn man annimmt, dass das moderne Französisch (wie die übrigen romanischen Sprachen) im Gegensatz zum Deutschen keine V2-Sprache ist.[3] Allerdings erlauben die heutigen romanischen Sprachen Konstruktionen, die auf den ersten Blick den deutschen V2-Sätzen gleichen. So erlaubt etwa das Spanische Sätze mit vorangestelltem Objekt, wenn dieses besonders betont wird, z. B. [$_O$ *Una manZAna*] [$_V$ *se comió*] *María, y no un durazno* (die Großschreibung der betonten Silbe im Wort *manzana* zeigt an, dass hier der Satzakzent liegt). Im Weiteren wird jedoch klar werden, dass diese Sätze anders zu analysieren sind als die deutschen Entsprechungen (vgl. 3.2.3 und 3.4.5).

Interessant ist nun, dass die Sprecher einer Sprache nicht nur über die Kompetenz verfügen, Sätze zu bewerten, sondern dass sie ungrammatische Konstruktionen i. d. R. erst gar nicht produzieren. Dies zeigt sich daran, dass auch in größeren Korpora[4] Sätze wie (5d) oder (6b, c) kaum vorkommen,[5] und auch bei Kindern ist die Abfolge von Verb und Objekt in frühen Phasen des Spracherwerbs schon erstaunlich konstant (vgl. 2.2 sowie Platz-Schliebs et al. 2012: 25f.). Wir müssen also davon ausgehen, dass die Sprecher über ein beachtliches Wissen über den Satzbau ihrer Sprache verfügen. Fragt man jedoch nach den Gründen für ihr Urteil, dann ist es ihnen meist nicht möglich, diese anzuführen oder gar die Grundlagen ihres eigenen sprachlichen Handelns zu benennen. Die Sprecher machen also offensichtlich nicht nur alles 'richtig', sondern sie tun dies zudem auf intuitive Art und Weise, also unbewusst. Das syntaktische Wissen, über das sie verfügen, ist ihnen nicht unmittelbar zugänglich; es handelt sich vielmehr um weitgehend **unbewusstes Wissen**.

Man muss jedoch betonen, dass dies nur die sog. Kerngrammatik (engl. *core grammar*) betrifft. Mit diesem Begriff erfasst man die zentralen Regularitäten, die die Wortstellung ei-

---

[3] Es wird allerdings kontrovers diskutiert, ob ältere Sprachstufen des Französischen durch gewisse V2-Eigenschaften charakterisiert sind, vgl. u. a. Roberts (1993) und Kaiser (2002).

[4] Unter einem Korpus (neutrum, Pl. Korpora) versteht man eine Sammlung sprachlicher Äußerungen, die als empirische Grundlage für linguistische Analysen dient (Lemnitzer/Zinsmeister 2010).

[5] Valian (1990b: 120) zeigt im Rahmen einer Spracherwerbsstudie, dass nur 4 % der erwachsenensprachlichen Äußerungen ungrammatisch sind; vgl. auch Valian (1990a).

ner Einzelsprache ausmachen wie etwa die V2-Eigenschaft des Deutschen oder die grundlegende VO-Abfolge der romanischen Sprachen.[6] Stilistische Aspekte wie etwa die Vermeidung aufeinanderfolgender parallel gebauter Konstruktionen im Text müssen hingegen bewusst erlernt werden, was z. B. im schulischen Sprachunterricht geschieht. In bestimmten Textsorten kann man sich wiederum bewusst über die jeweiligen kerngrammatischen Regeln hinwegsetzen: So kommen in gebundener Sprache, die durch ein Versmaß und gegebenenfalls auch durch den Endreim bestimmt ist, durchaus Konstruktionen vor, die von Muttersprachlern normalerweise als ungrammatisch beurteilt würden. Betrachten wir die Beispiele (7a, b), die aus Opernlibretti stammen, sowie das Sprichwort (7c):

(7)   a.   fr.   FERNAND   Pour toi [$_{PP}$ des saints autels] j'ai brisé l'<u>esclavage</u>.   *a*

                LEONOR   Et depuis lors mon pouvoir protecteur   *b*

                               veilla sur tes destins, et sur ce doux rivage   *a*

                               conduisit en secret tes pas …

                FERNAND   Pour mon bonheur !   *b*

                                       (G. Donizetti / E. Scribe, *La favorite*, I, 5)

      b.   it.   Io giammai [$_O$ Rodolfo] non [$_V$ amai].   (G. Verdi / F. Piave, *Luisa Miller*, II, 1)

      c.   sp.   Quien [$_O$ fosa][$_V$ cava], en ella caerá.   (Sprichwort)

Während in (7a) wegen des Endreims (Kleinbuchstaben *a*, *b*) die grau hinterlegte Ergänzung dem Bezugswort vorangestellt ist und von diesem zudem durch das Verb getrennt wird (reguläre Abfolge: *j'ai brisé l'<u>esclavage</u>* [$_{PP}$ *des saints autels*]), finden sich in (7b, c) jeweils Belege für die Wortstellung OV, die in normaler Rede weder im Italienischen noch im Spanischen möglich ist; die reguläre Abfolge wäre hier jeweils VO: it. *Io non* [$_V$ *amai*] *giammai* [$_O$ *Rodolfo*] bzw. sp. *Quien* [$_V$ *cava*][$_O$ *una fosa*]. In (7c) fehlt zudem der unbestimmte Artikel *una*, den man in natürlicher Sprache vor dem Nomen setzen würde.

Die Sprecher einer Sprache verfügen also über syntaktisches Wissen, das sie befähigt, korrekte Sätze zu bilden und ihnen vorgelegte Konstruktionen zu bewerten. Zusätzlich hierzu können sie stilistische Feinheiten erlernen und unterschiedliche grammatische Konstruktionen gezielt einsetzen. Schließlich können sie sich auch, wie wir in (7) gesehen haben, gezielt über ihre sprachliche Intuition hinwegsetzen. Das Ziel der linguistischen Disziplin Syntax besteht nun darin, das unbewusste syntaktische Wissen bewusst zu machen und die Regularitäten, die dem entsprechenden Bereich unseres sprachlichen Handelns zugrunde liegen, modellhaft zu erfassen. Wie aber kommen wir nun unserem syntaktischen Wissen auf die Spur? Da wir hierzu keinen direkten Zugang haben, sind wir darauf angewiesen zu beobachten, welche Satzbaumuster in der zu untersuchenden Sprache auftreten, welche Varianten möglich sind und in welchen Kontexten diese auftreten. Im Rahmen der Generativen Linguistik, die den Hintergrund für die hier darzustellende Syntaxtheorie bildet, steht das kreative, dynamische Moment von Sprache im Mittelpunkt: Man geht davon aus, dass die Sprecher aufgrund ihres unbewussten syntaktischen Wissens in der Lage sind, eine un-

---

[6]   Eine weitere kerngrammatische Eigenschaft betrifft das Subjekt, das in manchen Sprachen unrealisiert bleiben kann (z. B. Italienisch, Spanisch), während in anderen keine 'subjektlosen Sätze' erlaubt sind (Französisch); vgl. hierzu ausführlich 2.3.1.

4

endliche Menge an grammatischen Sätzen zu erzeugen bzw. zu 'generieren'.[7] Sprachliche Fähigkeiten sind damit ein Teil des menschlichen Denkens und Bestand unserer Kognition: Im Mittelpunkt des Interesses steht das Individuum. Der Zugang zu dessen sprachlichem Wissen erfolgt im Rahmen generativ ausgerichteter Studien vor allem, indem der analysierende Linguist seine eigene (muttersprachliche) Kompetenz nutzt (sog. Introspektion) bzw. einen Sprecher der zu untersuchenden Sprache um Grammatikalitätsurteile bittet und diese auswertet, um syntaktisches Wissen zu rekonstruieren. Da sich auf diese Weise die potenzielle Vielfalt sprachlicher Äußerungen jedoch nur in unzureichender Weise dokumentieren lässt, stützt man sich in neuerer Zeit auch im generativen Rahmen vermehrt auf Korpusanalysen und versucht, die in den Daten konstatierte Variation formal zu erfassen (vgl. 2.1, 5.1). Die Untersuchungsmethoden umfassen neben der Analyse schriftlicher Korpora auch insbesondere die Auswertung von Sprachaufnahmen, wobei außer bereits vorhandenen Dokumenten (wie z. B. Radio- und TV-Mitschnitten) vor allem auch Daten genutzt werden, die gezielt bei der linguistischen Feldforschung und in speziellen Experimenten erhoben werden. Die gewonnenen Daten werden dann systematisiert und dienen dazu, Hypothesen über die Beschaffenheit des sprachlichen Wissens aufzustellen und diese gegebenenfalls zu bestätigen bzw. zu verwerfen (vgl. hierzu auch Albert/Koster 2002).

Ein zentraler Gedanke des Generativen Modells ist die **Modularität**. Man nimmt an, dass die Syntax eines von mehreren eigenständigen Teilmodulen ist, die miteinander interagieren. Neben syntaktischem Wissen verfügen wir nämlich auch über ein implizites Wissen über mögliche Lautstrukturen (phonologisches Wissen), und wir können etwa als Sprecher des Deutschen eine Lautkombination wie *prst als potenzielles Wort unserer Muttersprache ausschließen – in einer Sprache wie Tschechisch, die ein silbisches *r* aufweist, ist dies hingegen möglich: *prst* bedeutet hier 'Finger'. Weiterhin haben wir eine Intuition darüber, wie einzelne Wörter und Wortbestandteile zu komplexeren Einheiten zusammengesetzt werden und welche Kombinationen ausgeschlossen sind (morphologisches Wissen), und schließlich haben Wörter, Wortverbindungen und Sätze jeweils eine Bedeutung, die wir mithilfe unseres semantischen Wissens erfassen können. Seit geraumer Zeit wird die Idee von der Modularität und insbesondere von der Eigenständigkeit (Autonomie) der Syntax jedoch zunehmend infrage gestellt, und es wird davon ausgegangen, dass die einzelnen sprachlichen Wissensbereiche enger miteinander verzahnt sind, als in den Anfängen der generativen Theoriebildung angenommen wurde. Nach einer Einführung in die Grundlagen der generativen Analyse (Kap. 2 und 3) stellen wir deshalb mit dem sog. **Minimalistischen Programm** (MP) einen neueren Ansatz vor, in dem syntaktische und phonologische Komponente enger miteinander verzahnt sind (Kap. 4). Gleiches gilt auch für die sog. **Optimalitätstheorie** (OT), die wir in Kap. 5 anhand von zwei Fallbeispielen diskutieren.

---

[7]   Noam Chomsky (geb. 1928), der Begründer der generativen Schule, beruft sich diesbezüglich auf Wilhelm von Humboldt (1767–1835), der in seiner Abhandlung *Ueber die Verschiedenheit des menschlichen Sprachbaus* (1836) Sprache wie folgt charakterisiert: „Sie selbst ist kein Werk (*Ergon*), sondern eine Thätigkeit (*Energeia*)" (§ 8). Zu den Grundlagen der Generativen Linguistik vgl. Kap. 2 sowie Müller/Riemer (1998: 1–8), Gabriel/Meisenburg (2007: 32–41) und Platz-Schliebs et al. (2012: 219–24).

2 Prinzipien und Parameter

Das folgende Kapitel erläutert am Beispiel der Spracherwerbsforschung die beiden zentralen Begriffe Prinzipien und Parameter. Diese Begriffe sind für das Verständnis des generativen Modells wichtig, weil sie bis heute herangezogen werden, wenn es in der Linguistik um den Entwicklungsaspekt geht. Wie erwerben Kinder ihre Erstsprache und wie können wir den Wandel von Sprachen über einen Zeitraum erklären und gar vorhersagen?

2.1 Kompetenz und Performanz

Der Genfer Linguist Ferdinand de Saussure hat bei der Beschreibung von Sprache die Unterscheidung zwischen *langue* und *parole* eingeführt. Mit *langue* bezieht man sich auf Sprache als ein System von Sprachzeichen; der Terminus *parole* bezeichnet den Gebrauch dieses Systems in konkreter Rede (vgl. Gabriel/Meisenburg 2007: 25–32). Mit der sog. kognitiven Wende in der Sprachwissenschaft geriet der Sprachbenutzer in den Vordergrund. Die generative Schule hat für die Unterscheidung des abstrakten zugrunde liegenden Sprachwissens und dessen Anwendung in konkreten Kommunikationssituationen die Begriffe **Kompetenz** und **Performanz** geprägt. Diese Schule ist bestrebt, das Sprachwissen der Muttersprachler als idealisierte, von einzelnen Gebrauchssituationen unabhängige Beschreibungsebene von Sprache anzusehen. Diese Sichtweise bedeutet nicht, dass das Wissen über Sprache nicht auch das Wissen über deren Gebrauch einschließt. Nun sind Sprachdaten, die aufgezeichnet und von Linguisten analysiert werden, immer Performanzdaten, da sie entstanden sind, als Erwachsene bzw. Kinder von ihrem Sprachwissen Gebrauch gemacht und Sprache produziert haben. Wir können festhalten, dass die Kompetenz (ebenso wie die *langue*) nicht der direkten Beobachtung zugänglich ist, sondern nur über die Performanz erschlossen werden kann.

Eine mögliche Form der Messbarkeit bzw. Offenlegung des Sprachwissens ist die Introspektion, d. h. die Bewertung einer Konstruktion im Hinblick auf deren Grammatikalität durch den Muttersprachler, meist durch den analysierenden Linguisten selbst (vgl. Kap. 1). Eine andere Möglichkeit ist die empirische Forschung, d. h. die Erhebung von Sprachdaten. Bei beiden Methoden ergibt sich folgendes Problem: Die Kompetenz manifestiert sich nicht in ihrer reinen Form, sondern als Performanzerscheinung, da Sprachdaten *per se* zunächst Performanzdaten sind.[1] Es müssen also unbedingt Kriterien entwickelt werden, welche einzuschätzen helfen, wann Performanzdaten Kompetenzphänomene widerspiegeln und wann dies nicht der Fall ist.

---

[1] Zur Problematik von Grammatikalitätsurteilen vgl. Adli (2004); zu Problemen bei der Analyse von empirischen Sprachdaten vgl. Müller et al. (2011).

Ein quantitatives Kriterium ist die Frequenz des Sprachphänomens. Bei solchen Spracherscheinungen, die mit einer relativen Häufigkeit von unter 5 % auftreten, darf man davon ausgehen, dass sie der Performanz zuzurechnen sind (vgl. Platzack 2001). Sicher kann man sich jedoch auch bei einem gering ausfallenden Auftreten nicht sein, da es systematische Sprachphänomene gibt, die von Muttersprachlern sehr selten gebraucht werden, aber dennoch die Kompetenz widerspiegeln. Yang (1999) nennt als Beispiel französische Konstruktionen, in denen ein finites Verb (V_{fin}), das die **Kongruenz** – die Übereinstimmung im Hinblick auf die Merkmale Person und Numerus – zwischen Subjekt und Verb markiert, der Negationspartikel (Neg) *pas* oder einem Adverb (Adv) vorangeht: *Jean (ne)* [$_V$ *mange*] *pas la pomme*[2] und *Jean* [$_V$ *regarde*] *souvent la télé*. Dieser Typ macht in der spontanen Interaktion von französischen Muttersprachlern 7 bis 8 % aus, ist also sehr selten. Die Beispiele spiegeln aber eine Eigenschaft des Französischen wider, die im Wissenssystem abgelegt sein muss und auf deren Basis sich das Französische von anderen Sprachen wie Englisch unterscheidet, nämlich der obligatorischen Verbverschiebung (vgl. Müller/Riemer 1998: 207–229). Im Englischen stehen Negationsausdrücke und Adverbien gerade an einer Position, an der sie im Französischen ausgeschlossen sind. Dies wird über den genannten Unterschied bei der Verbverschiebung erklärt (vgl. ausführlich 3.2.3 und 3.4.4). Hier zunächst einige Beispiele, die den Kontrast zwischen dem Englischen und dem Französischen zeigen:

(1) a. fr.   Jean regarde souvent la télé. / *Jean souvent regarde la télé. V_{fin}-Adv
     b.   Jean (ne) regarde jamais la télé. / *Jean (ne) jamais regarde la télé. V_{fin}-Neg
     c. engl. *John watches often TV. / John often watches TV.   Adv-V_{fin}
     d.   *John watches never TV. / John never watches TV. /   Neg-V_{fin}

Die Beispiele (1) machen deutlich, dass im Französischen das finite Verb vor dem Adverb (bzw. vor der Negationspartikel, hier: *jamais*) auftritt; im Englischen ist die Abfolge umgekehrt. Geht man davon aus, dass das lexikalische Verb (*regarde*) zunächst unmittelbar neben seinem Objekt steht (*la télé*), was in Konstruktionen mit Modalverben und Infinitiven deutlich zu erkennen ist (vgl. *Jean (ne) veut pas regarder la télé* und *Jean veut souvent regarder la télé*), dann hat sich in (1a) das finite Verb nach links verschoben: *Jean regarde souvent ~~regarde~~ la télé*, was wir hier mit der durchgestrichenen Kopie des Verbs kenntlich machen. Der sog. Kopiertheorie (*Copy Theory of Movement*) widmen wir uns in 4.1.4.

Ein weiteres Beispiel sind französische Konstruktionen mit dem semantisch leeren Pronomen wie in *Il me faut de l'argent*. Solche sog. **expletiven Subjekte** sind semantisch leer; ihre Anwesenheit ist erforderlich, wenn die Sprache die Auslassung des Subjekts nicht erlaubt, vgl. 3.5.2 sowie Müller/Riemer (1998: 34ff). Obwohl das Pronomen in der spontanen Interaktion von Muttersprachlern nicht oft vorkommt, weil es nur mit unpersönlichen Verben verwendet und zudem oft ausgelassen wird,[3] spiegelt es eine Eigenschaft des Französi-

---

2   Wir haben *ne* in Klammern gesetzt, da es in der gesprochenen Sprache sehr oft ausfällt (Krassin 1994: 13–18). Es geht uns hier um *pas*, welches nicht ausgelassen werden kann.

3   Bei der spontanen Interaktion von französischen Muttersprachlern ließen sich von insgesamt 568 finiten Kontexten 9 Vorkommen von *i'* bzw. *il* als Expletivum nachweisen, d. h. das Expletivum wird in nur 2 % der Fälle realisiert (Katrin Schmitz, persönliche Mitteilung).

schen wider, die im Wissenssystem verankert ist und durch die sich das Französische von anderen romanischen Sprachen wie Italienisch und Spanisch unterscheidet, nämlich der obligatorischen Realisierung der (semantisch nicht leeren)[4] Subjektposition. Der italienische bzw. spanische Satz *È malato* bzw. *Está enfermo* hat im Französischen das Äquivalent *Il est malade*; der italienische Satz *Lui è malato (e non lei)* wird im Französischen mit *C'est lui qui est malade (et non elle)* übersetzt. Machen also Sprachen wie Italienisch und Spanisch von der Möglichkeit Gebrauch, das (pronominale) Subjekt nicht zu realisieren (weil es nicht betont ist), muss das Französische auf die so genannten schwachen Pronomina zurückgreifen und die Subjektposition mit Hilfe eines solchen Pronomens besetzen. Schwache Pronomina sind im Französischen auch dann anwesend, wenn das bereits in den Diskurs eingeführte Subjekt hervorgehoben werden soll, wie das folgende Frage-Antwort-Paar zeigt: *Tu crois que* _Marie_ *va réussir son examen ? − Oui, elle,* _elle_ *va réussir, mais Charlotte va échouer, j'en suis sûr.* Die Verwendung von expletivem *il*, auch wenn wenig frequent, spiegelt also eine systematische Eigenschaft des Französischen wider, nämlich dass es sich nicht um eine Null-Subjekt-Sprache handelt. Hierauf gehen wir in 2.3.1 genauer ein.

Aber kommen wir zu unseren Kriterien für die Bestimmung von Performanzphänomenen zurück. In den Ausführungen zum semantisch leeren Pronomen des Französischen war von Systematik die Rede. In der Tat ist dies ein qualitatives Kriterium für die Abgrenzung von Performanz- und Kompetenzerscheinungen. So mag sich ein deutscher Muttersprachler 'versprechen' und ein maskulines Nomen mit einem femininen Artikel verwenden, z. B. **die Tisch*. Ohne erkennbare Systematik handelt es sich um eine Performanzerscheinung, also um so etwas wie einen 'sprachlichen Unfall'. Nun gibt es in Sprachen aber auch Wörter, deren Genus sich register- oder regionalspezifisch unterscheidet oder deren Genus im Wandel inbegriffen ist, z. B. fachsprachlich *das Virus* vs. umgangssprachlich *der Virus* oder norddt. *die Cola* vs. süddt. *das Cola*, wobei sich hier die feminine Markierung ausbreitet. Im Unterschied zum Versprecher lässt sich hier eine Systematik erkennen. Variation kann also der Performanz oder der Kompetenz zugeschrieben werden, jedoch kann dies nur auf der Basis vorformulierter Kriterien erfolgen. Mit anderen Worten: Variation in diesem Sinne bedeutet aus sprachwissenschaftlicher Perspektive zunächst einmal nicht mehr als die Koexistenz unterschiedlicher Ausdrucksmöglichkeiten für ein und dieselbe Sache bzw. denselben Sachverhalt. Ob wir die zu beobachtende Variation dem Sprachwissen des Sprachbenutzers oder dem Sprachgebrauch zuordnen, kann nur auf der Basis von bestimmten Kriterien erfolgen. Eine solche Entscheidung erfordert auch, dass die Sprachdaten vor einem theoretischen Hintergrund interpretiert werden. Einen solchen Hintergrund soll die vorliegende Einführung bereitstellen. Nachdem wir das Begriffspaar Kompetenz und Performanz eingeführt haben, wollen wir die Begriffe der Universalgrammatik (2.2) und des Parameters (2.3) erläutern.

---

4   Im Falle einer semantisch leeren Subjektposition wird das expletive Pronomen (Expl) *il* verwendet. Alternativ kann die Subjektposition in diesem Fall auch leer, wie es in gesprochener Sprache häufig der Fall ist, z. B. $\emptyset_{Expl}$ *faut pas faire ça !*

2.2 Spracherwerb und Universalgrammatik (UG)

Die Beobachtung, dass die meisten Kinder einer Sprachgemeinschaft mit ca. drei Jahren dieselbe Grammatik in derselben Zeit erworben haben, lässt den Schluss zu, dass es eine Reihe angeborener Prinzipien geben muss, auf die das Kind zurückgreift und die es ihm ermöglichen, die Sprache(n) der jeweiligen Sprachgemeinschaft(en) zu erwerben (Von Stechow / Sternefeld 1988: 30). Prinzipien sind Eigenschaften, die allen natürlichen Sprachen gemein sind. Die Annahme angeborener Prinzipien gewinnt an Plausibilität, wenn man die Tatsache berücksichtigt, dass Kinder auch solche Strukturen erwerben, die im Input nur selten auftreten, wie z. B. Passivstrukturen (fr. *Cette maison a été vendue rapidement*, it. *Questa casa è stata venduta velocemente*, sp. *Esta casa fue vendida rápidamente*) oder die Konstruktionen, die wir im vorherigen Abschnitt angesprochen haben, also z. B. solche mit einem expletiven Pronomen.[5] Der Spracherwerb weist zudem eine innere Ordnung in dem Sinne auf, dass bestimmte Strukturen (zeitlich) nicht vor bestimmten anderen Strukturen erworben bzw. verwendet werden. Dies ist in allen Spracherwerbsmodellen anerkannt.

Die Annahme angeborenen Vorwissens wurde von Noam Chomsky in das Zentrum der von ihm begründeten generativen Sprachtheorie gestellt. Hier wird davon ausgegangen, dass allen natürlichen Sprachen universale Eigenschaften zugrunde liegen. Diese sprachlichen Universalien sind Teil der Universalgrammatik (UG; vgl. u. a. Chomsky 1981, 1982, 1986, 1995). Man nimmt an, dass es eine angeborene UG gibt, da man viele Beobachtungen im Spracherwerb bislang nicht besser erklären kann (vgl. 2.3 und Dittmann 2002: 82). Oft findet man in der Literatur auch den Begriff des deduktiven Lernens für das Aktivieren der UG durch den Input. Hiermit ist gemeint, dass der Lerner vom Allgemeinen zum Speziellen fortschreitet, also nicht aus der Analyse einzelner Sprachelemente eine generelle Regel ableitet, sondern umgekehrt bereits um die generelle Regel weiß, die es mithilfe des Inputs nur zu bestätigen bzw. zu verfeinern gilt. Man vermutet, dass Kinder die Eigenschaft, ob ihre Sprache die Anordnung OV oder VO aufweist (dt. [$_O$ *das Examen*] [$_V$ *bestehen*]) vs. fr. [$_V$ *passer*] [$_O$ *l'examen*], it. [$_V$ *passare*] [$_O$ *l'esame*], sp. [$_V$ *pasar*] [$_O$ *el examen*]), deduktiv lernen. Dies erkennt man daran, dass bereits die frühesten Erwerbsdaten die 'richtige' Abfolge für die jeweilige Sprache aufweisen. Hierfür wollen wir die in (2) reproduzierte Abbildung aus Platz-Schliebs et al. (2012: 26) als Beleg anführen. Sie ist einer Studie von Müller (2009) entnommen, die für die Abfolge von Objekten in Relation zu Infinitiven bzw. Partizip-Perfekt-Formen eine Sicherheit von einsprachig und zweisprachig mit Deutsch und Französisch aufwachsenden Kindern belegt, die für viele andere Erwerbsbereiche gerade nicht nachgewiesen werden kann. Die Grafik basiert auf Daten von Kindern im Alter von anderthalb bis drei Jahren. Repetto (2010) weist eine ähnliche Sicherheit von

---

[5] Mit dem Begriff Input werden alle Sprachdaten bezeichnet, die das Kind aus seiner sprachlichen Umgebung aufnehmen könnte, also das zum Kind Gesagte, aber auch Sprachliches aus der Konversation zwischen Erwachsenen. Diejenigen sprachlichen Daten, die das Kind dann auch aufnimmt, werden *intake* genannt.

Beginn des Erwerbsprozesses an für einsprachig und zweisprachig mit Deutsch und Italienisch aufwachsende Kinder nach.

(2)   Anteile zielsprachlicher[6] und nicht-zielsprachlicher Äußerungen. Gegenüberstellung monolingualer und bilingualer Kinder

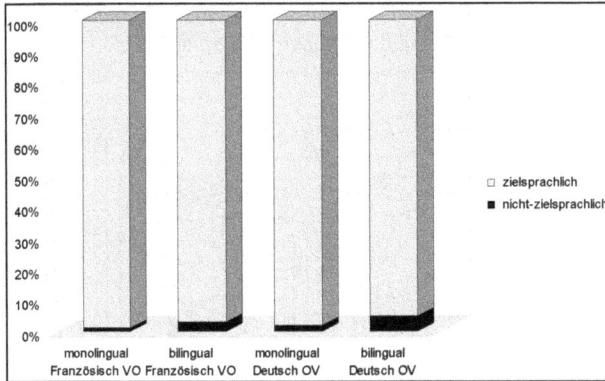

Man kann sich das deduktive Lernen also so vorstellen, dass der Lerner vor Erwerbsbeginn um die generelle Eigenschaft weiß, dass Sprachen prinzipiell geordnet sind, d. h., dass bei der Verklammerung von O(bjekt) und V(erb) entweder O auf V folgt oder umgekehrt V auf O. Im Erwerbsverlauf muss das Sprache erwerbende Kind also nur noch bestimmen, ob die Inputsprache zum Typ OV- oder VO-Sprache gehört.

Im Kontrast zum deduktiven Lernen steht das induktive Lernen, welches gerade für den Erwerb von in der UG nicht verankerten Wissensteilen vermutet wird. Diese Wissensteile sind nicht nur stark einzelsprachspezifisch geregelt, sondern hängen oft auch von einzelnen Wörtern innerhalb einer Sprache ab. Wir wollen hierfür ein Beispiel aus dem Bereich der Genusmarkierung anführen. Im Deutschen sind unbelebte Nomina, die auf den sog. Schwa-Laut [ə] auslauten, Feminina, z. B. *die Tasche, die Flasche, die Masche*. Dieses Wissen kann nicht deduktiv erworben werden, da es sich um eine sprachspezifische Regel handelt, die ganz bestimmte Wörter betrifft. Das Kind muss hier induktiv vorgehen, d. h. es könnte auf der Basis von Wörtern wie *Tasche, Flasche* etc. die Regel aufstellen, dass auf [ə] auslautende Nomina generell Feminina sind. Bei belebten Nomina könnte es dann zu Fehlern wie *die Hase und *die Affe kommen, woran die Anwendung der Regel sichtbar würde.

Das Genussystem des Französischen, Italienischen und Spanischen ist transparenter als das deutsche System mit drei Genera und Regularitäten, zu denen es zahlreiche Ausnahmen gibt. Das Kind muss die Genuszuweisung induktiv erwerben. Eichler et al. (2012) analysieren zwei monolingual deutsche (Chantal, Simone) und 17 bilinguale Kinder, die mit dem Deutschen und einer romanischen Sprache (Fr./It./Sp.) bzw. mit Italienisch und Französisch aufwachsen. Die in (3) reproduzierte Grafik aus Eichler et al. (2012: 14) zeigt für den Analysezeitraum von anderthalb bis vier/fünf Jahren, dass die Kinder im Deutschen häufiger

---

6 Mit 'Zielsprache' ist die Sprache gemeint, die das Kind erwirbt; unter zielsprachlichen Äußerungen versteht man solche, die entsprechend dem System dieser Sprache korrekt sind.

nicht-zielsprachliche Genuszuweisungen aufweisen als in den romanischen Sprachen. Dieses Bild unterscheidet sich von dem in Grafik (2): Der Genuserwerb ist (v. a. im Deutschen) fehleranfällig, der Erwerb der Abfolge OV/VO jedoch von Beginn an fast fehlerfrei. Zudem zeigt er, anders als der OV/VO-Erwerb, einen hohen Grad individueller Variation.

(3)   Anteile nicht-zielsprachlicher Genuszuweisungen bei monolingualen und bilingualen Kindern im Deutschen und in romanischen Sprachen

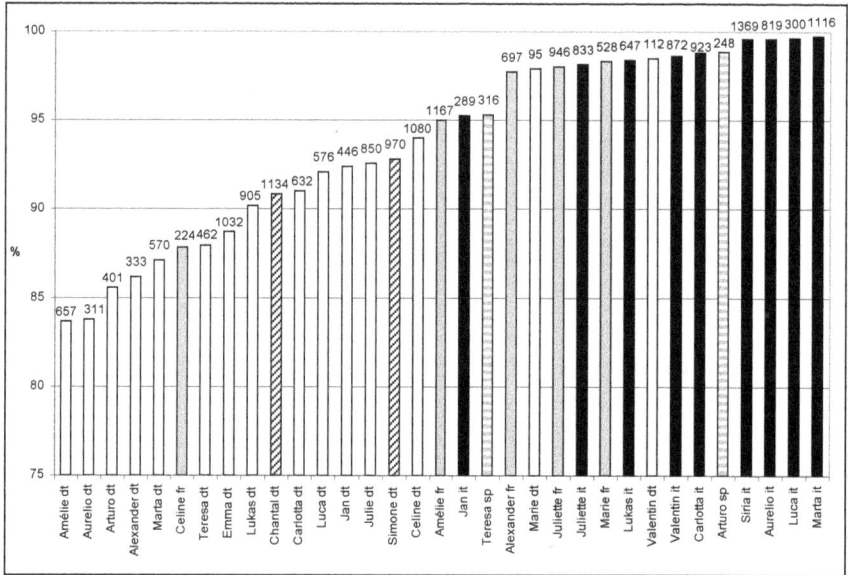

Y-Achse: % (von 75 bis 100)

Werte über den Balken: 657, 311, 401, 333, 570, 224, 462, 1032, 905, 1134, 632, 576, 446, 850, 970, 1080, 1167, 289, 316, 697, 95, 946, 833, 528, 647, 112, 872, 923, 248, 1369, 819, 300, 1116

X-Achse (Kinder): Amélie dt, Aurelio dt, Arturo dt, Alexander dt, Marta dt, Celine fr, Teresa dt, Emma dt, Lukas dt, Chantal dt, Carlotta dt, Luca dt, Jan dt, Julie dt, Simone dt, Celine fr, Amélie fr, Jan it, Teresa sp, Alexander fr, Marie dt, Juliette fr, Juliette it, Marie fr, Lukas it, Valentin dt, Valentin it, Carlotta it, Arturo sp, Siria it, Aurelio it, Luca it, Marta it

Die Existenz einer allen Sprachen zugrunde liegenden UG wird u. a. damit begründet, dass das Kind Regularitäten erwirbt, die den Erwachsenen nur unbewusst zugänglich sind (Müller/Riemer 1998: 1–8). Neben dem Problem des Erwerbs unbewussten Wissens stellt sich dem Kind eine weitere Schwierigkeit, die den Input, den das Kind erhält, selbst betrifft. Es lassen sich grob drei Problembereiche unterscheiden (Hornstein/Lightfoot 1981: 9-13), die unter dem Begriff des *logischen Problems des Spracherwerbs* zusammengefasst wurden:

Das erste Problem betrifft den **Input**. Das Kind bekommt meist nur einen kleinen, zufälligen und oft sogar unvollständigen oder fehlerhaften Ausschnitt seiner Muttersprache zu hören (engl. *degenerate data*). Mit anderen Worten: Erwachsene machen sicher nicht regelmäßig von der gesamten Vielfalt des jeweiligen Sprachsystems Gebrauch. Sie machen ferner Fehler und produzieren häufig auch unvollständige Sätze. Dass der Input Fehler enthält, weiß das Kind aber nicht. Die korrekte Generalisierung hängt darüber hinaus häufig von Sätzen und Strukturen ab, die im normalen Sprachgebrauch nur selten verwendet werden, d. h., das Kind wird mit ihnen während des Erwerbsprozesses nicht regelmäßig konfrontiert. Letzteres wurde im vorherigen Abschnitt mit Konstruktionen, die die Negationspartikel *pas* enthalten, angesprochen. Auf der Basis solcher Konstruktionen kann ein französischsprachiges Kind 'entscheiden', ob die Sprache die Verbverschiebung aufweist. Diese Konstruktionen sind im Input des Kindes aber sehr selten.

Das zweite Problem betrifft die **grammatischen Regeln**. Die den natürlichen Sprachen zugrunde liegenden Regeln sind augenscheinlich komplex und spiegeln sich nicht in offenkundiger oder eindeutiger Weise in den oberflächenstrukturellen Eigenschaften einzelner Sätze wider (engl. *underdetermination*). Das bedeutet, dass das Kind aus dem Input keine Generalisierungen ableiten kann, ohne dass Sprachwissen in einer sehr allgemeinen Form hinzutritt. Um diesen Aspekt zu illustrieren, möchten wir im Folgenden ein Beispiel aus White (1989) diskutieren.

Im Englischen ist die sog. *wanna*-Kontraktion (vgl. 3.3) möglich, wenn zwischen *want* und *to* kein Element tritt (White 1989: 6). Dies ist in den Beispielen (4a–d) der Fall. In (4e, f) wurde das Subjekt des abhängigen Satzes an den Satzanfang verschoben. Die Kontraktion führt in diesen Fällen zu einem ungrammatischen Ergebnis. Bemerkenswert ist, dass das Subjekt in den Sätzen (4e, f) in seiner Ausgangsposition nicht sichtbar ist. Wenn wir uns weiter unten das Beispiel (4h) ansehen, wird deutlich, dass das Subjekt ursprünglich, also vor der Verschiebung an den Satzanfang, zwischen *want* und *to* stand. Hier notieren wir in der Syntax eine Kopie: *Whom do you want ~~whom~~ to feed the dog?* Die betreffende Regularität kann demnach nicht aus oberflächenstrukturellen (linearen) Eigenschaften von Sätzen abgelesen werden. Im Gegensatz zu (4e, f) handelt es sich bei (4d) um die Verschiebung des Objekts an den Satzanfang: Als Ausgangsstruktur nehmen wir hier an *Whom do you want to see ~~whom~~?*; die *wanna*-Kontraktion ist hier möglich, da die Sequenz *want to* weder durch ein sichtbares noch durch ein unsichtbares Element unterbrochen wird.

(4)   a.   engl.   I want to go.   → I wanna go.
          b.   Sue wants to go but we don't want to. → Sue wants to go but we don't wanna.
          c.   Do you want to look at the chickens? → Do you wanna look at the chickens?
          d.   Whom do you want to see? → Whom do you wanna see?
          e.   Whom do you want to feed the dog? → *Whom do you wanna feed the dog?
          f.   Whom do you want to win the race? → *Whom do you wanna win the race?

Deutlich wird diese Regularität auch, wenn wir uns die Antworten (4g, h) auf die Fragen (4d, e) ansehen. Weiterhin wird sichtbar, dass *him* in (4g) das Objekt, in (4h) jedoch das Subjekt des Satzes [*him to feed the dog*] ist.

(4)   g.   engl.   I want to see him.   → I wanna see him.
          h.   I want that he <u>feeds</u> the dog (V$_{fin}$). / I want him <u>to feed</u> the dog (Infinitiv).

Auch wenn Muttersprachler die Gründe für die genannten Unterschiede hinsichtlich der Grammatikalität der *wanna*-Kontraktion nicht angeben können, gehören sie doch zu ihrem Wissen über die jeweilige Sprache. Wie sollen also Erwachsene ihre Kinder beim Erwerb von Regelwissen unterstützen, wenn sie die Regeln selbst nicht formulieren können?

Manchmal enthält der Input auch Daten, die eine falsche Generalisierung suggerieren. Betrachten wir hierfür die folgenden Beispiele aus White (1989: 7f.):

(5)   a.   engl.   I think John is a fool.
          a.'   I think that John is a fool
          b.   The girl I met yesterday was very tall.
          b.'   The girl that I met yesterday was very tall.

       c.   Who do you think Mary met yesterday?
       c.'   Who do you think that Mary met yesterday?

Die Analyse der Beispiele könnte das Kind zu der Generalisierung führen, dass *that* fakultativ sei. Dies ist jedoch, wie (5d') zeigt, eine falsche Generalisierung.

(5)   d. engl.   Who do you think arrived yesterday?
        d.'   *Who do you think that arrived yesterday?

Wenn das Subjekt des eingebetteten Satzes (hier: *who*) verschoben wurde, muss *that* fehlen. Ein Problem mit diesem Erwerbsbereich ist, dass wir nicht davon ausgehen dürfen, dass das Kind, wie wir Linguisten es tun können, die grammatischen mit den ungrammatischen Sätzen vergleicht und auf der Basis dieses Vergleichs nach der Generalisierung sucht. Dem Kind stehen durch den Input allein die grammatischen Sätze zur Verfügung, womit wir zu dem dritten Problem überleiten können.

Der dritte Problemkomplex des logischen Problems des Spracherwerbs bezieht sich auf das **Fehlen von negativer Evidenz im Input**. Aus der Tatsache, dass eine Struktur im Input nicht auftritt, darf das Kind nicht schließen, dass diese ungrammatisch ist. Mit anderen Worten: Das Kind darf aus dem Nichtauftreten einer Konstruktion hinsichtlich der Grammatikalität dieser Konstruktion keine Konsequenzen für den Aufbau seiner eigenen Grammatik ziehen. Allein das Auftreten einer Konstruktion (positive Evidenz) darf das Kind für den Erwerb der jeweiligen Grammatik nutzen. Kinder werden außerdem, wenn sie Fehler machen, nicht immer korrigiert. Korrigieren Erwachsene ausnahmsweise kleine Kinder, so hat das meist keinen offenkundigen Lerneffekt, denn das Kind kann nicht wissen, auf welche Aspekte der Äußerung sich die Korrektur bezieht, d. h. auf formale oder eher inhaltliche (zur Ineffizienz von Korrekturen durch Erwachsene vgl. u. a. McNeil 1966).

Für die Beobachtung, dass Korrekturen oftmals keinen Lerneffekt zeigen, wollen wir ein Bespiel von einem mit Deutsch und Französisch aufwachsenden bilingualen Kind geben. Das Kind, Emma, ist ca. drei Jahre alt und wächst in Paris auf.

(6)   Emma: c'est moi, c'est moi qui prends des bonhommes ça / des éléphants (*nimmt einen Spielzeugelefanten*)
        Vater: ça c'est quoi ça ?
        Emma: un [z]éléphant /
        Vater: un [n]éléphant très bien /
        Emma: ça c'est un bébé [z]éléphant /
        Vater: c'est un bébé éléphant ben oui hein / y a la maman et le bébé / et le papa /

Bilinguale Kinder verwenden relativ häufig im Französischen pluralische Nominalphrasen, wenn sie sich auf eine Einheit im Singular beziehen. Der Vater korrigiert dies, indem er den Liaison-Konsonanten [n] hervorhebt. Emma zeigt jedoch keinen Lerneffekt und beharrt auf der Form [z]*éléphant*. Es scheint der Fall zu sein, dass Emma gar nicht bemerkt, welchen Aspekt ihrer Äußerung der Vater korrigiert.

Wir haben schon gesehen, dass Kinder in bestimmten Bereichen der Grammatik keine Fehler machen. Anders gesagt verfolgen Kinder bestimmte Hypothesen nicht, obwohl sie logisch denkbar wären. Zimmer (1995) führt zur Illustration folgendes Beispiel an: Ein

Kind, das Deutsch als Erstsprache erwirbt, könnte aus Sätzen wie (7a) die Generalisierung ableiten, dass die Fragesatzbildung im Deutschen einer Regel unterliegt, die man so formulieren könnte: 'Stelle das dritte Wort an den Satzanfang.' Das Kind würde bei Anwendung dieser Regel aber auch nicht wohlgeformte Fragesätze aus Aussagesätzen ableiten (7b):

(7)   a. dt.   Die Mama geht jetzt in den Garten. Geht die Mama jetzt in den Garten?
        b.   Oma ist im Garten. *Im Oma ist Garten?

Ungrammatische Fragesätze wie (7b) sind aber in Erstspracherwerbsstudien nicht belegt. Deshalb ist es plausibel anzunehmen, dass das Kind irgendein angeborenes Vorwissen mitbringt. Diese Hypothese wird als **Nativismus** bezeichnet. Wären Kinder darauf angewiesen, beim Spracherwerb alle denkbar möglichen Hypothesen 'durchzuprobieren', kämen sie vermutlich nie ans Ziel.

2.3   Parameter und Parametrisierung

Die UG wird also beim Erwerb der Muttersprache automatisch aktiviert und ermöglicht dem Kind, trotz den genannten Problemen die jeweilige Sprache zu erwerben. Um neben den übereinzelsprachlichen, invarianten Eigenschaften auch der sprachspezifischen Variation gerecht werden zu können, stellt man sich die UG als ein parametrisiertes System vor: Demnach enthalten einige universale Prinzipien Variablen, die in Abhängigkeit von der Einzelsprache unterschiedliche Werte annehmen. Man spricht hier von Parametern, die auf unterschiedliche Werte festgesetzt sind (Parametrisierung). Die 'Aufgabe' des Kindes besteht darin, die in den Prinzipien enthaltenen Parameter mittels des Inputs (also durch positive Evidenz) auf ihre jeweils zielsprachlichen Werte festzulegen. Man stellt sich den Spracherwerb demzufolge als ein Fixieren von Parametern vor. Das Fixieren eines Parameters erfordert die folgenden Operationen (vgl. Haider 1993):

- Eine bestimmte Eigenschaft im Input muss identifiziert werden.
- Diese Eigenschaft muss als relevant für das Setzen des jeweiligen Parameters erkannt werden bzw. das Prinzip, für welches die bestimmte Eigenschaft Relevanz hat, muss identifiziert werden.
- Der Parameter muss auf einen Wert gesetzt werden, der mit der bestimmten Eigenschaft des Inputs übereinstimmt.

Die Identifizierung und Verarbeitung von Input-Eigenschaften erfolgt mit Hilfe allgemeiner kognitiver Fähigkeiten. Eine derartige Analyse muss der linguistischen Analyse zeitlich vorangehen. So wird sichergestellt, dass eine linguistisch noch unanalysierte Input-Eigenschaft identifiziert werden kann. Die zweite und dritte Operation sind allerdings mit Problemen behaftet, was im Folgenden am Beispiel des Null-Subjekt-Parameters und des Kopfparameters aufgezeigt werden soll.

2.3.1   Der Null-Subjekt-Parameter

Sprachen wie das Spanische und das Italienische zeichnen sich dadurch aus, dass ein pronominales Subjekt, das nicht hervorgehoben wird, phonetisch unrealisiert bleiben kann: So entspricht sp. *Duerme* oder it. *Dorme* dem dt. Satz *Er/sie/es schläft* bzw. dem französischen Satz *Il/elle dort*. Bei der Interpretation des entsprechenden Satzes wird das Subjekt also 'mitverstanden' und ist somit Teil der syntaktischen Beschreibung des Satzes. Diese Eigenschaft wird als **Null-Subjekt-Eigenschaft** bezeichnet. In der Subjektposition nehmen wir ein leeres nominales Element *pro* an, welches einem phonetisch nicht realisierten Personalpronomen entspricht (vgl. Rizzi 1986). Die Null-Subjekt-Eigenschaft wird als eine Option des sog. *pro*-drop- oder Null-Subjekt-Parameters aufgefasst (vgl. u. a. Chomsky 1981, Jaeggli 1982, Jaeggli/Safir 1989, Rizzi 1982, Safir 1985; für einen Überblick vgl. Müller/Riemer 1998: 36ff., 182–206 sowie Gabriel/Meisenburg 2007: 37ff., 206ff.). Der *pro*-drop-Parameter war einer der meistdiskutierten Parameter, seitdem auch die romanischen Sprachen zunehmend im generativen Rahmen analysiert wurden, da sich hier das sog. *clustering of properties* – das Zusammentreffen bestimmter grammatischer Eigenschaften in Sprachen – zeigt. Dies wollen wir zunächst exemplarisch verdeutlichen und dann auf die Relevanz des *clustering* für das Setzen von Parametern im Spracherwerb eingehen.

Rizzi (1982, 1986) verknüpft mit den phonetisch nicht realisierten Personalpronomina, den Null-Subjekten, die folgenden Eigenschaften:

– Fehlen von expletiven Subjekten
– Extraktionsmöglichkeiten für Subjekte aus *that*-t-Kontexten (t = engl. *trace* 'Spur')
– postverbale Subjekte in VO-Sprachen

Die genannten Strukturmerkmale und die Null-Subjekt-Eigenschaft bilden ein sog. *cluster*, d. h. sie treffen in Sprachen wie dem Italienischen oder dem Spanischen zusammen.

Auf expletive Subjekte sind wir bereits eingegangen: Sie fehlen in den Null-Subjekt-Sprachen Italienisch und Spanisch, während sie im Inventar deutscher oder französischer Pronomina enthalten sind (vgl. dt. *es regnet*, fr. *il pleut*). Weder das Deutsche noch das Französische sind Null-Subjekt-Sprachen. Es ist aber der Fall, dass sowohl im Französischen als auch im Deutschen das Subjekt in der gesprochenen Sprache ausgelassen werden kann. Neuere Untersuchungen zur gesprochenen Sprache haben gezeigt, dass im Französischen allein Expletiva und im Deutschen fast ausschließlich Pronomina der 3. Person von Auslassungen betroffen sind (Schmitz et al. 2012). Die Eigenschaft des Deutschen, Subjekte nicht realisieren zu müssen, wird in der Literatur als *topic drop*-Eigenschaft bezeichnet. *Topic drop* bezeichnet den Umstand, dass im gesprochenen Deutsch nicht nur Subjekte, sondern im Grunde alle Konstituenten ausgelassen werden können, die das Topik (diejenige Spracheinheit, über die etwas ausgesagt wird, vgl. 3.4.5) darstellen: *Kennst du den neuen Harry Potter? – Nein, $\emptyset_{\text{Subjekt}}$ hab den noch nicht gelesen / Ja, $\emptyset_{\text{Objekt}}$ hab ich schon auf Englisch gelesen* (zur syntaktischen Analyse der deutschen Konstruktionen vgl. 3.2.3). Dennoch sind beide gesprochenen Varietäten keine Null-Subjekt-Sprachen, da das Auslassen von Konstituenten syntaktisch eingeschränkt ist, anders als im Italienischen und Spanischen, wo die Auslassung immer erfolgt, wenn sie pragmatisch möglich ist (d. h. wenn das Subjekt alte Information kodiert). So ist z. B. eine Subjektauslassung im französischen und deutschen Nebensatz ungrammatisch: *Je lui ai dit que $\emptyset_{Expl}$ faut pas travailler trop, *Ich habe ihm gesagt, dass $\emptyset_{Subjekt}$ nicht so viel arbeiten soll. Im Italienischen und Spanischen ist sie hingegen wohlgeformt.

Mit der zweiten Eigenschaft ist die Verschiebung des Subjekts an den Satzanfang über den sog. Komplementierer (nebensatzeinleitende oder subordinierende Konjunktion) that hinweg gemeint. In den Null-Subjekt-Sprachen Italienisch und Spanisch ist eine solche Verschiebung des Subjekts möglich, genauso wie das direkte Objekt über den Komplementierer che bzw. que an den Satzanfang bewegt[7] werden kann:

(8) a. it. Che$_i$ ha detto Gianni che Maria ha comprato t$_i$?
　　a.' 　　Chi$_i$ ha detto Gianni che t$_i$ ha comprato una macchina?
　　b. sp. ¿Qué$_i$ dijo Juan que había comprado María t$_i$?
　　b.' 　　¿Quién$_i$ dijo Juan que t$_i$ había comprado el coche?

Im Englischen, einer Nicht-Null-Subjekt-Sprache, darf zwar das direkte Objekt über that hinweg an den Satzanfang verschoben werden, nicht aber das Subjekt: What$_i$ did John say that Mary has bought t$_i$?, *Who$_i$ did John say that t$_i$ has bought a car? Wir sind hier absichtlich von der Konvention abgewichen, an der Ausgangsposition des verschobenen Elements eine durchgestrichene Kopie zu notieren (vgl. 2.2 und 4.1.4), da die mit t markierte Spur der hier zur Diskussion stehenden syntaktischen Eigenschaft ihren Namen gegeben hat: Man spricht bei der Unmöglichkeit der Subjektverschiebung an den Satzanfang über that (it. che, sp. que) hinweg auch vom that-t-Effekt. Das Fehlen dieses Effekts charakterisiert Sprachen wie Italienisch oder Spanisch, in denen die Subjektverschiebung über den nebensatzeinleitenden Komplementierer hinweg keinen syntaktischen Effekt hat.

Die dritte Eigenschaft beschreibt die Möglichkeit, in VO-Sprachen wie Italienisch oder Spanisch (vgl. it. comprare un libro, sp. comprar un libro), das Subjekt satzintern am rechten Rand zu platzieren, vgl. it. Chi ha comprato il libro? L'ha comprato Gianni, sp. ¿Quién compró el libro? Lo compró Juan. In der französischen Entsprechung zu diesen Beispielen ist dies jedoch ausgeschlossen: *L'a acheté Jean bzw. mit Expletivum in der Subjektposition *Il l'a acheté Jean (vgl. 5.1).

Typologisch breit gefächerte Studien haben gezeigt, dass die oben genannten Eigenschaften nicht notwendigerweise mit der Null-Subjekt-Eigenschaft verbunden sind, was ein Problem für die Annahme ist, dass bestimmte grammatische Merkmale in Sprachen zusammentreffen. Galizisch (Raposo/Uriagereka 1990), Altfranzösisch (Arteaga 1994, Haiman 1974) und die südasiatische Sprache Bangla (auch: Bengali; Williams 1991) gehören zu den Sprachen, die Null-Subjekte erlauben, jedoch gleichzeitig expletive Pronomina aufweisen. Ferner gibt es Null-Subjekt-Sprachen, die die Platzierung des Subjekts am rechten

---

[7] Die Idee der syntaktischen Bewegung – in zahlreichen älteren Arbeiten als Move α ('Bewege α') bezeichnet – ist ein zentrales Konzept des generativen Modells und rührt von der Beobachtung her, dass sich bestimmte Satzmuster durch Verschiebungen von Wörtern und Wortgruppen auseinander ableiten lassen (vgl. im Einzelnen 3.2.3 und 3.3).

Satzrand nicht erlauben (vgl. u. a. Grewendorf 1986; speziell zum Altfranzösischen Adams 1987). Umgekehrt zeigen Müller/Rohrbacher (1989), dass Sprachen, die Subjekte am rechten Satzrand aufweisen, nicht unbedingt Null-Subjekte erlauben, wie beispielsweise das auf den Philippinen gesprochene Tagalog. Die Arbeit von Van der Auwera (1984) gibt zudem Anlass dazu, den Zusammenhang von phonetisch nicht-realisierten Personalpronomina und der Extraktionsmöglichkeit für Subjekte neu zu bestimmen. Alle bisher erforschten Nicht-Null-Subjekt-Sprachen sind dadurch charakterisiert, dass sie die Verschiebung des Subjekts aus *that*-Nebensätzen nicht erlauben (z. B. Deutsch, Englisch, Französisch, Russisch). Es gilt aber nicht umgekehrt, dass alle Null-Subjekt-Sprachen die Verschiebung des Subjekts aus *that*-Nebensätzen tolerieren: So erlauben z. B. Italienisch und Spanisch die Extraktion, während in anderen Null-Subjekt-Sprachen (Finnisch, Georgisch, Quechua) solche Extraktionen ungrammatisch sind. Dieser Umstand lässt sich wie folgt fassen: Das Fehlen von *that*-t-Effekten ist mit der Null-Subjekt-Eigenschaft verbunden. Wir wollen dies in der folgenden Tabelle darstellen; [±*that*-t] bedeutet, dass der *that*-t-Effekt auftritt bzw. ausbleibt.

(9)   Der Zusammenhang von *pro*-drop und *that*-t-Effekt

	[+*that*-t]	[−*that*-t]
[+*pro*-drop]	Finnisch, Georgisch, Quechua	Italienisch, Spanisch
[−*pro*-drop]	Deutsch, Französisch, Englisch, Russisch	—

Wenn wir mit der genannten Relation Recht haben und das Fehlen von *that*-t-Effekten mit der Null-Subjekt-Eigenschaft verbunden ist, dann müssten Kinder, die eine Null-Subjekt-Sprache wie Italienisch erwerben, auf der Basis der Konstruktion *Chi*ᵢ *ha detto Gianni che* tᵢ *ha comprato una macchina?* entscheiden können, dass ihre Sprache eine Null-Subjekt-Sprache ist. Der Satz zeigt, dass das Subjekt aus einem mit *che* eingeleiteten Satz an den Satzanfang verschoben werden kann. Wenn also die Möglichkeit der Subjektextraktion über den Komplementierer hinweg mit der Null-Subjekt-Eigenschaft zusammenfällt, dann könnte die beobachtbare Eigenschaft der Subjektextraktion als ein sogenannter *trigger* (engl. 'Auslöser') für das Fixieren des Null-Subjekt-Parameters auf den Wert '+' bezeichnet werden. Ein *trigger* ist eine Spracheigenschaft, die den Lerner dazu veranlasst, einen Parameter auf den jeweils zielsprachlichen Wert zu setzen. Solche *trigger* werden deshalb benötigt, da in einer Null-Subjekt-Sprache auch phonetisch realisierte Subjekte auftreten, es also dem Kind nicht allein auf Grund der Häufigkeit von realisierten bzw. nicht realisierten Subjekten möglich ist, eine solche parametrische Entscheidung zu treffen. Ferner muss berücksichtigt werden, dass es vermutlich unplausibel ist anzunehmen, dass das Kind die realisierten Subjekte im Input zählt und daraufhin entscheidet, ob die Sprache eine Null-Subjekt-Sprache darstellt.

Im Gegensatz zur grammatischen Form mit Subjektextraktion über den Komplementierer hinweg im Italienischen kommt die ungrammatische Konstruktion *Who*ᵢ *did John say that* tᵢ *has bought a car?* sehr wahrscheinlich nicht im Input von englischsprachigen Kindern vor, gerade weil sie ungrammatisch ist. Selbst wenn die Konstruktion im Input vorkommt, weiß das Kind nicht, dass sie ungrammatisch ist, weil Erwachsene sich auch einmal versprechen. Die Festlegung des Parameters auf den Wert [−pro-drop] sollte dem Kind also schwerer fallen – eine Vermutung, die von Spracherwerbsstudien wie Patuto (2012b) und Schmitz (2007) bestätigt wird. Außerdem zeigt die Tabelle in (9), dass das Auftreten von *that*-t-Effekten sowohl für Nicht-Null-Subjekt- als auch für Null-Subjekt-Sprachen charakteristisch ist. Das Fehlen des *clustering of properties* erschwert also die Situation des Kindes erheblich parametrische Entscheidungen zu treffen.

Der frühzeitige Erwerb der Null-Subjekt-Eigenschaft des Italienischen und Spanischen und der längere Zeit in Anspruch nehmende Erwerb der Nicht-Null-Subjekt-Eigenschaft des Deutschen zeigt sich besonders eindrucksvoll bei bilingualen Kindern, die von Geburt an mit Deutsch und Italienisch bzw. Spanisch aufwachsen. Patuto (2012b) analysiert acht deutsch-italienische, zwei deutsch-spanische und zwei italienisch-französische Kinder im Vergleich zu vier monolingual italienischen, zwei monolingual spanischen und zwei monolingual deutschen Kindern.

(10)   Subjektauslassungen bei monolingualen und bilingualen Kindern im Alter von anderthalb bis vier Jahren (Patuto 2012a: 60).

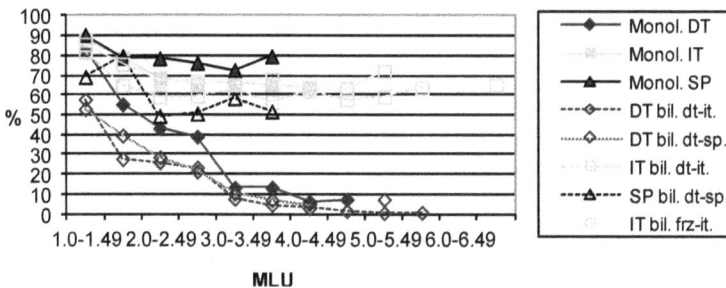

Die Grafik in (10) zeigt, dass monolinguale wie bilinguale Kinder mit einer mittleren Äußerungslänge (MLU, engl. *Mean Length of Utterance*) von 3 Wörtern im Deutschen erkannt haben, dass Subjekte realisiert werden müssen. Im Italienischen und Spanischen dominieren Subjektauslassungen von Beginn des Erwerbsprozesses an. Da das Alter ein nicht verlässlicher Maßstab für den Vergleich von Kindern ist, wird in der Regel die durchschnittliche Äußerungslänge (MLU) gewählt. Wenn Kinder, die Deutsch erwerben, im Durchschnitt drei Wörter pro Äußerung produzieren, wissen sie, dass das Deutsche eine Nicht-Null-Subjekt-Sprache ist. Als nächstes wollen wir uns mit dem Kopfparameter befassen und in diesem Zusammenhang Probleme der Parametersetzung illustrieren.

2.3.2   Der Kopfparameter

Man geht davon aus, dass in einer größeren Wortgruppe (Phrase) ein Element existiert, das die gesamte Wortgruppe durch seine grammatisch-formalen Merkmale determiniert (vgl. 3.2.1). Dieses Element bezeichnet man als Phrasenkopf. In der als Verbalphrase (VP) bezeichneten Wortgruppe ist dies das Verb: Zum einen bestimmt es darüber, ob überhaupt ein Objekt vorkommen kann; zum anderen hat die Kombination aus Verb und Objekt verbalen

Charakter, was daran deutlich wird, dass man z. B. fr. [$_{VP}$ *manger du gâteau*] in *Je veux* [$_{VP}$ *manger du gâteau*] durch [$_{VP}$ *dormir*] ersetzen kann (vgl. 3.2). Phrasenköpfe können in natürlichen Sprachen vor oder nach dem Objekt auftreten. Dieser Umstand wird durch den sog. Kopfparameter erfasst, den wir im Folgenden anhand der VP demonstrieren. Für die romanischen Sprachen Französisch, Italienisch und Spanisch wird generell angenommen, dass sie die Anordnung VO (kopfinitial) aufweisen, z. B. fr. [$_V$ *manger*][$_O$ *le gâteau*], it. [$_V$ *mangiare*][$_O$ *la torta*], sp. [$_V$ *comer*][$_O$ *el pastel*]. Das Objekt folgt jeweils dem verbalen Kopf, der aus einem Infinitiv oder aus einem Partizip Perfekt bestehen kann. Im Deutschen ist die Anordnung OV, also kopffinal: [$_O$ *den Kuchen*][$_V$ *essen/gegessen*]. Auch hierfür wären idealerweise für den Erwerb wieder weitere Eigenschaften zu spezifizieren, die mit der VO/OV-Eigenschaft korrelieren, so dass das Kind über diese Eigenschaften den Parameter auf den zielsprachlichen Wert festlegen kann. Als eine korrelierende Eigenschaft wurde die sichtbare Kasusmarkierung angeführt. So haben Objekte in VO-Sprachen keine sichtbare Kasusmorphologie; in OV-Sprachen wie dem Deutschen wird der Kasus jedoch oft morphologisch sichtbar markiert, z. B. *den Kuchen* (Akkusativ). Sprachtypologisch breiter angelegte Arbeiten haben jedoch gezeigt, dass diese Korrelation nicht haltbar ist. Im Niederländischen stehen Objekte präverbal, der Objektkasus wird aber nicht morphologisch markiert; im Isländischen folgen Objekte dem Verb, der Objektkasus wird aber hörbar markiert. Weitere Probleme sind die Position mancher Verbergänzungen nach dem nicht-finiten Verb im Deutschen (*Martine hat mehr gelesen* [*als sie zugibt*], *Paul hat laut gestritten* [*mit seinen Eltern*]) und die Tatsache, dass in einer OV-Sprache wie dem Deutschen ganz offensichtlich auch kopfinitiale Phrasen existieren, z. B. Präpositionalphrasen (PP) wie [$_P$ *auf*] *dem Tisch* und Nominalphrasen wie *die* [$_N$ *Zerstörung*] *der Stadt* (zu den einzelnen Wortklassen und Phrasentypen vgl. 3.1 und 3.2). Aus der Sicht eines Kindes, das eine bestimmte Sprache erwirbt, könnte natürlich auch die Tatsache, dass in romanischen Sprachen schwache Objektpronomina nicht in der für Objekte typischen Position stehen dürfen, ein Erwerbsproblem darstellen, z. B. fr. *Je le lis*, it. *Lo leggo*, sp. *Lo leo*. Auch für den Kopfparameter können wir also festhalten, dass wir für den Spracherwerb weitere Annahmen machen müssen, um zu garantieren, dass Kinder diesen auf den zielsprachlichen Wert setzen können.

Die Spracherwerbsforschung konnte belegen, dass monolinguale wie bilinguale Kinder den Kopfparameter von Beginn des Spracherwerbs an auf den zielsprachlichen Wert setzen. Für solche Parameter, die sozusagen vor Sprechbeginn gesetzt sind, hat man die Hypothese aufgestellt, dass Kinder prosodische Informationen aus dem Input nutzen, also Eigenschaften der Lautsprache, die die Kombinatorik von Lautsegmenten in der betreffende Sprache und die systematische Verwendung von Tonhöhe und Dauer betreffen. So haben Ramus et al. (1999) gezeigt, dass Neugeborene in der Lage sind, aufgrund des vokalischen Gesamtanteils im Sprachsignal und der Dauervariabilität vokalischer Intervalle ihre Zielsprache von anderen Sprachen unterscheiden können. Dies funktionierte besonders gut, wenn sich die Sprachen, mit denen die Neugeborenen beim Test konfrontiert wurden, diesbezüglich stark unterscheiden: So werden beispielsweise im Spanischen (und in vielen anderen romanischen Sprachen) betonte und unbetonte Vokale gleichermaßen als Vollvokale artikuliert;

weiterhin sind keine komplexen Konsonantenverbindungen erlaubt, und es besteht eine starke Tendenz zur regelmäßigen Abfolge von einfachen Konsonanten (C) und Vokalen (V), d. h. zur Produktion von sog. CV-Silben.[8] Sprachen wie Englisch und Deutsch hingegen erlauben komplexe Abfolgen von Konsonanten (wie z. B. in dt. *du schimpfst*, CCCC) und tendieren dazu, unbetonte Vokale stark zu reduzieren, zu verkürzen und teils sogar ganz wegzulassen (Vokalreduktion). Diese Faktoren wirken sich einerseits auf den vokalischen Gesamtanteil aus, insofern als die romanischen Sprachen mehr vokalisches Material aufweisen als Englisch und Deutsch; andererseits steigt im Englischen und Deutschen die vokalische Dauervariabilität, da sich lange (betonte) mit kurzen, reduzierten (unbetonten) Vokalen abwechseln, während die romanischen Sprachen zu gleich langen Vokalintervallen tendieren. Diese Unterschiede zwischen den romanischen Sprachen einerseits – eine Ausnahme ist das hier nicht betrachtete europäische Portugiesisch – und dem Deutschen und Englischen andererseits werden in der prosodischen Forschung erfasst, indem man ihnen einen sog. **silbenzählenden** bzw. **akzentzählenden Rhythmus** zuspricht. Diese Terminologie hat sich bis heute gehalten, obwohl die ursprüngliche Annahme, derzufolge in silbenzählenden Sprachen die Abstände zwischen allen Silben gleich lang sind, akzentzählende Sprachen jedoch identische Abstände zwischen den betonten Silben aufweisen, empirisch widerlegt wurde.[9]

Wenn Neugeborene – wie von Ramus et al. (1999) gezeigt – in der Lage sind, prosodische Unterschiede zwischen den Sprachen wahrzunehmen, liegt die Annahme nahe, dass sie diese Informationen mit anderen Bereichen des sprachlichen Wissens wie z. B. der Wortstellung OV vs. VO in Verbindung bringen und bei vorhandenen Korrelationen für die Festlegung des Kopfparameters nutzbar machen. Mit Blick auf die hier behandelten Sprachen sieht es zunächst so aus, als bestünde eine Übereinstimmung zwischen dem silbenzählenden Rhythmus und der Abfolge VO (Französisch, Italienisch, Spanisch) bzw. zwischen dem akzentzählenden Rhythmus und OV (Deutsch). Das Englische und das europäische Portugiesisch passen allerdings nicht ins Bild (beide sind akzentzählend und VO); problematisch ist auch das Türkische, das einen silbenzählenden Rhythmus aufweist, aber durchgehend kopffinal ist (OV). Bezieht man den Begriff des Rhythmus jedoch auf die Verteilung prosodischer Prominenzen im Sprachsignal,[10] ergibt sich eine Übereinstimmung, die wir anhand der folgenden Beispiele aufzeigen:

---

[8] Im Französischen wird die Tendenz zur Abfolge von CV-Silben u. a. durch die sog. *liaison* verstärkt, und zwar indem die meisten Auslautkonsonanten nur vor einem vokalisch anlautenden Wort realisiert werden, z. B. *les amis* /le(z) ami(z)/ → [le.za.mi] (CV.CV.CV), aber: *les copains* /le(z) kopɛ̃(z)/ → [le.ko.pɛ̃] (CV.CV.CV); vgl. 3.3. und Gabriel/Meisenburg (2007: 129ff.).
[9] Für eine Einführung in die neuere Rhythmusforschung vgl. Gabriel et al. (2013: Kap. 5.4).
[10] Prosodische Prominenzen ergeben sich durch die Hervorhebung einzelner Wörter durch Silbenlängung und/oder durch die Platzierung von Tonhöhengipfeln auf diesen.

(11)	a.	dt.	… weil dieser Student ([$_O$ das EXAMEN] [$_V$ bestehen] will)	OV
	b.	türk.	Bu öğrenci ([$_O$ SINAVI] [$_V$ geçmek] istiyor)	OV
			'Dieser Student will das Examen bestehen.'	
	c.	fr.	Cet étudiant (veut [$_V$ passer] [$_O$ l'EXAMEN])	VO
	d.	it.	Lo studente (vuole [$_V$ passare] [$_O$ l'ESAME])	VO
	e.	sp.	Este estudiante (quiere [$_V$ aprobar] [$_O$ el EXAMEN])	VO

Während im Deutschen und im Türkischen innerhalb einer prosodischen Phrase (angezeigt durch runde Klammern) die Prominenz links liegt (angezeigt durch Großschreibung), wird in den romanischen Sprachen das am rechten Rand der Phrase befindliche Wort hervorgehoben. Es besteht also eine Entsprechung zwischen Betonungsmuster und Wortstellung, und zwar insofern 'stark-schwach' mit OV und 'schwach-stark' mit VO korreliert. Die in Guasti et al. (2001) zusammengefassten Ergebnisse weisen darauf hin, dass Neugeborene in der Lage sind, solche Betonungsmuster voneinander zu unterscheiden und diese Informationen zu nutzen, um den Kopfparameter früh in der Sprachentwicklung festzulegen. Dieses Unterstützen eines Erwerbsbereichs durch Evidenz aus einem anderen Bereich des sprachlichen Wissens bezeichnet man als **Bootstrapping** (von engl. *bootstrap* 'Stiefelschlaufe'); die hier besprochene Aktivierung der Parametersetzung durch die wahrgenommene Betonungsmuster ist als **Rhythmic Activation Principle** bekannt geworden. Bis heute wird jedoch kontrovers diskutiert, inwieweit die Bestimmung von VO bzw. OV im Spracherwerb von prosodischen Faktoren mitbestimmt wird.

2.3.3 Revision des Parameterbegriffs und Konsequenzen für ein Spracherwerbsmodell

In der Spracherwerbsforschung hat sich die Vorstellung durchgesetzt, dass ein Parameter eine Art 'Schalter' sei, der in die eine oder andere Richtung umgelegt wird (mit der Konsequenz des unmittelbaren Erwerbs, engl. *instantaneous acquisition*). Der Null-Subjekt-Parameter ist ein gutes Beispiel für einen solchen unmittelbaren Erwerb: Zunächst lassen deutsche und italienische bzw. spanische Kinder das Subjekt häufig aus. Die Kinder produzieren auch nicht mehr als ein oder zwei Wörter pro Äußerung, und da das Subjekt meist die bekannte Information kodiert, wird es in frühen Phasen von allen Kindern – unabhängig von der zu erwerbenden Erstsprache – häufig ausgelassen. Sobald eine durchschnittliche Äußerungslänge von drei Wörtern erreicht ist, realisieren deutschsprachige Kinder das Subjekt, wohingegen Kinder mit Italienisch und Spanisch das Subjekt weiterhin auslassen. In Abbildung (10) zeigt sich dies als plötzliches Absinken der Anzahl an Subjektauslassungen im Deutschen. Doch nicht alle grammatischen Bereiche, von den angenommen wird, dass sie über Parameter beschrieben werden müssen, werden in dieser Weise erworben. So stellt sich der Artikelerwerb nicht als 'dramatisch', sondern als kontinuierlich dar: Die aus Jansen (2009) übernommene Abbildung in (12) zeigt, dass sich der Artikelgebrauch beim englischsprachigen Kind allmählich der Erwachsenensprache annähert. Mit der Schaltermetapher ist ein solcher Erwerbsverlauf nicht in Einklang zu bringen.

(12) Zielsprachlicher Artikelgebrauch bei einem monolingual englischen Kind von einem bis fünf Jahren (Jansen 2009: 57).

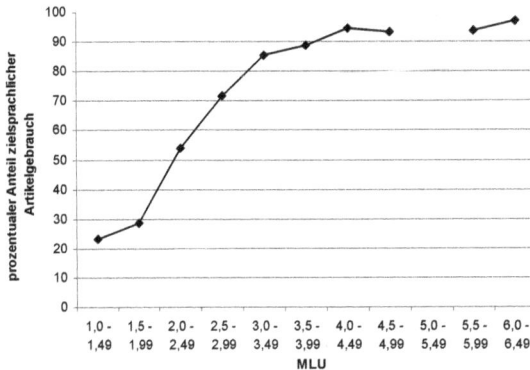

Wir hatten am Beispiel des Null-Subjekt-Parameters darauf hingewiesen, dass typologisch breit gefächerte Studien gezeigt haben, dass das *clustering of properties* in vielen Fällen nicht auftritt. Haider (1993) hat wegen dieses Problems die Auffassung vom Parameter revidiert. Er versteht den Parameter nicht als Schalter, sondern als eine Subroutine. Hierunter versteht man ein spezialisiertes Programmstück zur Abarbeitung immer wiederkehrender gleicher oder sehr ähnlicher Aufgaben. Übertragen auf den Parameterbegriff bedeutet dies, dass ein Parameter nicht als ein Schalter aufzufassen ist, sondern als ein Stück Programm, welches der Lerner im Erwerbsverlauf generiert. Haiders Meinung zufolge erklärt die neue Auffassung vom Parameter als Subroutine auch die empirischen Befunde der Spracherwerbsforschung, nämlich dass der Spracherwerb für parametrisierte Bereiche der Grammatik nicht immer in großen Schritten, sondern manchmal auch kontinuierlich voranschreitet. Eine weitere Beobachtung, die bis heute allerdings umstritten ist, könnte diese Auffassung von Parametern als Subroutinen stützen, nämlich dass Kinder beim Erwerb parametrisierter Sprachphänomene 'Fehler' machen, mit anderen Worten einen nicht-zielsprachlichen Wert für einen Parameter auswählen können. Dies macht es notwendig, den Parameterbegriff so zu modifizieren, dass 'Fehler' korrigierbar sind, was bei einer Subroutine ja der Fall ist. Wir wollen hierfür wieder ein Beispiel aus der Spracherwerbsforschung anführen. Müller (1998) beobachtet, dass bilinguale mit Deutsch und einer romanischen Sprache aufwachsende Kinder bei der Nebensatzwortstellung im Deutschen Schwierigkeiten haben können zu einem Zeitpunkt, zu dem sie die Hauptsatzwortstellung bereits zielsprachlich erworben haben. Da Nebensätze nicht obligatorisch sind, zeigt die Abbildung (13) absolute Werte. 'Vfinal' stellt hier die zielsprachliche Wortstellung im deutschen Nebensatz dar (z. B. *Wenn ich Geburtstag habe, gehe ich ein Eis essen*); die Kategorie 'nicht-zielsprachlich' beinhaltet Nebensätze des Typs *Wenn ich habe Geburtstag, gehe ich ein Eis essen.*

(13)   Zielsprachliche und nicht-zielsprachliche Wortstellung im deutschen Nebensatz bei einem
bilingual deutsch-italienischen Kind von anderthalb bis fünf Jahren.

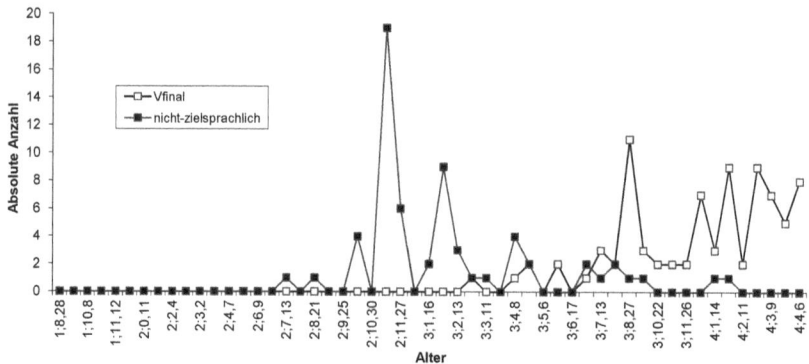

Es ist deutlich zu erkennen, dass das Kind zu Beginn keine Nebensätze produziert. Die ersten Nebensätze mit zirka zweieinhalb Jahren weisen bis zu einem Alter von ca. dreieinhalb
Jahren durchgängig nicht-zielsprachliche Wortstellungen auf. Erst ab einem Alter von dreieinhalb Jahren verwendet das Kind neben nicht-zielsprachlichen auch zielsprachliche Wortstellungen. Nach einem Alter von vier Jahren verschwinden die nicht-zielsprachlichen Stellungsmuster. Die ein Jahr andauernde Erwerbsphase, während der das Kind ausschließlich
nicht-zielsprachliche Wortstellungen produziert, könnte auf eine falsche Parametersetzung
hindeuten.

Zusätzlich zu einer Neufassung des Parameterbegriffs wurde durch die Tatsache, dass
das *clustering of properties* nicht im erwünschten Maße auftritt, auf die Problematik auf-
merksam gemacht, dass der Input des Kindes nicht immer aussagekräftig genug für das Setzen des Parameters auf den zielsprachlichen Wert oder das Erstellen der Subroutine für die
jeweilige Einzelsprache ist. Aus diesem Grund haben Spracherwerbsforscher Bedingungen
formuliert, denen der Erwerb und somit auch das Erstellen einer Subroutine unterworfen
ist. Als eine Bedingung unter vielen formuliert Fodor (1998), dass das Kind allein auf
Grund von eindeutigem Input parametrische Entscheidungen trifft. Für den Null-Subjekt-
Parameter könnte man z. B. als Prinzip formulieren, dass deutsche und französische Kinder
nur auf der Basis von subordinierten Sätzen lernen dürfen. Denn allein hier spiegelt sich die
Nicht-Null-Subjekt-Eigenschaft dieser Sprachen eindeutig wider. Im deutschen Hauptsatz
kann das Subjekt in Initialstellung ausgelassen werden, wenn es sich um ein Topik handelt
(vgl. 2.3.1 und 3.4.5), z. B. *Was hast du gestern gelesen? − $\emptyset_{Subjekt}$ hab den neuen Krimi von
Donna Leon gelesen.* Ausfallen kann auch das expletive, semantisch leere Subjekt im Französischen, z. B. *Je voudrais boire quelque chose. − $\emptyset_{Expl}$ faut pas boire d'alcool.* Im Nebensatz sind solche Auslassungen weder im Deutschen noch im Französischen möglich, vgl.
Du weißt doch dass *(ich) den neuen Krimi von Donna Leon gelesen hab bzw. *Tu sais bien
que *(il) faut pas boire d'alcool.* Eine Entscheidung hinsichtlich der Festlegung des Null-
Subjekt-Parameters ist also nur auf der Basis einer Analyse der Eigenschaften von Neben-
sätzen möglich.

Die Ausführungen zum Parameterbegriff sollten zeigen, dass die UG allein offensichtlich nicht ausreicht, um den Spracherwerb zu erklären. Auf Grund von Erwerbsverläufen, welche sich bei bestimmten grammatischen Phänomenen abzeichnen, ist die Ansicht von Parametern als Schalter nicht haltbar.

2.4   Unterschiedliche Sprecher und unterschiedliche Grammatiken?

Im Rahmen der Prinzipien-und-Parameter-Theorie geht man davon aus, dass jedes Kind seine Muttersprache vollständig erwirbt. Ausnahmen hierzu sind z. B. Kinder mit genetischen Defekten. Individuelle Unterschiede im Erstspracherwerb, die zum Teil sehr groß sind, werden in der Regel nur für die Größe des Wortschatzes und die Beherrschung besonderer Register wie z. B. literarischer Sprache angenommen. Im Gegensatz dazu wird bis heute kontrovers diskutiert, ob der Zweitspracherwerb zu einem muttersprachlichen Ergebnis führt. Auch wird von einigen Forschern angenommen, dass die Muttersprache nicht mehr auf einem muttersprachlichen Niveau beherrscht wird, wenn die Möglichkeit der täglichen Verwendung durch Migration in ein anderssprachiges Land eingeschränkt wird.

Kürzlich wurde auch für den Erstspracherwerb hinterfragt, ob dieser tatsächlich bei allen Sprechern im Bereich der Grammatik zu demselben Ergebnis führt. Dąbrowska (2012) will am Beispiel des Polnischen nachweisen, dass der Bildungsgrad ausschlaggebend für die Beherrschung bestimmter grammatischer Strukturen ist. Die Idee wäre, dass nur Sprecher mit einem hohen Bildungsgrad ihre Muttersprache vollständig beherrschen. Die von Dąbrowska durchgeführten Tests, die einen Vorteil von Sprechern aus dem bildungsnahen Milieu zeigen, betreffen sowohl Sprachproduktion als auch -verstehen. Fraglich ist jedoch, ob diese Unterschiede die Kompetenz oder die Performanz betreffen. Dąbrowska argumentiert, dass die Unterschiede in der Tat auf unterschiedliche Grammatiken hindeuten. Doch für individuelle Unterschiede in grammatischen Tests lassen sich auch Gründe anführen, die außerhalb der Grammatik liegen. So spielt bei der Bewältigung von Sprachtests sicherlich die Persönlichkeit eine Rolle. Weiterhin sind Unterschiede bei der Sprachverarbeitung, kulturelles Wissen und die Einstellung zum Test relevant.

Dass der Testaufbau eine einflussnehmende Größe ist, wollen wir nachfolgende anhand eines Beispiels aufzeigen. Schmeißer (2008) analysiert die Daten von 13 monolingual französischen Kindern im Alter von drei bis vier Jahren. Der Test ist eine Kombination aus Sprachproduktion und -verstehen. Bei der Sprachproduktionsaufgabe sollen die Kinder die drei Tempora Futur, Präsens und Vergangenheit (*passé composé*) verwenden, im Sprachverstehenstest werden sie vom Testleiter durch die Verwendung unterschiedlicher Tempusformen dazu angehalten, auf den zutreffenden der in (14) reproduzierten visuellen Stimuli zu zeigen: "Voilà des images d'un petit garçon qui va aux toilettes. Montre-moi l'image où le petit garçon va faire pipi (*erwartet: Kind zeigt auf Bild links*) / … fait pipi (→ *Bild Mitte*) / … a fait pipi (→ *Bild rechts*)."

(14)   Testbilder aus Schmeißer (2008).

Ein erstaunliches Ergebnis ist, dass die Tempora Präsens und Futur besser produziert als verstanden werden; vgl. die in (15) wiedergegebenen Grafik:

(15)   Zielsprachlicher Tempusgebrauch (%) in Sprachproduktion und -verstehen bei monolingual französischen Kindern (Schmeißer 2008).

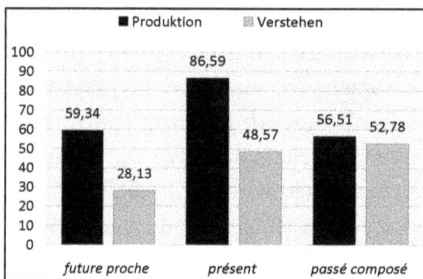

Dabei lassen sich große individuelle Unterschiede ausmachen, wobei das älteste Kind auch dasjenige ist, welches am besten abschneidet. Wie kann man ein solches Ergebnis erklären? Rein intuitiv würde man erwarten, dass das Verständnis besser als oder genauso gut ist wie die Produktion – wie wir es beim *passé composé* beobachten können. Weshalb werden das *futur proche* und das Präsens besser produziert als verstanden? Das *futur proche* wird im Französischen mit Hilfe einer Präsensform von *aller* und dem Infinitiv des lexikalischen Verbs gebildet (*va faire*). Nun sind im Testteil, der die Sprachproduktion prüft, von den Kindern die Präsensformen übergeneralisiert worden. Schaut man sich den Testaufbau an, ist dies aus der Verwendung der Tempusform des mit dem Kind interagierenden Erwachsenen erklärbar: "Sur ces images, le petit garçon va aux toilettes. Ici (*zeigt auf Bild links*), le petit garçon est dans la salle de bains. Raconte-moi ce que le petit garçon fait d'abord sur cette image-là (→ *Bild links*), puis sur celle-là (→ *Bild Mitte*) et puis sur la dernière (→ *Bild rechts*)." Der Erwachsene gebraucht die Präsensform, um dem zu testenden Kind die erwartete Tempusform nicht mit seiner Äußerung vorzugeben. Einige Kinder, insbesondere die jüngeren, haben die Aufgabe gelöst, indem sie die vom Erwachsenen verwendete Tempusform (Präsens) in ihren Sprachproduktionen wiederholt haben. Ist diese Interpretation richtig, spiegeln die Daten das Verhalten der Kinder im Sprachtest wieder, lassen aber keinen direkten Rückschluss auf deren Sprachkompetenz zu. Dies zeigt, dass man sehr vorsichtig mit Behauptungen sein muss, dass grammatische Variation bzw. Abweichungen von der Zielnorm auf einen Kompetenzmangel zurückzuführen seien. Oftmals gibt es für das Sprachverhalten der Kinder andere Erklärungen, die in der Performanz zu suchen sind.

2.5 Zusammenfassung

Wir haben in diesem Kapitel grundlegende Begriffe des Prinzipien- und Parametermodells geklärt und damit den universalgrammatisch ausgerichteten Rahmen umrissen, in den die Erforschung des Erstspracherwerbs eingebettet ist. Da in der Spracherwerbsforschung mittlerweile Lösungen für das Problem erarbeitet wurden, wie das Kind die Parameter auf den zielsprachlichen Wert festsetzt, werden wir weiterhin mit dem Parameterbegriff arbeiten. Wir haben anhand des Null-Subjekt- und des Kopfparameters aufgezeigt, dass die Evidenz, die das Kind erhält, für das Setzen des Parameters evaluiert werden muss. Mit anderen Worten muss angenommen werden, dass ein Kind gerade nicht den 'verwirrenden' Input, sondern eindeutige Eigenschaften für das Setzen des Parameters nutzt.

Aufgaben zu Kapitel 2

1. Erläutern Sie die Begriffe Performanz und Kompetenz anhand von Beispielen.
2. Diskutieren Sie weitere grammatische Bereiche, die parametrisiert sein könnten, und stellen Sie die Werte der Parameter für die einzelnen romanischen Sprachen dar. Überlegen Sie ferner, welche Eigenschaft als *trigger* für das Setzen des Parameters im Spracherwerb dienen kann.
3. Französisch-deutsch bzw. italienisch-deutsch zweisprachige Kinder gebrauchen in der jeweiligen romanischen Sprache Konstruktionen wie die in (16) bzw. (17) angeführten. Beschreiben Sie, welche Eigenschaft die kindlichen Äußerungen von der Erwachsenensprache unterscheidet und worin die Schwierigkeit für das zweisprachige Kind liegt.

(16) a. fr. Je veux ça prendre.
b. On va le train prendre.
c. Je veux une autre baguette chercher.
d. Elle veut la poire manger.

(17) a. it. Tu devi la bottiglia prendere.
b. Devi questo comprare.
c. Voglio la mela mangiare.
d. Devono questa fumare.

4. Betrachten Sie die folgende Sequenz zwischen einer Erwachsenen (Italienerin) und einem deutsch-italienisch aufwachsenden Kind.

Erw: ma lo so che hai un pannolino / ma devi andare in bagno, per caso? /
Carlotta: io non ce l'ho /
Erw: non ce l'hai? /
Carlotta: no /
Erw: e come mai? / ti sei dimenticata stamattina? /
Carlotta: sì /
Erw: ah sì / ma non ti serve più? /
Carlotta: no /

Erw: ah senza pannolino - /
Carlotta: a letto io prende / al- a - a notte si prende /

Was fällt Ihnen an den Sprachdaten der Erwachsenen und an denen des Kindes auf, und wie lassen sich diese Auffälligkeiten erklären? Diskutieren Sie dies im Rahmen des Prinzipien- und Parametermodells und berücksichtigen Sie dabei die Tatsache, dass das Italienische im Gegensatz zum Deutschen eine Null-Subjekt-Sprache ist.

3 Bausteine syntaktischen Wissens: Syntaktische Analyse im Prinzipien- und Parametermodell

Im letzten Kapitel haben wir anhand von Argumenten aus der Spracherwerbsforschung und der vergleichenden Linguistik das Prinzipien- und Parametermodell (P&P) motiviert und grundlegende Begriffe eingeführt. Im Folgenden wollen wir uns damit befassen, wie sich das Modell für die syntaktische Analyse romanischer Sprachen anwenden lässt. Hierzu wiederholen wir zunächst einige Grundbegriffe, die wir aus der sog. traditionellen Grammatik kennen, und kontrastieren diese mit der generativen Terminologie, bevor wir uns schrittweise in die P&P-basierte Analyse einfacher und komplexer Sätze einarbeiten.

3.1 Kategorien, Merkmale, Satzfunktionen

Die Basiselemente, die wir beim Bilden von Sätzen zu komplexeren Einheiten verbinden, lassen sich nach bestimmten Kriterien systematisieren. Die Kriterien, nach denen sich die Wörter einzelner Sprachen zu **Kategorien** (auch: Wortarten oder -klassen) zusammenfassen lassen, sind teils formaler, teils inhaltlicher Art. Ein zentrales formales Kriterium ist dabei die Flektierbarkeit: Während manche Wortarten morphologisch veränderbar sind, also je nach Kontext zum Ausdruck bestimmter grammatisch-semantischer Kategorien formal abgeändert werden und dann entsprechende Markierungen für Merkmale wie Numerus und Genus oder auch für Tempus, Modus und Person tragen, gibt es auch solche, die formal stets unverändert bleiben: Zu den letztgenannten zählen in den romanischen Sprachen neben diversen Partikeln (u. a. Negationselemente) auch die Präpositionen (P) und Konjunktionen (auch: Komplementierer, engl. *complementizer*, C);[1] die flektierten Wortarten umfassen einerseits die nominalen Klassen N (Nomina oder Substantive), A (Adjektive), D (Determinanten wie z. B. Artikel und Pronomina) und andererseits die Klasse der Verben (V). Daneben wurden seit der Antike auch inhaltliche (semantische) Kriterien angeführt, nach denen etwa die Bezeichnungen für Substanzen (Substantive), für Eigenschaften (Adjektive) und für Prozesse (Verben) von Elementen unterschieden wurden, die vorwiegend grammatische Relationen ausdrücken (Präpositionen, Konjunktionen). Eine solche, inhaltlich motivierte Klassifizierung ist problematisch, da beispielsweise auch Nomina Relationen ausdrücken können (vgl. Knobloch/Schaeder 2000). Die meisten Systematiken, derer sich die traditionelle Grammatik bedient, stützen sich auf ein Mischsystem inhaltlicher und formaler Kriterien; unterschieden werden dabei i. d. R. acht bis neun Wortklassen: Verben,

---

[1] Hier ist anzumerken, dass man die Alternanz des französischen Komplementierers, der bei Bezugnahme auf das Subjekt als *qui*, ansonsten stets als *que* realisiert wird (vgl. Jones 1996: 506ff.), auch als Flexion interpretieren kann.

Substantive/Nomina, Adjektive (inkl. Zahlwörter), Adverbien, Artikel, Pronomina, Präpositionen, Konjunktionen sowie teils auch Interjektionen und/oder Partikeln (vgl. Bosque 2009: 43, Gabriel 2011).

Die **generative Kategoriensystematik** orientiert sich vorwiegend an der Funktion der betreffenden Einheiten im Satz. Entsprechend der grundlegenden Opposition zwischen lexikalischen und grammatischen Morphemen[2] setzt man die vier lexikalischen Kategorien Nomen (N), Verb (V), Adjektiv (A) und Präposition (P) an und grenzt diese von einer Reihe funktionaler Kategorien ab, die wir im weiteren Verlauf jeweils einzeln motivieren werden (vgl. 3.2.3, 3.4). Der Status der Präposition als lexikalische Kategorie ist allerdings insofern problematisch, als Präpositionen in einigen Verwendungsweisen eine grammatische Funktion haben und nicht in lexikalischen Kontrasten zu anderen Inhaltswörtern stehen: Während man z. B. in sp. *Me llamó* [*a las tres*] die Zeitangabe modifizieren kann, indem man die Präposition *a* durch *antes de* oder *después de* ersetzt, ist dieselbe Präposition in *Le dio un pastel a su padre* nicht entsprechend dem Ausdrucksbedürfnis der Sprecher frei wählbar. Sie erscheint hier vielmehr obligatorisch als Markierung des indirekten Objekts und lässt sich plausibel nur als funktionales Element interpretieren, das der Dativmarkierung in flektierenden Sprachen entspricht. Eine Lösungsmöglichkeit ist die Annahme, dass Präpositionen lexikalische Kategorien sind, die unter bestimmten Bedingungen als grammatische Elemente verwendet werden; man spricht dann auch von **grammatikalisierten** Präpositionen (vgl. Rauh 1994, Lehmann 2002: 70–77, Gabriel 2002, 2003). Als weiteres Beispiel für die funktional-grammatische Verwendung von Präpositionen sei auf die präpositionalen Komplementierer verwiesen, auf die wir in 3.4.2 sprechen kommen.

In Anlehnung an die aus der (strukturalistischen) Phonologie übernommene Praxis der Beschreibung von Lauten durch **Merkmalspezifikationen** (vgl. Gabriel/Meisenburg 2007: 106ff.) hat es sich durchgesetzt, Kategorien jeweils als Bündel distinktiver Merkmale aufzufassen. Für die genannten lexikalischen Kategorien sind dies die Merkmale 'nouniness' [±N] und 'verbiness' [±V]. Durch Kreuzklassifizierung ergibt sich folgende Spezifizierung, die in dieser Form seit Chomsky (1970) linguistisches Allgemeingut geworden ist.

(1)	[+N]	[-N]
[+V]	A (Adjektiv) [+N; +V]	V (Verb) [-N; +V]
[-V]	N (Nomen) [+N; -V]	P (Präposition) [-N; -V]

Während die Charakterisierung von Verben als [+V] und von Nomina als [+N] unmittelbar einleuchten mag und sich argumentieren lässt, dass Adjektive ([+N; +V]) einerseits typisch nominale Merkmale wie Numerus und Genus tragen und andererseits wie Verben durch Adverbien modifiziert werden können (z. B. fr. *un livre* [Adv *très*] *intéressant, il pleut* [Adv *beaucoup*]), resultiert die Klassifizierung der vierten lexikalischen Kategorie, der Präposition, als [-N; -V] allein aus der noch verbleibenden Merkmalspezifikation.

---

[2] Lexikalische Morpheme haben eine Wortbedeutung (die allerdings sehr unspezifisch sein kann) und können spontan durch Wortbildung und Entlehnung neu gebildet werden. Bei grammatischen Morphemen, die dem Ausdruck grammatischer Funktionen dienen, ist dies nicht möglich. Sie verändern sich nur über einen längeren Zeitraum und gehören synchron geschlossenen Klassen an.

Grundsätzlich ist es wichtig, Kategorien nicht mit **Satzfunktionen** gleichzusetzen. So ist z. B. *Student* immer ein Nomen, doch kann es in unterschiedlichen Funktionen auftreten wie etwa in *Der Student besteht das Examen* (Subjekt) oder *Diesen Studenten halte ich für intelligent* (Objekt). Dass wir hierzu nicht allein das Nomen benötigen, sondern ausgehend von diesem zunächst eine größere Wortgruppe (Phrase) bilden müssen, haben wir bereits in Kap. 2 angedeutet; in 3.2 werden wir uns genauer damit befassen, wie derartige Phrasen aufgebaut sind. Zentral für die Satzanalyse sind Prinzipien der aristotelischen Logik, die eine Zweiteilung des Satzes in einen Satzgegenstand (Subjekt) und eine Aussage über diesen Gegenstand (Prädikat) zugrunde legt. Diese inhaltliche Zweiteilung einer Aussage ist durch Begriffspaare wie Thema vs. Rhema oder Topik vs. Kommentar in der linguistischen Terminologie verankert (vgl. 3.4.5 und 5.1). Rein grammatisch gesehen ist das Subjekt jedoch nichts als die im Nominativ stehende Nominalphrase (vgl. die Beispiele in 2a). Diese versprachlicht zwar oft den Satzgegensatz, jedoch können auch andere Satzglieder, z. B. ein direktes Objekt den Satzgegenstand darstellen (z. B. dt. *Den Peter, den hab ich vor zwei Jahren kennen gelernt*, sp. *A Pedro, lo conocí hace dos años*). Durch geeignete Frage-Antwort-Paare können wir die einzelnen Phrasen ermitteln, die den Satzfunktionen (auch: Satzteilen, -gliedern) entsprechen, was wir im Folgenden beispielhaft zeigen:

(2) a. Wer oder was (macht etwas / ist ...)? → **Subjekt**
   Der Student besteht das Examen. *Der Student* ist intelligent. *Peter* ist Student. *Der Student* ist in der Uni.

   b. Was macht/ist ...? Wie/wo ist ... ? → **Prädikat**
   Der Student *besteht das Examen*. Der Student *ist intelligent*. Peter *ist Student*. Der Student *ist in der Uni*.

   c. Auf wen/was bezieht sich die ausgedrückte Handlung? → **Objekt**
   Der Student besteht *das Examen*. Der Student liest *ein Buch*.

   d. Wie ist x beschaffen? → **Attribut**
   Der Student liest ein *interessantes* Buch.

   e. Umstände der Handlung? → **Umstandsbestimmung (z. B. Orts-, Zeitangabe)**
   Der Student liest ein interessantes Buch *in der Uni* / *am späten Vormittag*.

In (2b) zeigt sich, dass dem Subjekt nicht nur verbale, sondern auch nominale, adjektivische und präpositionale Prädikate zugeordnet werden können; diese umfassen im Deutschen und den romanischen Sprachen neben dem lexikalischen Kern (hier: Adjektiv *intelligent*, Nomen *Student*, Präpositionalkonstruktion *in der Uni*) auch die Kopula (Form des Hilfsverbs *sein*). Andere Sprachen wie das Türkische schließen nicht-verbale Prädikate direkt an das Subjekt an, z. B. *arabam yeşil* 'Mein Auto ist grün' (wörtl.: Auto-POSS.1SG grün).

3.2 Phrasenbau

Wir haben bereits in den ersten beiden Kapiteln gesagt, dass Sätze nicht einfach aus einer linearen Aneinanderreihung von Wörtern bestehen, sondern dass sie vielmehr eine hierarchische Struktur aufweisen, die es aufzudecken gilt. Im Folgenden wird es darum gehen, wie sich die den Satz konstituierenden Wortgruppen (Phrasen) ermitteln lassen und wie die einzelnen Phrasentypen beschaffen sind.

3.2.1 Konstituenz

In 3.1 haben wir einzelne Wortgruppen, die bestimmten Satzfunktionen entsprechen, aus dem größeren Kontext herausgelöst (sog. Fragetest). Dabei haben wir gesehen, dass eine größere Wortgruppe wie *besteht das Examen*, die dem Prädikat entspricht (2b), wiederum eine Phrase mit weniger Elementen, nämlich das Objekt *das Examen*, beinhaltet (2c). Man schreitet so durch mehrfache Teilungsoperationen zu immer kleineren Einheiten fort, aus denen sich – anders herum betrachtet – der Satz sukzessive aufbaut. Solche Wortgruppen bezeichnet man als **Konstituenten** (lat. CONSTITUERE 'aufbauen'), und wir werden im Folgenden einige der neben dem bereits besprochenen **Fragetest** gängigen Verfahren zu deren Ermittlung anführen.

In der Regel hat man es dann mit einer Konstituente zu tun, wenn man die entsprechende Wortgruppe weglassen kann, ohne dass ein ungrammatischer Satz entsteht. So kann man etwa in *Der Student liest ein interessantes Buch in der Uni* die Wortgruppe *in der Uni* weglassen, und auch auf *ein interessantes Buch* kann man verzichten, nicht jedoch auf die Abfolge *Buch in der Uni*, was den ungrammatischen Satz **Der Student liest ein interessantes* zum Resultat hätte. Allerdings ist diese **Weglassprobe** nicht immer ganz verlässlich, denn in *Der Student wohnt in Hamburg* kann man mit *in Hamburg* eine Wortgruppe nicht ohne weiteres weglassen, die nach dem Fragetest als Konstituente zu identifizieren wäre ('Wo wohnt der Student?').

Allerdings kann man genau diese Phrase problemlos durch eine andere Wortgruppe, etwa durch *bei Wuppertal* ersetzen, was auch bei anderen Konstituenten möglich ist. Man spricht hier von der sog. **Substitutions- oder Ersetzungsprobe**. Einen Sonderfall hiervon stellt die **Pronominalisierung** dar, bei der nicht ein lexikalischer Inhalt gegen einen anderen ausgetauscht und die Grammatikalität der resultierenden Konstruktion geprüft, sondern eine Wortgruppe durch ein Pronomen ersetzt wird, das nur korrekt interpretiert werden kann, wenn der Sprecher eine gedankliche Verbindung zu einer bereits vorerwähnten Phrase (oder zumindest zu einer im Äußerungskontext präsenten Entität) herstellen kann. Die Interpretation von Pronomina wird durch die sog. Bindungsprinzipien gesteuert, die wir in 3.7.1 besprechen werden; zur syntaktischen Analyse vgl. 5.2.

Weitere Tests zum Ermitteln von Konstituenten sind die **Koordination**, derzufolge eine Wortgruppe dann eine Konstituente ist, wenn sie sich mit einer gleichartigen Wortgruppe verknüpfen lässt (*Der Student wird <u>das Examen bestehen</u> und <u>promovieren</u>*), und die **Permutation** (Verschiebetest), die die Beweglichkeit von Wortgruppen im Satz betrifft: Kann eine Wortgruppe als Ganzes an eine andere Position verschoben werden, handelt es sich i. d. R. um eine Konstituente (*<u>In der Uni</u> liest der Student ein interessantes Buch*).

Nicht alle Tests führen immer zu einem zuverlässigen Ergebnis. Ausschlaggebend sind neben den bereits angesprochenen Problemen bei der Anwendung von Weglassprobe und Fragetest vor allem auch übereinzelsprachliche Differenzen. So lassen sich französische und italienische Ortsangaben durch sog. klitische Adverbialpronomina ersetzen (fr. *Il habite à Paris. Il y habite*, it. *Vive in Roma. Ci vive*), während dies im Spanischen wegen des Fehlens entsprechender Formen nicht möglich ist.[3] Aus diesem Grund werden wir im folgenden Absatz die Konstituente formal definieren.

3.2.2 Phrasenstruktur und X-bar-Schema

Trotz allen Unterschieden in Bezug auf die Anwendbarkeit der besprochenen Konstituenztests gleichen sich die Sprachen darin, dass sich jeweils immer kleinere Einheiten durch schrittweise Teilung ermitteln lassen. Nimmt man die umgekehrte Perspektive ein, so kann man sagen, dass sich ein Satz sukzessive durch die Verkettung eines Elements mit immer weiteren Elementen aufbaut. Wir wollen dieses grundlegende Prinzip des Phrasenbaus nun Schritt für Schritt anhand romanischer Beispiele nachvollziehen.

In 2.3.2 haben wir gesehen, dass Verb und Objekt gemeinsam eine größere Wortgruppe bilden, die wir Verbalphrase (VP) nennen, und dass sich die Sprachen der Welt darin unterscheiden, ob die VP durch die Abfolge VO oder OV bestimmt ist. Betrachten wir nun die folgenden Beispiele, die wir zunächst in der Form der sog. indizierten Klammerung (engl. *labeled bracketing*; 3a–c) und dann als Baumstruktur darstellen (3d, e).

(3)   a. fr. [$_{VP}$ [$_V$ passer][$_{Objekt=NP}$ l'examen]]   [$_{VP}$ [$_V$ habiter][$_{Ortsangabe=PP}$ en France]]

         b. it. [$_{VP}$ [$_V$ passare][$_{Objekt=NP}$ l'esame]]   [$_{VP}$ [$_V$ vivere][$_{Ortsangabe=PP}$ in Sicilia]]

         c. sp. [$_{VP}$ [$_V$ pasar][$_{Objekt=NP}$ el examen]]   [$_{VP}$ [$_V$ vivir][$_{Ortsangabe=PP}$ en la Argentina]]

d.	VP		e.	VP	
	V	(Objekt) NP		V	(Ortsangabe) PP
	fr. passer	l'examen		fr. habiter	en France
	it. passare	l'esame		it. vivere	in Sicilia
	sp. pasar	el examen		sp. vivir	en la Argentina

In Bezug auf die Satzfunktionen der jeweils mit dem Verb verklammerten Konstituenten haben wir es in (3d) jeweils mit (direkten oder Akkusativ-)Objekten zu tun; die Präpositionalphrasen (PP) in (3e) würde man entsprechend dem in 3.1 Gesagten als obligatorische Ortsangaben charakterisieren. Allen diesen Konstituenten ist jedoch gemein, dass sie im Normalfall nicht einfach weggelassen werden können, da sie für einen kompletten Ausdruck der jeweiligen Verbalhandlung notwendig sind: Ebenso wie *bestehen* (im Sinne von

---

[3]   Unter klitischen Formen (auch: Klitika, Sg. Klitikon, von griech. κλίνειν 'neigen') versteht man solche, die nicht allein auftreten, sondern einen sog. Wirt (engl. *host*) als Basis benötigen, an die sie sich 'anlehnen' können. Den entsprechenden Prozess nennt man Klitisierung oder Klise. Stehen Klitika vor der Basis (fr. *il y habite*, it. *Ci vive*), spricht man von Proklise bzw. Proklitika; folgen sie ihr (z. B. sp. *para leerlo*), handelt es sich um Enklise bzw. Enklitika. Letztere werden im Spanischen und Italienischen mit dem Bezugswort zusammengeschrieben. Eine weitere Eigenschaft von Klitika ist, dass sie i. d. R. keinen Akzent tragen können, d. h. nicht akzentogen sind.

'erfolgreich absolvieren') impliziert, dass man etwas besteht, z. B. eine mündliche Prüfung, ist auch in der Bedeutung von *wohnen* enthalten, dass man seinen Hausstand an einem bestimmten Ort hat, sei es in Frankreich, in Sizilien oder in Argentinien. Man spricht hierbei von Mitspielern oder Argumenten des Verbs (vgl. 3.5), und die Konstituenten, die diese Argumente repräsentieren, nennen wir **Komplemente**. Im entsprechenden Kontext kann ein Argument auch durchaus unrealisiert bleiben, nämlich etwa dann, wenn es aus dem Kontext erschlossen werden kann. So ist etwa ein Satz wie (4b), geäußert in einem Kontext wie (4a), kein Grund dafür, den direkten Objekten in (3) ihren Komplementstatus abzusprechen.

(4)   a. dt.   Peter hat doch bald sein Examen, oder? Meinst Du, der fällt vielleicht durch?
       b.   Nee, da hab ich keine Bedenken. Der besteht.

Ein erneuter Blick auf die Strukturbäume in (3d, e) zeigt, dass Komplemente auf eine ganz bestimmte Art und Weise dargestellt werden, und zwar erscheinen sie auf gleicher Ebene wie der Phrasenkopf. Man bedient sich hier einer Metapher aus dem Bereich der Verwandtschaftsbezeichnungen und sagt: Das Komplement ist **Schwester** des Phrasenkopfs (hier: des Verbs) und **Tochter** des übergeordneten Knotens. Mithilfe einer solchen Notationskonvention kann man den Status einzelner Konstituenten eindeutig repräsentieren.

Komplemente sind nicht auf die VP beschränkt; sie können vielmehr auch in anderen Phrasentypen vorkommen wie beispielsweise in der Nominalphrase (NP), der wir uns nun genauer widmen wollen. Auch hier kann der nominale Kopf ein Komplement zu sich nehmen, nämlich dann, wenn die Bedeutung des Nomens inhaltlich eine Ergänzung fordert. Dies ist etwa bei aus Verben abgeleiteten Nomina wie fr. *destruction* der Fall, wo das Komplement als PP angeschlossen wird (5b); die strukturelle Parallelität zum direkten Objekt wird durch die identische Repräsentation im Strukturbaum deutlich (5a):

(5)   a.

	VP		b.		NP	
V		NP		N		PP
fr. détruire		la ville		fr. destruction		de la ville
it. distruggere		la città		it. distruzione		della città
sp. destruir		la ciudad		sp. destrucción		de la ciudad

Innerhalb einzelner Phrasen kann man Wortgruppen anfügen, die zusätzliche Informationen versprachlichen und die als **Adjunkte** bezeichnet werden. Anders als Komplemente, die für den Ausdruck der Gesamtbedeutung des Phrasenkopfs unabdingbar sind, handelt es sich hierbei um grundsätzlich fakultative Konstituenten, die im Strukturbaum als Schwesterknoten einer Zwischenebene (hier: N') symbolisiert werden. Diese Adjunkte können rechts des Phrasenkopfs erscheinen wie im französischen Beispiel (6a) oder auch links adjungiert sein wie das Adjektiv *nueva* im spanischen Beispiel (6b).

(6)   a.

N'
 N'
  N'   PP
 N   PP   au XIXe siècle
destruction de la ville

b.

N'
 N'   AP
AP   N'   muy moderna
nueva   N
      biblioteca

Der Tatsache, dass einer Phrase prinzipiell beliebig viele Adjunkte hinzugefügt werden können, trägt man Rechnung, indem man sagt, dass die Zwischenebene (N') rekursiv, also erweiterbar ist. Anhand von (6b) sehen wir zudem, dass sich auch Adjektive zu Phrasen expandieren lassen, z. B. durch die Steigerungspartikel *muy*. Deshalb gehen wir auch davon aus, dass das Adjektiv *nuevo*, wenn es in der Struktur adjungiert wird, den 'Wert' einer vollen (Adjektiv-)Phrase [$_{AP}$ *nueva*] hat, nur dass hierbei potenziell mögliche AP-interne Positionen wie die des Komplements und diejenigen für Adjunkte nicht besetzt sind. Man beachte, dass in (6b) auch die NP-interne Komplementposition leer bleibt: Hält man sich vor Augen, dass die Bedeutung von *Bibliothek* – anders als etwa die von *Zerstörung* – keine Entität beinhaltet, auf die sich das ausgedrückte Geschehen erstreckt, dann wird dies unmittelbar einsichtig.

Wichtig ist, dass die Konstruktionen (6) in der vorliegenden Form noch nicht im Satz auftreten können; hierzu ist in der Regel das Vorhandensein eines Artikelworts (Determinanten) notwendig, z. B. fr. *Elle nous raconte de [la destruction de la ville]* oder sp. *[Esta nueva biblioteca muy moderna] fue inaugurada el año pasado.* Abgesehen vom Rumänischen, wo der definite Artikel nachgestellt (und als Enklitikon mit dem Bezugswort zusammengeschrieben) wird (z. B. rum. *bărbatul* 'der Mann', *bărbaţii* 'die Männer'), erscheinen Determinanten links vom Kopf der NP. Anders als bei den Adjunkten kann hier immer nur ein vorangestelltes Artikelwort pro Phrase auftreten. Im P&P-Modell nach Chomsky (1981; vgl. Kap. 2) wird deshalb angenommen, dass sich Artikelwörter in einer Position befinden, die **Spezifikator** genannt wird (auch: Spezifizierer, engl. *specifier*) und die den Aufbau der Phrase (NP) abschließt.[4] Die Spezifikatorposition (hier: Spec,NP) ist nicht rekursiv, kann also pro Phrase nur einmal auftreten und wird im Strukturbaum als Schwesterknoten von N' (Zwischenebene) und als Tochterknoten des NP-Knotens repräsentiert; vgl. die Darstellung unseres französischen Beispiels in (7a).[5] Da sich – wie bereits mehrfach angedeutet – alle Kategorien in gleicher Weise zu Phrasen erweitern lassen, kann man anstelle des Kategoriensymbols N den Platzhalter X setzen und erhält, wenn man die Struktur um potenzielle Rechts- und Linksadjunkte (WP, ZP) erweitert, das sog. **X-bar-Schema** (auch: X'- oder X-quer-Schema) als abstrakte Basisstruktur, die den Phrasenbau grundlegend bestimmt (7b).

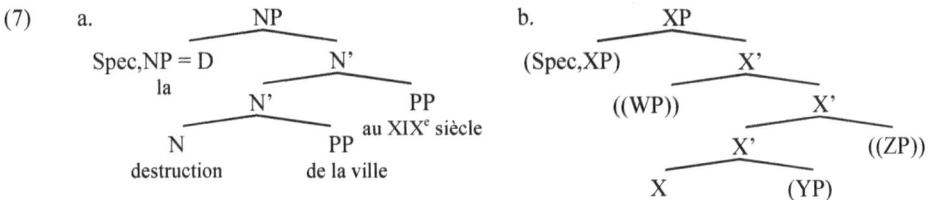

(7) a.

```
                   NP
        ┌──────────┴──────────┐
  Spec,NP = D              N'
      la          ┌────────┴────────┐
                 N'                PP
          ┌──────┴──────┐     au XIX^e siècle
         N            PP
     destruction   de la ville
```

b.

```
                   XP
        ┌──────────┴──────────┐
   (Spec,XP)               X'
             ┌─────────────┴─────────────┐
          ((WP))                        X'
                       ┌─────────────────┴──────┐
                      X'                      ((ZP))
                ┌──────┴──────┐
               X            (YP)
```

Da ein Komplement unter bestimmten Bedingungen weggelassen werden kann, erscheint YP in (7b) in Klammern; die doppelte Klammerung bei ZP und WP symbolisiert die grund-

---

[4] Wissenschaftsgeschichtlich geht der Begriff des Spezifikators (oder Spezifizierers) auf die Unterscheidung zwischen modifizierenden und spezifizierenden Elementen zurück, wobei unter ersteren die rekursiven Adjunkte zu verstehen sind.

[5] In 3.4.3 werden wir eine andere Analyse von Konstruktionen mit Determinanten kennen lernen.

34

sätzliche Optionalität von Adjunkten. Im Folgenden geben wir einige Beispiele für die Besetzung der einzelnen strukturellen Positionen in den unterschiedlichen Phrasentypen.

		Spec,XP	Adjunkt (WP)	Kopf (X°)	Kompl. (YP)	Adjunkt (ZP)
(8)	a. fr.	[$_{NP}$ la		destruction	de la ville	au XIXe siècle]
	b.	[$_{NP}$ une	très bonne	idée]		
	c.	[$_{VP}$		lit	un livre	dans sa chambre]
	d.	[$_{AP}$ très		fier	de sa fille]	
	e.	[$_{PP}$ presque		sans	argent]	
(9)	a. it.	[$_{NP}$ la		distruzione	della città	nell'Ottocento]
	b.	[$_{NP}$ una	fantastica	idea]		
	c.	[$_{VP}$		legge	un libro	nella sua stanza]
	d.	[$_{AP}$ molto		orgoglioso	di mia nipote]	
	e.	[$_{PP}$ quasi		senza	soldi]	
(10)	a. sp.	[$_{NP}$ la		destrucción	de la ciudad	en el siglo XIX]
	b.	[$_{NP}$ esta	nueva	biblioteca		muy moderna]
	c.	[$_{VP}$		lee	un libro	en su habitación]
	d.	[$_{AP}$ muy		orgulloso	de su hija]	
	e.	[$_{PP}$ casi		sin	dinero]	

In 2.3 haben wir gesehen, dass die Position des Kopfs in der Phrase einzelsprachlich variiert, was sich durch das Konzept der parametrisierten UG fassen lässt. Für die romanischen Sprachen haben wir gesagt, dass in der VP der Kopf links des Komplements steht; die Beispiele (8–10) zeigen, dass dies auch für die übrigen Phrasentypen gilt. In anderen Sprachen ist dies jedoch nicht durchgängig so: Deutsch und Lateinisch haben beispielsweise jeweils eine kopf-finale VP (dt. [$_{VP}$ *das Examen bestehen*], lat. [$_{VP}$ *examen superare*], aber eine kopf-initiale PP (dt. [$_{PP}$ *mit dem Studenten*], lat. [$_{PP}$ *cum discipulō*]); im Türkischen sind sowohl VP als auch PP kopf-final: [$_{VP}$ *sınavı başarmak*], [$_{PP}$ *öğrenci ile*].

Führen wir uns an dieser Stelle nochmals die Eigenschaften des X-bar-Schemas (7b) und der einzelnen Positionen vor Augen:

– Der **Phrasenkopf** (X oder X°) ist das 'tonangebende' Element, das bestimmt, ob in der Phrase ein Komplement möglich ist, und zugleich die strukturelle 'Wertigkeit' der gesamten Phrase determiniert. Man kann sich das so vorstellen, dass der Phrasenkopf seine formal-grammatischen Merkmale, z. B. [+N; -V] beim Nomen oder [-N; +V] bei der Präposition, im Strukturbaum nach oben weitergibt ('projiziert'). Man spricht in Bezug auf den vertikalen Blickwinkel, der in dieser Sichtweise eingenommen wird, auch von **Projektion**, und demnach entspricht der Kopf dem minimalen (untersten) Projektionsniveau (X^{min}). Bildlich gesprochen könnte man auch sagen, dass der projizierende Kopf X eine Art Regenschirm (XP) aufspannt, unter den es die in seinem Kontext realisierten Elemente (also das Komplement YP, eventuelle Adjunkte WP und ZP sowie den Spezifikator Spec,XP) formal unterordnet.[6]

---

[6] Wenn es um die strukturelle Unterordnung (Subordination) von Komplementen geht, spricht man auch von Rektion (engl. *government*); man sagt z. B.: Das Verb regiert sein Komplement.

– Das **Komplement** (YP) drückt ein Argument des Kopfs X aus und kann meist nicht einfach weggelassen werden. Bleibt es unrealisiert, muss es kontextuell erschließbar sein. Im Strukturbaum wird es als Schwester des Kopfs und Tochter von X' dargestellt.

– **Adjunkte** (WP, ZP) sind fakultative Konstituenten, die keine Argumente ausdrücken und sowohl rechts als auch links vom Kopf erscheinen können. Im Strukturbaum sind sie der rekursiven Zwischenprojektionsebene zugeordnet und erscheinen demnach als Schwester- und Tochterknoten von X'.

– Die Eröffnung der **Spezifikatorposition** (Spec,XP) schließt den Aufbau der Phrase ab, womit das maximale Projektionsniveau erreicht ist (XP oder X^{max}). Spec,XP ist nicht rekursiv und kann durch Elemente von unterschiedlichem phrasalen Status besetzt werden. Diese Uneinheitlichkeit wurde im Laufe der theoretischen Weiterentwicklung des Modells dahingehend behoben, dass hier nur Phrasen, aber keine Köpfe zugelassen werden; vgl. 3.5.2. Dies bedeutet auch, dass wir für die Determinanten in der Nominalphrase eine andere Analyse benötigen als die bisher angenommene; vgl. 3.4.3. Im Strukturbaum wird der Spezifikator als Schwester von X' und Tochter von XP symbolisiert.

Das X-bar-Schema ist als ein maximales Basismodell zu verstehen, das den Aufbau von Phrasen grundlegend regelt. Es wurde bereits deutlich, dass nicht immer alle potenziell möglichen Positionen in der Struktur auch besetzt sein müssen. Wenn außer der Position des Kopfs alle anderen leer sind, können sich im Extremfall Kopf und maximale Projektion auf der Oberfläche gleichen, z. B. dann wenn ein Eigenname ohne Artikel auftritt wie bei sp. [NP *María*] oder wenn in der VP weder Komplement noch Adjunkt vorhanden sind wie in sp. [VP *duerme*].

Um die einzelnen Positionen und Verhältnisse im Strukturbaum bezeichnen zu können, bedient man sich bestimmter metaphorischer Ausdrücke. Wenn an einer Stelle (zumindest potenziell) eine Verästelung vorliegt, spricht man von einem **Knoten** (engl. *node*). Die Verbindungslinien werden **Zweige** (engl. *branches*) genannt; entsprechend ist die Redeweise vom nicht verzweigenden Knoten zu verstehen (engl. *non branching node*; z. B. der unterste N'-Knoten in 6b). Die einzelnen Wörter, die sozusagen als 'Blätter' an den Enden der Verzweigungen in den Baum eingesetzt werden, nennt man **Terminale** oder terminale Knoten. Dass die Relationen zwischen einzelnen Knoten mit Termini aus dem Bereich der Verwandtschaftsbeziehungen benannt werden (Schwester, Tochter), wurde bereits gesagt.

Eine wichtige Rolle spielt die Relation der **Dominanz**, womit das Verhältnis zwischen einem Knoten und seinen Tochterknoten gemeint ist. In (7b) dominiert beispielsweise der XP-Knoten alle weiteren Knoten des Baums; der tiefste X'-Knoten hingegen dominiert nur den Kopf X und das Komplement (YP). Auf diese Weise können wir auch den in 3.2.1 eingeführten Begriff der Konstituente formal definieren:

Formale Definition der Konstituente: Eine Abfolge von Terminalen bildet genau dann eine Konstituente, wenn sie von ein und demselben Knoten dominiert wird, der wiederum keine weitere(n) Terminale(n) dominiert.

Dies bedeutet, dass auch eine phrasale Kategorie vom Status X' einer Konstituente entsprechen kann, z. B. die Terminalabfolge it. [V' *legge un libro*] aus (9c). Keine Konstituente ist dagegen *un libro nella biblioteca*, da sowohl das direkte Objekt *un libro* als auch die adjungierte PP (Ortsangabe) *nella biblioteca* von V' dominiert werden, genau dieser Knoten aber auch das Verb *legge* dominiert.

Wir haben nun die einzelnen Phrasentypen kennen gelernt, die sich aus der Expansion der lexikalischen Kategorien N, V, A und P nach dem X-bar-Schema ergeben. Im folgenden Abschnitt geht es nun darum, wie man ganze Sätze in diesem Modell darstellen kann.

3.2.3 Hauptsatz, Nebensatz, Fragesatz: Die funktionalen Projektionen IP und CP

Betrachtet man einen einfachen **Aussagesatz** (auch: Deklarativsatz) wie fr. [$_{NP}$ *L'étudiant*] + [$_{VP}$ *passera l'examen*] zunächst nur als lineare Abfolge einzelner Wörter bzw. Wortgruppen, könnte man sagen, es handele sich um die Kombination einer Subjekt-NP und einer VP, die dem Prädikat entspricht. Eine solche Analyse trägt jedoch nicht der Tatsache Rechnung, dass die Verbindung einer VP, die eine nicht-finite Verbform (Infinitiv, Partizip) enthält, mit einer NP keine Struktur ergibt, die die Sprecher als korrekten Satz akzeptieren, z. B. *[$_{NP}$ L'étudiant] + [$_{VP}$ passer / passé l'examen]*. Die Eigenschaft der **Finitheit**, d. h. die Markierung der Verbform in Bezug auf Tempus und Subjektkongruenz (Übereinstimmung in Person und Numerus),[7] ist offensichtlich eine zentrale Bedingung für die Akzeptanz einer Konstruktion als eigenständiger Satz (Hauptsatz, Matrixsatz). Finitheit manifestiert sich in den romanischen Sprachen entweder in Form einer konjugierten Verbform (z. B. fr. *passera*, it. *passerà*, sp. *aprobará*; jeweils 3. Person Singular, Futur) oder bei sog. periphrastischen, d. h. zusammengesetzten Verbformen am Hilfsverb (auch: Auxiliar).[8] Lexikalische und grammatische Information werden hierbei getrennt in zwei Wörtern kodiert, wobei die Merkmale für Subjektkongruenz und Tempus im Hilfsverb enthalten sind, z. B. sp. *El estudiante* [$_{Aux:\ 3.\ SG\ PERF}$ *ha*] [*aprobado*] *el examen*. Man kann also sagen, dass neben einem Subjekt (NP) und einer VP, die das Prädikat repräsentiert, noch ein drittes Element für den Satz konstitutiv ist, nämlich die Finitheit des Auxiliars bzw. des Vollverbs:

(11)   a.   sp.   [$_{Satz}$ [$_{NP}$ El estudiante]   +   [$_{Aux}$ ha]   +   [$_{VP}$ aprobado el examen]].
       b.   [$_{Satz}$ [$_{NP}$ El estudiante]   +   [?]   +   [$_{VP}$ aprobará el examen]].

Während in (11a) die Finitheitsmerkmale vom Hilfsverb repräsentiert werden, entspricht dem in (11b) kein konkretes Wort; die entsprechenden Merkmale sind vielmehr in der Verbform enthalten. Diese unterschiedlichen Verfahren, Finitheit zu kodieren, lassen sich

---

[7]   In anderen Sprachen wird auch die Kongruenz mit dem Objekt am Verb markiert. Ein bekanntes Beispiel hierfür ist das Baskische (Trask 1997: 106f.), aber auch das Spanische weist gewisse Objektkongruenzeigenschaften auf, und zwar insofern als manche Objekte obligatorisch durch sog. klitische Pronomina gedoppelt werden, die mit dem Verb eine enge Einheit eingehen, z. B. *María le dio una manzana a Pablo*. Das Pronomen *le* ersetzt hier nicht das indirekte Objekt *a Pablo*, sondern doppelt es. Es lässt sich also als eine Art Kongruenzmorphem interpretieren, das bei Vorhandensein eines (hier: indirekten) Objekts in der Struktur auftritt; vgl. 5.2.

[8]   Für Grundsätzliches zu den Eigenschaften von Hilfsverben vgl. Remberger (2006).

zusammenfassen, indem man anstelle von 'Aux' und '?' das funktionale Element I (auch: Infl, engl. *inflection* 'Flexion') einsetzt und dieses als eine abstrakte Kategorie versteht, in der die für den Satz konstitutiven Tempus- und Kongruenzmerkmale gespeichert sind.

Wie sieht der entsprechende Strukturbaum aus? Überführt man die Klammerdarstellung (11) in ein Baumdiagramm, wird deutlich, dass die resultierende Darstellung nicht mit dem X-bar-Schema (7b) kompatibel ist, denn wegen der enthaltenen Dreierverzweigung ist nicht erkennbar, welches Element der Kopf des gesamten Satzes sein soll (12a). Da weder das Subjekt (NP) noch die VP aufgrund ihres XP-Status als Phrasenkopf in Frage kommen, ist anzunehmen, dass der Satz eine maximale Projektion von I ist. Dies entspricht intuitiv der Beobachtung, dass das für einen unabhängigen Satz konstitutive Merkmal die Finitheit ist. Entsprechend ergibt sich die phrasenstrukturelle Repräsentation (12b), wo der Kopf I die VP zum Komplement nimmt und das Subjekt im Spezifikator (Spec,IP) erscheint.

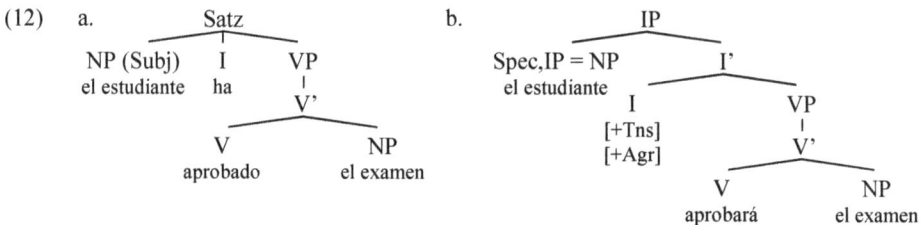

(12) a.

```
                Satz
       ┌─────────┼─────────┐
  NP (Subj)      I         VP
  el estudiante  ha        │
                           V'
                      ┌────┴────┐
                      V         NP
                   aprobado   el examen
```

b.

```
                    IP
        ┌───────────┴───────────┐
   Spec,IP = NP                  I'
   el estudiante          ┌──────┴──────┐
                          I             VP
                       [+Tns]           │
                       [+Agr]           V'
                                   ┌────┴────┐
                                   V         NP
                                aprobará   el examen
```

Dabei kann die Position Spec,IP nur dann mit einem Subjekt besetzt werden, wenn das mit dem Verb korrespondierende I für die Merkmale [+Tns, +Agr] spezifiziert ist (engl. *tense* 'Tempus' bzw. *agreement* 'Kongruenz'); der zum Infinitiv gehörige funktionale Kopf I hingegen weist die Merkmalspezifikation [-Tns, -Agr] auf. Weiterhin müssen die in I kodierten Merkmale sowohl mit dem Subjekt als auch mit dem Verb übereinstimmen. Um die relevanten Merkmale gegeneinander abzugleichen, muss das Verb mit dem I-Kopf zusammengebracht und hierzu aus der VP-internen Basisposition in den I-Bereich bewegt werden. Man spricht hier von einer Adjunktion des Verbs an I; da hier zwei X°-Kategorien miteinander verbunden werden, handelt es sich um eine sog. Kopfbewegung.[9] (12b) repräsentiert den Status der Ableitung vor dieser **Verbverschiebung** nach I; in (13) ist selbige eingezeichnet. Der Prozess des Merkmalabgleichs (engl. *feature checking*) ist zentral für die frühere Entwicklungsstufe des Minimalistischen Programms (MP) und wird in 4.1.4 besprochen; zum Umgang mit Kopfbewegungen in neueren Varianten des MP vgl. 4.3.2.

Wenn Sätze nicht eigenständig auftreten, sondern Bestandteil einer komplexeren Konstruktion sind, ist i. d. R. ein unterordnendes, satzverknüpfendes Element notwendig. Erfüllt ein **Nebensatz** etwa die Funktion eines Komplements wie in fr. *je sais* [Kompl *que cet étudiant passera l'examen*] (Komplementsatz, vgl. *je sais* [Kompl *un secret*]), dann wird die Satzunterordnung durch das Funktionswort *que* angezeigt. In der traditionellen Grammatik als subordinierende Konjunktion bezeichnet, analysiert man diese Elemente im generativen

---

[9] Die hierdurch entstandene komplexe Kategorie V+I ist das Resultat einer Bewegungsoperation und unterscheidet sich von den in 3.2.2 besprochenen 'basisgenerierten' Adjunktionen, bei denen die adjungierte Konstituente direkt in der betreffenden Position 'generiert' wird.

Rahmen als Komplementierer (engl. *complementizer*, C). Nebensätze werden dann als maximale Projektionen solcher C-Köpfe aufgefasst, die in der VP des übergeordneten Matrixsatzes die Komplementposition besetzen:

(13)[10]

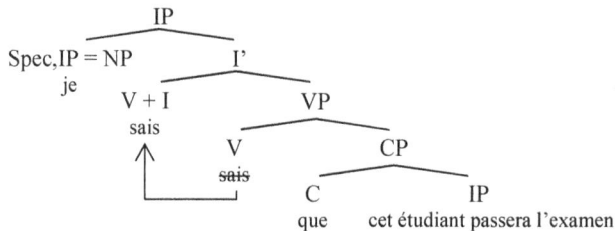

Mithilfe der CP-Struktur können wir nun auch die bereits im 1. Kapitel besprochenen **V2-Strukturen** des Deutschen analysieren. Betrachten wir hierzu die folgenden Beispiele:

(14)   a.   dt.   Ich glaube, [$_{CP}$ dass dieser Student das Examen besteht].
       b.   Ich glaube, [$_{CP}$ dieser Student besteht das Examen].

Während in (14a) der Nebensatz wie im französischen Beispiel (13) durch einen Komplementierer (hier: *dass*) eingeleitet wird, fehlt letzterer in der umgangssprachlichen Variante (14b). Interessant ist, dass dann auch die Wortstellung auftritt, die wir aus dem deutschen Hauptsatz kennen: Das konjugierte Verb befindet sich in der zweiten Position und eine weitere Konstituente (hier: das Subjekt) geht diesem voraus. Dies lässt sich dahingehend interpretieren, dass im Deutschen nicht nur Nebensätze, sondern auch Hauptsätze grundsätzlich als CP zu analysieren sind und dass sich das konjugierte Verb immer dann über I hinweg nach C bewegt, wenn diese Position leer ist (wie z. B. in 14b). Der V2-Effekt wird dann erzielt, indem eine beliebige XP in die Position links von C bewegt wird. Legt man das in (7b) skizzierte X-bar-Schema zugrunde, dann steht Spec,CP als Landeplatz zur Verfügung; da der Spezifikator nicht rekursiv ist, kann hier auch nur eine einzige Konstituente erscheinen. Die unterschiedlichen Stellungsabfolgen des deutschen Hauptsatzes, die wir in Kap. 1 aufgelistet haben und die wir in (15b–d) wiederholen, lassen sich also jeweils als Resultat von zwei Bewegungsoperationen auffassen:

(15)   a.   Ich glaube, [$_{CP}$ dass dieser Student das Examen besteht].
             (Nebensatz: *dass* in C basisgeneriert, keine Verbverschiebung, Spec,CP leer)
       b.   [$_{CP}$ [$_{Spec,CP}$ Dieser Stud.] [$_C$ besteht] [$_{IP}$ ~~dieser Student~~ das Examen zweifellos ~~besteht~~]].
             (Hauptsatz SVO: Verbverschiebung über I nach C, Subj → Spec,CP)
       c.   [$_{CP}$ [$_{Spec,CP}$ Das Examen] [$_C$ besteht] [$_{IP}$ dieser Student ~~das Examen~~ zweifellos ~~besteht~~]].
             (Hauptsatz OVS: Verbverschiebung über I nach C, Obj → Spec,CP)
       d.   [$_{CP}$ Zweifellos] [$_C$ besteht] [$_{IP}$ dieser Student das Examen ~~zweifellos besteht~~]].
             (Hauptsatz AdvVSO: Verbverschiebung über I nach C, Adv → Spec,CP)

---

[10]   Um die Darstellung zu vereinfachen, verzichtet man im Strukturbaum meist auf die Repräsentation nicht besetzter Spezifikatorpositionen und lässt nicht benötigte Zwischenprojektionen (X') weg. Weiterhin werden Teile des Satzes, deren Struktur im gegebenen Fall nicht zur Diskussion steht, oftmals nicht im Baumdiagramm 'ausbuchstabiert', sondern verkürzt dargestellt wie hier der untergeordnete Nebensatz [$_{IP}$ *cet étudiant passera l'examen*].

Es ist wichtig hervorzuheben, dass die Belegung der einzelnen Positionen nicht willkürlich und unsystematisch ist, sondern dass das Vorkommen der unterschiedlichen Hauptsatzanordnungen kontextbedingt ist. In Bezug auf die in (15b) gezeigte Hauptsatzanordnung SVO sprechen wir von der 'unmarkierten' Wortstellung, da diese i. d. R. im neutralen Kontext gewählt wird, z. B. als Antwort auf eine Frage wie 'Was gibt es zu berichten?'. Hat man jedoch z. B. bereits über das Examen gesprochen und möchte erneut an diese bereits bekannte Information anknüpfen, stellt man gern das Objekt in die Anfangsposition (15c). Die Konstituente *das Examen* wird hierdurch als ein sog. Topik herausgestellt; der Rest des Satzes (und zugleich die neue Information) ist ein Kommentar hierzu.[11] Betrachten wir an dieser Stelle die Herleitung von (15c) im Strukturbaum. Man beachte, dass es sich bei *zweifellos* um ein sog. Satzadverb handelt, das nicht die Verbalhandlung modifiziert, sondern vielmehr eine Art Kommentar des Sprechers zum Gesagten ausdrückt. Für diese Klasse von Adverbien hat Zagona (2002: 160f.) mit Blick auf das Spanische die Adjunktion im I-Bereich vorgeschlagen. Diese Auffassung legen wir zunächst ohne weitere Diskussion auch hier zugrunde; zu den möglichen strukturellen Positionen von Adverbien in romanischen Sprachen vgl. 3.5.3.

(16)

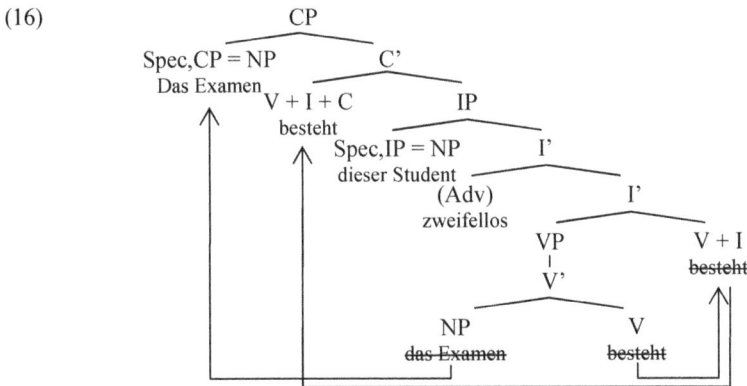

Der Strukturbaum zeigt weiterhin, dass man für das Deutsche parallel zur VP auch eine kopffinale IP annimmt; bei Sätzen mit zusammengesetzten Verbformen ist dies auch aus der Wortstellung ersichtlich, denn hier erscheint das Hilfsverb in der satzfinalen Position, z. B. *dass* [$_{IP}$ [$_{Spec,IP}$ *dieser Student*][$_{VP}$ *das Examen* [$_V$ *bestehen*][$_I$ *wird*]].

Kommen wir nach dem Exkurs zum Deutschen wieder auf die romanischen Sprachen zurück und befassen uns mit der Analyse von **Fragesätzen** (auch: Interrogativsätzen). Ebenso wie die deutschen V2-Sätze liefern diese Konstruktionen Evidenz für die Annahme, dass Positionen wie C und Spec,CP nicht immer durch basisgenerierte Elemente besetzt sein müssen, sondern dass diese auch leer sein können und dann als Landeplatz für in der Syntax verschobene Elemente zur Verfügung stehen. Betrachten wir folgende Beispiele:

---

[11] In Bezug auf die Verteilung von bereits bekannter und neuer Information in einem Satz spricht man von Informationsstruktur. Die entsprechenden Termini sowie der Zusammenhang zwischen Informationsstruktur und Wortstellung werden in 5.1 detailliert besprochen; vgl. auch 3.4.5.

(17) a. fr.　Lit-il son journal ?
　　　b. it.　Dorme Maria?
　　　c. sp.　¿Duerme el niño?

Während in den jeweils zugrunde liegenden Deklarativsätzen fr. *Il lit son journal*, it. *Maria dorme* bzw. sp. *El niño duerme* das Subjekt jeweils in Spec,IP situiert ist und die nach I verschobene Verbform demnach in der linearen Abfolge rechts davon steht, ist in Fragesätzen wie in (17) die Abfolge Verb/Subjekt umgekehrt. Es liegt also Inversion vor (daher der Terminus 'Inversionsfrage'), [12] und für die strukturelle Herleitung brauchen wir eine Position oberhalb von Spec,IP, die sich als Landeplatz für die über das Subjekt hinaus verschobene Verbform anbietet. Mit Blick auf die skizzierte Herleitung deutscher V2-Sätze ist die Lösung einfach: Auch hier nimmt man eine zugrunde liegende CP-Struktur mit einer leeren C-Position an, die dann durch die verschobene Verbform aufgefüllt wird. Die Spezifikatorposition der CP wird bei diesen so genannten Satz- oder Ja/Nein-Fragen nicht eröffnet. [13] Betrachten wir die zugehörigen Strukturbäume:

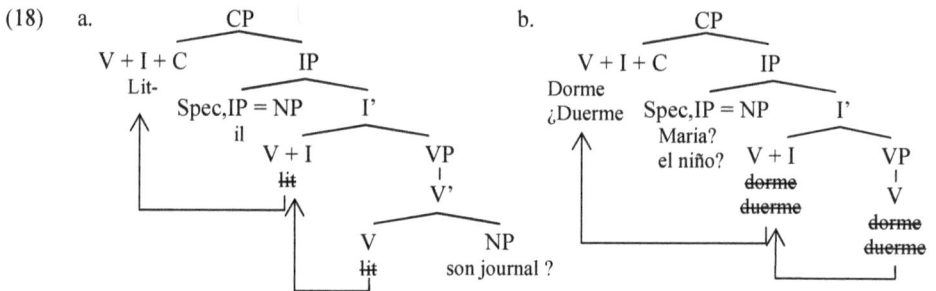

(18)　a.

```
              CP
        _____|_____
    V + I + C           IP
    Lit-          _____|_____
              Spec,IP = NP      I'
                  il        ____|____
                        V + I       VP
                        l̶i̶t̶        |
                                   V'
                              _____|_____
                             V          NP
                            l̶i̶t̶    son journal ?
```

b.

```
              CP
        _____|_____
    V + I + C           IP
    Dorme         _____|_____
    ¿Duerme   Spec,IP = NP      I'
    Maria?        ____|____
    el niño?  V + I       VP
              d̶o̶r̶m̶e̶      |
              d̶u̶e̶r̶m̶e̶      V
                        d̶o̶r̶m̶e̶
                        d̶u̶e̶r̶m̶e̶
```

Wie lassen sich nun die sog. Wort- (auch: Wh-)Fragen[14] herleiten, also solche, die ein Frage- oder Wh-Wort enthalten? Ebenso wie wir bei der Satzfrage den entsprechenden Aussagesatz zugrunde gelegt haben, lässt sich auch die Wh-Frage aus einem Deklarativsatz herleiten, nur dass hierbei außer der Verbverschiebung über I nach C (19b) auch eine Bewegung der vom Fragewort (Wh-Wort) eingeleiteten Phrase (WhP) an die Anfangsposition des Satzes erfolgt (19c); Landeplatz der WhP ist wie in deutschen V2-Strukturen Spec,CP.

(19)　a. fr.　Il [$_{VP}$ lit [$_{WhP}$ quel journal]]　　　　　zugrunde liegender Dekl.-Satz
　　　b.　　　[$_{CP}$ Lit- [$_{IP}$ il l̶i̶t̶ [$_{VP}$ l̶i̶t̶ [$_{WhP}$ quel journal]]]]　　Schritt 1: V → I → C
　　　c.　　　[$_{CP}$ Quel journal lit-il [$_{VP}$ l̶i̶t̶ [$_{WhP}$ q̶u̶e̶l̶ ̶j̶o̶u̶r̶n̶a̶l̶ ?]]]　Schritt 2: WhP → Spec,CP

---

[12]　Es sei allerdings betont, dass die Subjekt-Verb-Inversion nicht auf Fragesätze beschränkt ist und im Französischen z. B. nach bestimmten Adverbialausdrücken wie *peut-être* oder *ainsi* auftritt, wenn diese satzinitial auftreten, z. B. *Peut-être viendra-t-il. Ainsi s'échappa-t-elle de la prison.*

[13]　Fortgeschrittene Leser seien auf eine alternative Analyse französischer Ja/Nein-Fragen hingewiesen: Friedemann (1997: 188) fasst das postverbale Klitikon *-il* als morphologische Fragesatzmarkierung auf, die im I- (bzw. T-)Kopf (vgl. 3.4.4) generiert und dann mit dem Verb zur Überprüfung des Interrogativmerkmals nach C angehoben wird (zur Merkmalsüberprüfung vgl. 4.1.4).

[14]　Der Terminus Wh-Frage rührt daher, dass im Englischen die meisten Fragewörter mit der Grafemfolge <wh> beginnen, z. B. *why, who, where*.

Italienische und spanische Wh-Fragen lassen sich in gleicher Weise herleiten. Wir zeigen dies anhand der Interrogativsätze it. *Dove dorme Maria?* und sp. *¿Dónde duerme el niño?* Anders als im französischen Beispiel (19) wird die WhP hierbei nicht als Komplement, sondern jeweils als Adjunkt in der VP basisgeneriert.

(20)

```
                              CP
                    _____
            Spec,CP                 C'
            Dove              _____
            ¿Dónde   V + I + C              IP
                     dorme           _____
                     duerme         Spec,IP          I'
                                    Maria?      _____
                                    el niño?   V + I        VP
                                               dorme         |
                                               duerme        V'
                                                        _____
                                                       V'        WhP
                                                       |         dove
                                                       V         dónde
                                                     dorme
                                                     duerme
```

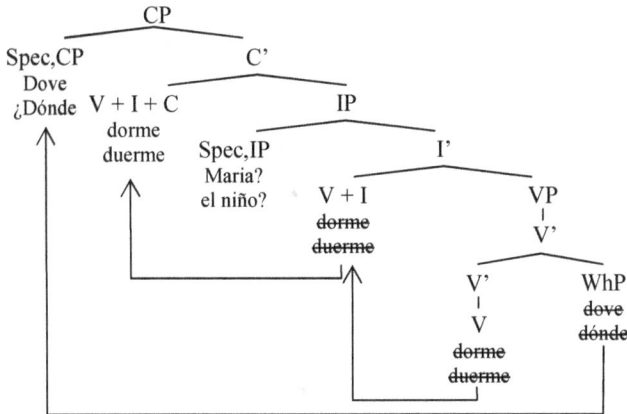

Im Zusammenhang mit der Verbverschiebung nach I haben wir gesagt, dass diese erfolgen muss, damit die Kongruenz zwischen Verb und Subjekt überprüft werden kann. Wie lassen sich nun die im Fragesatz konstatierten Bewegungen motivieren? Ebenso wie bei V2-Sätzen erfolgt in Interrogativkonstruktionen eine V-zu-I-zu-C-Bewegung. Eine XP-Bewegung nach Spec,CP findet im Gegensatz zur Ableitung der V2-Konstruktion jedoch nur dann statt, wenn eine WhP vorhanden ist; bei Satzfragen wie in (17) wird Spec,CP nicht eröffnet. Man kann also annehmen, dass im C-Bereich Merkmale gespeichert sind, die den Satzmodus kodieren, d. h. 'deklarativ' für den Aussage- und 'interrogativ' für den Fragesatz. Nimmt man an, dass im leeren C ein Merkmal [+wh] 'interrogativ' gespeichert ist, lässt sich die Verbbewegung über I nach C an diesem Merkmal festmachen und zwar dergestalt, dass ein leeres C [+wh] die Verschiebung von V über I nach C erzwingt. Ist zusätzlich eine WhP vorhanden, muss auch diese in den C-Bereich bewegt werden (Landeplatz: Spec,CP).

Mit der Inversionsfrage haben wir einen grundlegenden Typ des Interrogativsatzes in den romanischen Sprachen kennen gelernt. Selbstverständlich bieten die einzelnen Sprachen noch weitere Möglichkeiten, eine Frage zu formulieren: So verfügt etwa das Französische neben der oben diskutierten Satz- und Wortfrage über die in der gesprochenen Sprache häufig vorkommende periphrastische Frage (*Est-ce qu'il lit son journal ?*) und erlaubt darüber hinaus Konstruktionen wie die sog. komplexe oder die stilistische Inversion (*Ton père lit-il son journal ?* bzw. *Quand est arrivé ton père ?*). Die gesprochene Sprache (und die Kindersprache, vgl. Kielhöfer 1997: 106) kennt als weitere Variante der Wh-Frage auch Konstruktionen mit von Anfang an besetztem C. Man vergleiche die standardfranzösische Variante (mit Verbbewegung nach C und Wh-Bewegung, 21a) mit der umgangssprachlichen Fragekonstruktion, bei der wegen der mit *que* besetzten C-Position die Verbverschiebung nur bis I erfolgen kann bzw. das Auxiliar *as* in I verbleibt (21b).

(21)　a.　fr.　$[_{Spec,CP=WhP}$ Qui $[_{C'}$ as- $[_{IP}$ tu ~~as~~ $[_{VP}$ vu ~~qui~~ ?]]]

　　　　b.　　　　$[_{Spec,CP=WhP}$ Qui $[_{C'}$ $[_C$ que] $[_{IP}$ tu as $[_{VP}$ vu ~~qui~~ ?]]]

Im Italienischen wird bei mit *perché* eingeleiteten Fragen häufig die Wortstellung des Aussagesatzes beibehalten (*Perché Maria è già partita?* statt *Perché è già partita Maria?*). Schließlich gibt es auch im Spanischen unterschiedliche Fragestrukturen: So ist etwa *El niño ¿dónde duerme?* eine häufige Variante von *¿Dónde duerme el niño?* (vgl. 20). Die diversen Fragestrukturen können hier nicht behandelt werden; zum Französischen vgl. Jones (1996: 464ff., 482ff.), Friedemann (1997) und Laenzlinger (2003: 99–116), zum Italienischen Fava (1995) und Cecchetto (2002: 50ff.), zum Spanischen Contreras (1999), Zagona (2002: 241–248), Bosque/Gutiérrez-Rexach (2009: 438–455) und Goodall (2010).

3.3　Wh *in situ* und koverte Bewegung: Logische und Phonetische Form

Im Bereich der Fragesätze verfügt das Französische über eine weitere Variante, die wir in 3.2.3 noch nicht besprochen haben. Es handelt sich um die in der gesprochenen Sprache häufig vorkommende sog. Wh-*in-situ*-Frage, die sich dadurch auszeichnet, dass das erfragte Element (WhP) in der VP-internen Basisposition (*in situ*, lat. 'am Platz') verbleibt:

(22)　fr.　Pierre a acheté quoi ?

Im Gegensatz hierzu sind im Spanischen und im Italienischen solche Wh-*in-situ*-Fragen nur als Echofragen möglich, vgl. sp. *Pedro compró una revista. – ¿Pedro compró qué?* Ansonsten ist die Anhebung der erfragten Konstituente nach Spec,CP obligatorisch (Zagona 2002: 242f.).[15] Doch auch wenn die WhP in der Basisposition verbleibt, ist der entsprechende Satz eindeutig als Frage erkennbar – zum einen weil sich Wh-*in-situ*-Fragen i. d. R. durch eine steigende Intonationskontur prosodisch vom parallelen Deklarativsatz unterscheiden, zum anderen weil das Wh-Wort den Satz eindeutig als Frage charakterisiert. Um eine korrekte semantische Interpretation solcher Sätze zu gewährleisten und dies auch in der Baumstruktur abbilden zu können, nimmt man an, dass die Bewegung des Wh-Elements nach Spec,CP nicht in der sog. overten ('sichtbaren') Syntax erfolgt, sondern kovert, d. h. sozusagen 'unsichtbar' und damit ohne Konsequenzen für die Interpretation der Struktur durch die phonologische Komponente. Hierzu werden zwei getrennte Repräsentationsebenen angenommen: die **Phonetische Form** (PF), deren Informationen als Input für die phonologischen Regeln dienen, und die **Logische Form** (LF), welche die Basis für die semantische Interpretation darstellt. Aufgrund der angenommenen unsichtbaren Bewegung

---

[15] Dagegen nimmt D'Introno (2001) an, dass eine spanische Wh-*in-situ*-Frage nicht obligatorisch als Echo-Frage interpretiert werden muss: "*¿Pedro compró qué?* ... puede ser interpretada como una pregunta tipo eco, o como una verdadera pregunta. En esta segunda interpretación es idéntica a [*¿Qué compró Pedro?*] desde el punto de vista semántico" (254).

befindet sich das Fragewort auf LF in einer Position, aus der heraus es – wie eine in der overten Syntax bewegte WhP – **Skopus** über alle übrigen Elemente des Satzes hat. Unter dem Skopus eines Elements versteht man dessen strukturelle Reichweite, die anhand seiner Position im Strukturbaum ablesbar ist. Für eine formale Definition benötigen wir den Begriff des c-Kommandos, mithilfe dessen man den 'Einfluss', den ein Element auf ein anderes hat, durch das strukturelle Verhältnis der entsprechenden Knoten zueinander ausdrückt.

> C-Kommando: α c-kommandiert β ($\alpha \neq \beta$) genau dann, wenn
> 1. jeder verzweigende Knoten γ, der α dominiert, auch β dominiert und
> 2. weder α β noch β α dominiert.

Auf dieser Basis können wir Skopus wie folgt definieren:

> Skopus: α hat Skopus über β gdw. (genau dann wenn) α β c-kommandiert.

In (23) c-kommandiert α die Knoten β_1, β_2 und β_3 (sowie sämtliche eventuell von β_1, β_2 und β_3 dominierte Knoten). Darüber hinaus c-kommandiert auch β_1 α, d. h. das Verhältnis zwischen α und β_1 lässt sich als symmetrisches c-Kommando charakterisieren. Dagegen c-kommandieren β_2 und β_3 den Knoten α *nicht*, da der erste verzweigende Knoten, der β_2 bzw. β_3 dominiert (hier: β_1), α nicht dominiert. Zwischen α und β_2 bzw. β_3 herrscht also das Verhältnis des **asymmetrischen c-Kommandos**. Letzteres nimmt in der neueren theoretischen Diskussion einen wichtigen Platz ein; wir werden in 4.2 hierauf zurückkommen.

(23)

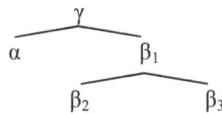

Aus der o. g. Definition von Skopus ergibt sich für (22) die LF-Repräsentation (24); im Strukturbaum wird die koverte Wh-Anhebung durch eine gestrichelte Linie angezeigt:

(24) a. fr.   LF: [$_{CP}$ [$_{Spec,CP}$ quoi] C [$_{IP}$ Pierre a acheté ~~quoi~~]]
      b.

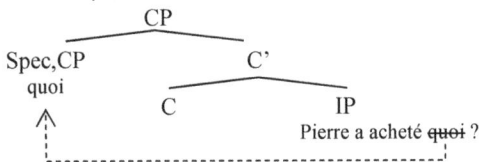

Die Annahme einer Repräsentationsebene LF entspringt dem Wunsch, satzsemantische Informationen, die beispielsweise den Satzmodus (deklarativ, interrogativ) betreffen, in die syntaktische Strukturbeschreibung zu integrieren. Im sog. **T-Modell** (Chomsky 1981: 17), das nach seiner Form (umgedrehter Großbuchstabe T) benannt ist, lassen sich die einzelnen Strukturen folgendermaßen den angenommenen Repräsentationsebenen (D-Struktur, S-Struktur, LF und PF) zuordnen:

(25)

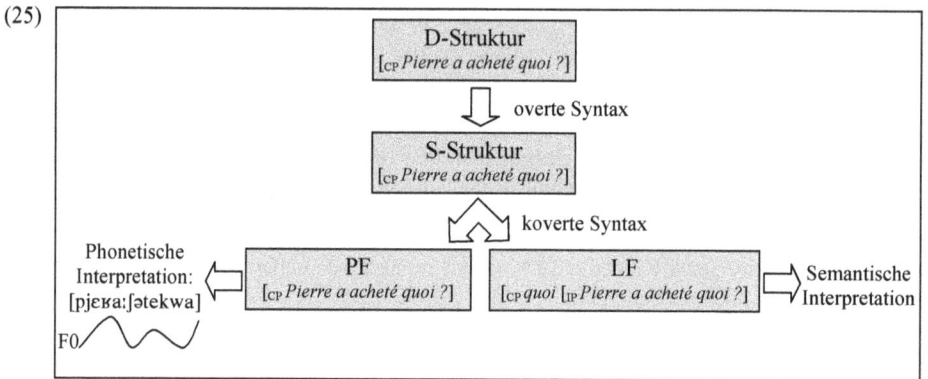

Grafik (25) ist wie folgt zu lesen: Auf der Ebene der Tiefen- oder D-Struktur (engl. *deep structure*) wird nach den Strukturprinzipien der X-bar-Theorie die CP aufgebaut; das Subjekt *Pierre* erscheint in Spec,IP, die erfragte Konstituente [$_{WhP}$ *quoi*] ist Komplement in der VP. Da diese *in situ* verbleibt, erfolgt beim Übergang von der Tiefen- zur Oberflächenstruktur (S-Struktur, engl. *surface structure*) keine overte Bewegung; D- und S-Struktur sind hier somit identisch. Von der S-Struktur zweigen sowohl PF als auch LF ab. Dabei ist PF, deren Informationen durch phonologische Regeln interpretiert und zur Überführung in konkrete Lautsprache an den Artikulationsapparat weitergeleitet werden, als Input für den perzeptuellen bzw. artikulatorischen Apparat aufzufassen. LF ist dagegen Grundlage für die semantische Interpretation und bildet somit den Input für die interpretatorische Komponente. Da PF gleichfalls von der S-Struktur abzweigt, darf die Anhebung der WhP nach Spec,CP erst auf LF erfolgen. Ansonsten wäre die Bewegung nicht kovert, d. h. die für die semantische Interpretation erforderliche Anhebung der erfragten XP nach Spec,CP hätte eine Entsprechung in der Wortstellung. Die Ausgangsposition der auf LF bewegten Kategorie wird nicht durchgestrichen, da diese Information auf LF zugänglich sein muss.

Dass der Input für die semantische Interpretation im Sinne eines Strukturbaumes hierarchisch organisiert sein muss, haben wir mit dem Skopus der WhP motiviert. Warum aber muss auch PF hierarchisch organisiert sein, d. h. warum kann nicht einfach die lineare Abfolge der Terminalen als Input für die phonologische Komponente dienen? Anhand zahlreicher Daten lässt sich belegen, dass für die Umwandlung in konkrete Lautketten syntaktische Information wichtig ist. Evidenz liefert z. B. die französische *liaison*, bei der ein sog. latenter Auslautkonsonant in den Anfangsrand (Onset) der ersten Silbe des folgenden Worts syllabiert wird. Betrachten wir das von Delattre (1947: 151) übernommene Beispiel, das in Abhängigkeit von der Realisierung des *liaison*-Konsonanten [z] unterschiedlichen semantischen Interpretationen (Lesarten) und syntaktischen Strukturen entspricht:

(26)   a.   fr.   un marchand de draps‿anglais [ɶ̃.maʁ.ʃɑ̃.də.dʁa.**z**ɑ̃.glɛ]
              'ein Händler, der mit englischen Tüchern handelt' (vgl. Struktur c)

      b.   un marchand de draps | anglais[ɶ̃.maʁ.ʃɑ̃.də.dʁa.ɑ̃.glɛ]
              'ein englischer Tuchhändler' (Lesart 1, vgl. Struktur d)
              'ein Händler, der mit englischen Tüchern handelt' (Lesart 2, vgl. Struktur c)

c.

```
              N'
         ┌────┴────┐
         N        PP
      marchand     │
                   P'
              ┌────┴────┐
              P        NP
              de        │
                        N'
                   ┌────┴────┐
                   N'        AP
                   │       anglais
                   N
              draps --±[z]
```

d.

```
                      N'
                 ┌────┴────┐
                 N'        AP
            ┌────┴────┐  anglais
            N        PP
         marchand  ┌──┴──┐
                   P     NP
                   de     │
                          N  *[z]
                        draps
```

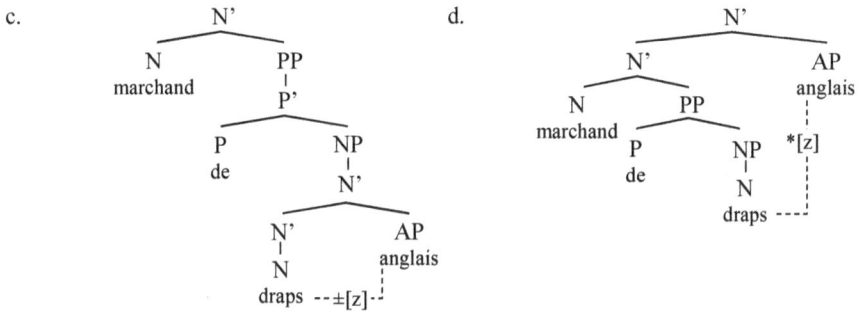

Erfolgt die *liaison* wie in (26a), liegt zwingend die Interpretation 'Händler, der mit engli-schen Tüchern handelt' vor, was bedeutet, dass [AP *anglais*] Adjunkt zu *draps* sein muss und die in (26c) skizzierte syntaktische Struktur vorliegt. Wird der *liaison*-Konsonant nicht realisiert wie in (26b), sind zwei Lesarten möglich: Es handelt sich entweder um einen eng-lischen Tuchhändler (Lesart 1) oder – wie in (26a) – um jemanden, der mit englischen Tü-chern handelt (Lesart 2). Bei Lesart 1 bezieht sich das Adjektiv auf das gesamte Komposi-tum *marchand de draps* und ist damit in der Struktur höher adjungiert; dann liegt die in (26d) skizzierte Struktur vor, bei der keine *liaison* möglich ist (angedeutet durch *[z]). Da die Struktur (26c) die *liaison* aber nicht zwingend erfordert (angedeutet durch ±[z]), kann auch bei nicht realisiertem [z] das Adjektiv *anglais* Adjunkt zu *draps* sein (Lesart 2).

Weitere Evidenz für eine syntaktische Repräsentationsebene PF liefert die sog. *ne*-Kliti-sierung[16] des Italienischen (vgl. Rizzi 1986: 56, Müller/Riemer 1998: 167f.). Hier ist die Elision des Determinanten blockiert, da ein Teil des Objekts (hier: *abitazione*) durch das Pronomen *ne* ersetzt wird und an dessen Stelle die getilgte Kopie des in der Syntax ver-schobenen *ne* zurückbleibt:

(27)   a.   it.   Comprerò un'abitazione enorme.
       b.   *Ne comprerò un'enorme. / Ne comprerò una ~~ne~~ enorme.

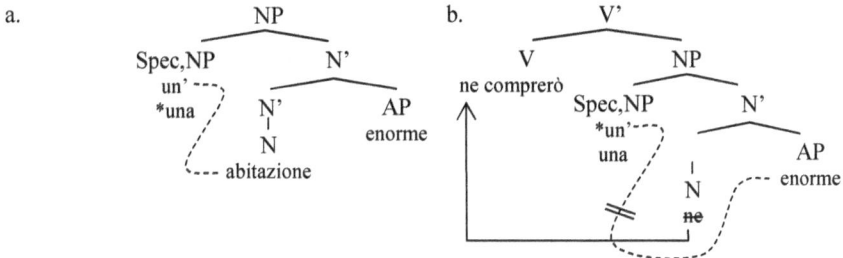

a.

```
              NP
         ┌────┴────┐
      Spec,NP      N'
       un' ┄┐  ┌───┴───┐
      *una  │  N'      AP
            │  │     enorme
            │  N
            └┄ abitazione
```

b.

```
              V'
         ┌────┴────┐
         V         NP
    ne comprerò ┌──┴──┐
            Spec,NP   N'
            *un' ┄┐  ┌─┴──┐
             una  │ N    AP
                  │      enorme
                  N
                  ne
```

Schließlich kann man die in 2.2 eingeführte *wanna*-Kontraktion des Englischen anführen:

(28)   a.   engl.   I want to go home. → I wanna go home.
       b.   [CP Whom do [IP you want ~~whom~~ to go home?]]
                    → *Whom do you wanna go home?

---

[16]   Das Konzept der Klitisierung haben wir in 3.2.1, Anm. 3 eingeführt.

Während in (28a) die Kontraktion erfolgt, können in (28b) *want* und *to* nicht zu *wanna* verschmelzen. Grund hierfür ist die zwischen beiden Elementen intervenierende Bewegungsspur ~~whom~~, die nach der Verschiebung des erfragten Subjekts aus der eingebetteten IP nach Spec,CP des Matrixsatzes zurückbleibt.

3.4 Noch einmal: Die generative Kategoriensystematik

In 3.1 haben wir gesagt, dass im generativen Grammatikmodell von vier lexikalischen sowie von einer Reihe funktionaler Kategorien ausgegangen wird. Wir wollen zunächst grundlegende Unterschiede zwischen diesen beiden Arten von 'syntaktischen Bausteinen' verdeutlichen (3.4.1) und uns eingehender mit phonetisch leeren Kategorien und dem Status von Artikelwörtern befassen (3.4.2, 3.4.3), bevor wir neuere Vorschläge zur Vergrößerung des Repertoires funktionaler Kategorien besprechen (3.4.3, 3.4.4).

3.4.1 Eigenschaften lexikalischer und funktionaler Kategorien

Zwischen lexikalischen und funktionalen Kategorien bestehen einige grundlegende Differenzen. Während sich erstere als Inhaltswörter charakterisieren lassen, die mit einer bestimmten Bedeutung im mentalen Lexikon inventarisiert sind, weisen letztere eine grammatische Funktion auf. Zudem bilden lexikalische Kategorien ein offenes Repertoire, das durch Wortbildung und Entlehnung erweiterbar ist, wohingegen funktionale Kategorien synchron geschlossene Klassen bilden. In Bezug auf ihr syntaktisches Verhalten unterscheiden sie sich u. a. darin, dass lexikalische Kategorien unterschiedliche Elemente subkategorisieren können und damit deren kategorialen Status bestimmen. So fordert ein Verb wie sp. *comer* ein NP-Komplement als direktes Objekt wie in *comer* [NP *un pastel*], fr. *s'asseoir* hingegen nimmt eine PP als Lokalkomplement (Ortsangabe) zu sich wie in *s'asseoir* [PP *dans un fauteuil*]. Weiterhin können lexikalische Kategorien auch ohne Komplement auftreten, was bei funktionalen Kategorien – zumindest unter den bisher diskutierten Annahmen – ausgeschlossen ist. Letztere treten vielmehr immer gemeinsam mit einer bestimmten lexikalischen Kategorie auf: So ist das Komplement von I immer eine VP, und das Komplement von C ist immer eine IP. I und C sind also nicht funktionale Kategorien *per se*, sondern sie können nur im Kontext eines Verbs auftreten. Dass zwischen N und D eine vergleichbare Parallele besteht, werden wir in 3.4.3 diskutieren. Ein letzter Unterschied, den wir hier ansprechen wollen, besteht darin, dass funktionale Kategorien phonetisch leer (also 'unhörbar') sein können, lexikalische jedoch nicht (vgl. 3.4.2).

3.4.2   Phonetisch leere Kategorien

In 3.2.3 haben wir gesehen, dass die funktionale Kategorie I nicht immer einem konkreten Wort entsprechen muss wie etwa dem Hilfsverb in it. *Lo studente* [$_I$ *ha*] *passato l'esame*, sondern dass sie phonetisch leer sein kann, vgl. *Lo studente* [$_I$ e] *passerà l'esame* (vgl. Strukturbaum 12b). Eine weitere leere funktionale Kategorie haben wir bereits in 2.3.1 kennen gelernt: In Null-Subjekt-Sprachen wie Italienisch oder Spanisch ist in Konstruktionen mit finitem Verb die Subjektposition Spec,IP durch das leere Pronomen ('klein') **pro** besetzt, falls hier keine volle NP bzw. starkes Pronomen steht, z. B. [$_{IP}$ *El estudiante / Él* / pro [$_{VP}$ *pasará el examen*]] 'Der Student / ER / Er wird das Examen bestehen' (die Großschreibung zeigt die Betonung des Subjektpronomens an). Leere Subjekte treten jedoch auch in Konstruktionen mit nicht-finiten Verbformen auf. Betrachten wir die folgenden Beispiele:

(29) a. fr. <u>L'étudiant$_i$</u> a promis [$_{CP}$ de [$_{IP}$ PRO$_i$ lire cet article]].
      b. it. <u>Lo studente$_i$</u> ha promesso [$_{CP}$ di [$_{IP}$ PRO$_i$ leggere quest'articolo]].
      c. sp. <u>El estudiante$_i$</u> ha prometido [$_{CP}$ [$_{IP}$ PRO$_i$ leer este artículo]].

Die Subjektposition des übergeordneten Hauptsatzes ist jeweils durch eine volle NP besetzt ('Wer hat etwas versprochen?'), das Subjekt des untergeordneten Infinitivsatzes ist jedoch nicht ausgedrückt ('Wer wird dieses Buch lesen?'). Da wir die Sätze aber eindeutig so interpretieren, dass der Versprechende auch die Person ist, die das Buch lesen wird, gehen wir davon aus, dass sich in der Subjektposition des eingebetteten Infinitivsatzes ein leeres Pronomen ('groß') **PRO** befindet, das in den Beispielen (29) mit Bezugnahme auf das Subjekt des Matrixsatzes interpretiert wird. Man spricht hierbei auch von **Subjektkontrolle** (angezeigt durch die Koindizierung mit dem tief gestellten Index i). Daneben gibt es auch den Fall, dass PRO in Bezug auf das Objekt des Matrixsatzes interpretiert wird wie in fr. *Elle m$_i$'a convaincu* [$_{CP}$ *de* [$_{IP}$ PRO$_i$ *lire cet article*]; entsprechend spricht man dann von **Objektkontrolle**. Da die Kontrolleigenschaften vom Verb des übergeordneten Satzes abhängen, unterscheidet man zwischen Subjekt- und Objektkontrollverben (z. B. fr. *promettre* vs. *convaincre*). Im Unterschied zum kleinen *pro* kann anstelle von PRO weder eine volle NP noch ein starkes Pronomen stehen, z. B. it. **Lo studente ha promesso* [$_{CP}$ *di* [$_{IP}$ *egli leggere quest'articolo*]]. Mit Blick auf die Eigenschaften des zum Infinitiv gehörigen I ist dies nicht weiter verwunderlich, denn es handelt sich um eine nicht-finite Verbform, die mit einem I [-Tns, -Agr] korrespondiert. Infinitive erlauben somit i. d. R. keine lexikalisch realisierten Subjekte; eine Ausnahme stellen hier lediglich bestimmte postverbale Subjekte des Spanischen dar, z. B. *Al llegar los españoles a América* 'als die Spanier in Amerika ankamen' (vgl. hierzu Mensching 2000).[17] Betrachten wir zu (29) die Darstellung im Strukturbaum:

---

[17] In diesem Zusammenhang ist auch zu sehen, dass in spanischen Konstruktionen mit Kontrollverben anstelle von PRO durchaus starke Pronomina möglich sind, nämlich dann, wenn diese besonders betont werden und postverbal stehen, vgl. *El estudiante ha prometido leer ÉL este artículo.*

(30)

```
                        IP
              ┌─────────┴─────────┐
Spec,IP = NP                      I'
 L'étudiantᵢ              ┌────────┴────────┐
 Lo studenteᵢ      I                        VP
 El estudianteᵢ    a              ┌──────────┴──────────┐
                   ha         V                         CP
                   ha       promis              ┌────────┴────────┐
                           promesso   C                           IP
                           prometido  de              ┌───────────┴───────────┐
                                      di        Spec,IP                        I'
                                      Ø/e         PROᵢ              ┌──────────┴──────────┐
                                                  PROᵢ        V + I                       VP
              Kontrolle durch Subjekt             PROᵢ        lire                         │
              des Matrixsatzes                                leggere                      V'
                                                              leer              ┌──────────┴──────────┐
                                                                          V                           NP
                                                                       l̶i̶r̶e̶                       cet article
                                                                       l̶e̶g̶g̶e̶r̶e̶                   quest'articolo
                                                                       l̶e̶e̶r̶                      este artículo
```

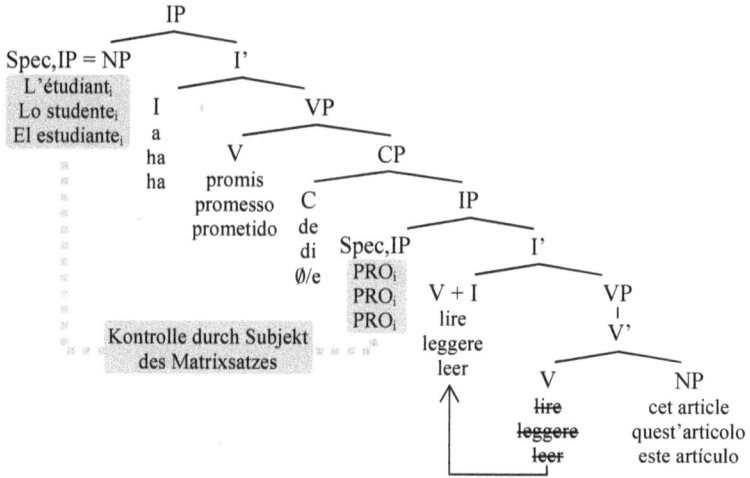

In 3.1 haben wir darauf hingewiesen, dass lexikalische Kategorien unter bestimmten Bedingungen grammatische Funktionen erfüllen und diesbezüglich von ihrer grammatikalisierten Verwendungsweise gesprochen. Ein solcher Fall sind auch die präpositionalen Komplementierer fr. [c de] und it. [c di] in den Beispielen (29). Anhand des Spanischen zeigt sich zudem, dass auch Elemente der Kategorie C phonetisch leer sein können, was mithilfe der durchgestrichenen Null Ø oder durch den Kleinbuchstaben e (engl. empty) symbolisiert wird (vgl. 30). Im nächsten Abschnitt werden wir dafür argumentieren, dass auch die funktionale Kategorie D phonetisch leer sein kann. Grundlage hierfür ist die Beobachtung, dass unter bestimmten Bedingungen in der Nominalphrase der Determinant fehlen kann, ebenso wie im Satz die Positionen I und C unbesetzt sein können. In den Standardvarietäten des Französischen, Italienischen und Spanischen ist dies bei Eigennamen der Fall, z. B. [NP Ø Jean] promet de lire cet article, oder auch bei unbestimmten Mengenbezeichnungen wie in it. Gianni promette di mangiare [NP Ø mele] oder sp. Vienen [NP Ø estudiantes].[18] Wegen des Fehlens eines Artikelworts spricht man hier auch von sog. bare nouns oder 'nackten' Nomina; vgl. auch Beispiel (92) und (93) in 3.6.3.

3.4.3   Der Status von D: Artikelwörter, Referenz und die DP-Hypothese

Wir haben bisher angenommen, dass Determinanten die Spezifikatorposition der NP besetzen; die am Schluss des letzten Abschnitts besprochenen bare noun-Konstruktionen sind entsprechend aufzufassen als NPn mit leerem D in der Spezifikatorposition. In der neueren

---

[18]   Dialektal ist jedoch auch bei Eigennamen die Setzung des Determinanten möglich; andere Sprachen wie das europäische Portugiesisch und das Katalanische verwenden hier durchgängig den Artikel, z. B. port. O João leu o artigo (wörtl. 'Der Johann hat den Artikel gelesen'). Eine Ausnahme ist hier der sog. Vokativ ('Ruffall', von lat. vocare 'rufen', vgl. 3.4.3), wo auch in diesen Sprachen kein Artikel stehen kann, z. B. kat. (*La) Maria, vine aquí! ('Maria, komm her!').

theoretischen Diskussion hat es sich jedoch durchgesetzt, den Determinanten als Kopf einer eigenen, die NP dominierenden funktionalen Projektion zu analysieren, um der Tatsache besser gerecht zu werden, dass es sich bei Artikelwörtern um Elemente handelt, die (zumindest in den romanischen Sprachen und auch im Deutschen) obligatorisch im Kontext von N auftreten und darin den verborientierten Kategorien I und C gleichen. Dieser Vorschlag wurde zuerst von Fukui/Speas (1986) und Abney (1987) gemacht und ist als **DP-Hypothese** in den theoretischen Diskurs eingegangen. Mittlerweile hat sie sich als Standardanalyse durchgesetzt, und auch wir legen sie im Folgenden zugrunde. Um die Zugehörigkeit von D zu N bzw. von I und C zu V zu verdeutlichen, spricht Grimshaw (1991) auch von **Erweiterten Projektionen** (engl. *extended projections*). In dieser Sichtweise ist D kein Bestandteil der NP (31a), sondern ein eigener funktionaler Kopf in der erweiterten Projektion von N (31b); in der erweiterten Projektion der VP treten entsprechend die funktionalen Köpfe I und C auf (31c).

(31) a. <u>NP-Analyse</u>   b. <u>DP-Analyse</u>

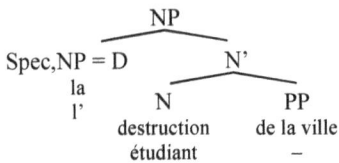

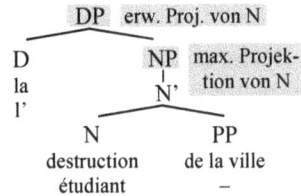

c. <u>Erweiterte Projektion des Verbs</u>

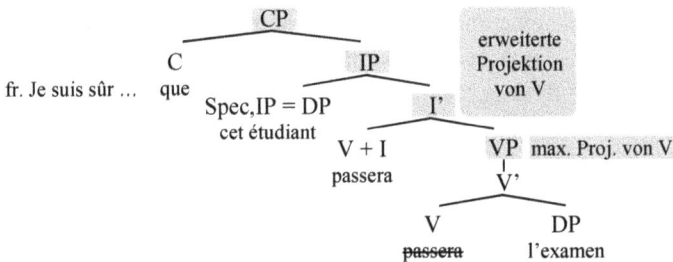

Ausschlaggebend für die hier skizzierte Analyse des Determinanten ist die **Referenz**, d. h. die Möglichkeit, mit einem Element des Wortschatzes auf einen außersprachlichen Sachverhalt oder eine Sache Bezug zu nehmen: Wörter wie fr. *étudiant*, *passer* und *examen* tragen zwar eine lexikalische Bedeutung, die die Sprachbenutzer kennen, doch will man mit ihnen auf einen Sachverhalt Bezug nehmen, z. B. auf die Tatsache, dass ein bestimmter Student das Examen bestanden hat, dann müssen, damit ein korrekter Satz resultiert, in der Struktur bestimmte funktionale Kategorien auftreten, nämlich I in Zusammenhang mit dem Verb und D gemeinsam mit den Nomina (vgl. 31c). Legt man die DP-Hypothese zugrunde, ist zu klären, ob jede Konstruktion, die keinen phonetisch realisierten Determinanten aufweist, nun als DP mit leerem D-Kopf zu analysieren ist. Wenn man sich den referenziellen Status der entsprechenden Nominalgruppen vor Augen hält, wird deutlich, dass man vielmehr zwischen zwei Typen von nominalen Syntagmen unterscheiden sollte:

(32)	a.	sp.	{El estudiante / *Estudiante} llama {al camarero / *a camarero}.
	b.		{ Juan / ?El Juan} llama {a Paco / ?al Paco}.
	c.		{¡Camarero!/¡Paco!/*¡El camarero!/*¡El Paco!} Un café con leche, por favor.
	d.		Paco es {camarero / ?un camarero}. Paco es {un hombre / ?hombre}.
	e.		Paco es el camarero que ha llamado Juan.

Der Artikelgebrauch bei den unterstrichenen Konstituenten lässt sich wie folgt systematisieren: Wenn Gattungsnamen (auch: Appellativa) wie *estudiante* oder *camarero* als Argument (z. B. als Subjekt oder Objekt) auftreten, muss in der Regel ein Determinant gesetzt werden (32a);[19] beim Eigennamen ist die Verwendung des Artikels stark markiert, jedoch nicht vollkommen ausgeschlossen (32b). Unabhängig von der Setzung eines Artikels wird jeweils auf die außersprachliche Welt Bezug genommen; es handelt sich also um referenzielle Syntagmen. In (32c) ist dies anders: Hier verweisen weder der Eigenname noch das Appellativum auf Personen oder Sachverhalte, über die im Folgenden etwas ausgesagt werden soll. Bei den Vokativen *¡Camarero!* und *¡Paco!* handelt es sich also um nicht-referenzielle Syntagmen, die keine verweisende, sondern lediglich eine appellative Funktion haben. Die Nicht-Verweisfähigkeit dieser Konstituenten korreliert mit der Tatsache, dass hier kein Determinant gesetzt werden kann.[20] Die weiteren Beispiele zeigen schließlich, dass in der Funktion des Prädikatsnomens sowohl referenzielle als auch nicht-referenzielle Syntagmen möglich sind: In (32d) wird das Subjekt durch die Nominalphrase *(un) camarero* bzw. *(un) hombre* klassifiziert, indem ihm die Eigenschaft des Kellner- bzw. Mensch-Seins zugeordnet wird. Die Verwendung des indefiniten Artikels hängt vom Prädikatsnomen ab und ist z. B. bei Berufsbezeichnungen eher ungebräuchlich. Gemein ist den angeführten Beispielen aber, dass sie eine qualitative und keine referenzielle Lesart aufweisen. Anders liegen die Dinge in (32e), wo das Subjekt als eine bestimmte Entität der außersprachlichen Wirklichkeit (hier: der Kellner, den Juan gerufen hat) identifiziert wird.[21] Wenn man mit Higginbotham (1985) annimmt, dass die Möglichkeit zur Referenznahme von der Präsenz der D-Position im nominalen Syntagma abhängt, lassen sich die in (32) gezeigten Kontraste wie folgt interpretieren:

– Konstituenten mit Argumentstatus (Subjekte, Objekte, Komplemente in PPn etc.) sind referenzfähige Syntagmen und werden als **DP** analysiert: [$_{DP}$ [$_D$ *el*][$_{NP}$ *estudiante*]. Ist kein Artikelwort vorhanden wie z. B. bei Eigennamen, nehmen wir mit Longobardi (1994) einen leeren D-Kopf an: [$_{DP}$ [$_D$ $\emptyset$][$_{NP}$ *Juan*].

---

[19] Im Spanischen und Italienischen sind unbestimmte Mengenangaben jedoch artikellos, wenn diese in Objektposition auftreten, vgl. sp. *Los chicos comen manzanas*, it. *I ragazzi mangiano mele* (zu diesen sog. *bare nouns* vgl. auch 3.6.3) Im Italienischen kann hier auch der Teilungsartikel gesetzt werden (*mangiano delle mele*), der wiederum im Französischen im entsprechenden Kontext obligatorisch ist, vgl. *Les garçons mangent {des pommes / *pommes}*. Das Spanische erlaubt zudem in bestimmten Kontexten auch die Auslassung des indefiniten Artikels im Singular, vgl. *Si tienen (una) bicicleta ...* ('Wenn Sie ein Fahrrad haben …').

[20] Widersprüchlich hierzu erscheinen zunächst Anredeformen wie fr. *Monsieur le Président !* Diese lassen sich als (obligatorisch artikelloser) Vokativ (*Monsieur !*) mit spezifizierender DP auffassen.

[21] Wir können die komplexen und sprachspezifischen Bedingungen der Artikelverwendung hier nicht weiter besprechen; für Genaueres vgl. Von Heusinger (1997) und Lyons (1999).

– Vokative sind grundsätzlich nicht-referenzfähige Syntagmen und erlauben keine Determinanten. Sie werden als **NP** analysiert: [$_{NP}$ *¡Camarero!*].

– Nominale Prädikate können nicht-referenziell sein (qualitativ-klassifizierende Lesart) oder referenziell (identifizierende Lesart); je nach Präsenz eines Determinanten werden sie als **NP oder DP** analysiert. Dabei ist der DP-Status eine notwendige, aber keine hinreichende Bedingung für die Referenznahme, d. h. es gibt zwar nicht-referenzielle DPn wie in *Paco es* [$_{DP}$ [$_{D\,(-ref)}$ *un*][$_{NP}$ *hombre*], jedoch keine referenziellen NPn.

Im Folgenden werden wir wieder auf den Verbalbereich zurückkommen und uns mit funktionalen Kategorien befassen, die in der neueren generativen Syntaxtheorie für eine genauere Analyse der erweiterten Projektion des Verbs vorgeschlagen wurden.

3.4.4   Mehr funktionale Kategorien: Split-I und die Negation

Im Anschluss an Pollock (1989)[22] hat sich die sog. **Split-I(nfl)-Hypothese** durchgesetzt, nach der I-Knoten entsprechend den dort kodierten Merkmalen [±Tns] und [±Agr] in einzelne funktionale Kategorien aufgespalten wird. Daraus ergeben sich die funktionalen Projektionen TP (Tempusphrase) und AgrP (Kongruenzphrase). Da auch die Negation ein funktionales Element im Kontext von V darstellen kann, ist vorgeschlagen worden, in der erweiterten Projektion von V auch eine NegP (Negationsphrase) anzusetzen. In Neg werden entweder Negationsaffixe generiert wie z. B. in türk. *kalma**dım*** (bleiben-NEG:PERF:1SG 'ich bin nicht geblieben') oder Negationspartikeln wie fr. *ne* (... *pas*) oder it. *non* bzw. sp. *no*.

Ursprünglich ging man davon aus, dass das Verb sukzessive an die einzelnen funktionalen Köpfe adjungiert und sich auf diese Weise mit seinen Affixen verbindet. Damit ist die Hierarchie der funktionalen Projektionen über der VP einzelsprachlich festgelegt. Während Pollock (1989: 384) davon ausgegangen war, dass TP AgrP dominiere, hat sich ausgehend von Bakers 'Spiegelprinzip' (1988, engl. *mirror principle*) die Annahme durchgesetzt, die Reihenfolge der funktionalen Projektionen über der VP sei von der Anordnung der korrespondierenden Affixe am Verbstamm determiniert und entspreche dieser spiegelbildlich.

> Mirror Principle: Morphological derivations must directly reflect syntactic derivations (and vice versa) (Baker 1988: 13).

Weiterhin hat man unter Berufung auf Sprachen, die wie das Baskische teilweise overte Objektkongruenz am Verb aufweisen, dafür argumentiert, in der erweiterten Projektion des Verbs auch eine Kongruenzphrase für das Objekt (Agr$_O$P) anzusetzen. Auch in den periphrastischen Tempora des Französischen und des Italienischen kann die Kongruenz in Numerus und Genus als overte Objektkongruenz zwischen dem Partizip und dem sich auf die DPn fr. [$_{DP}$ *les portes*] bzw. it. [$_{DP}$ *le porte*] beziehenden Pronomen interpretiert werden.[23]

---

[22] Eine für Einsteiger zugängliche Diskussion dieser Arbeit bieten Müller/Riemer (1998: 207ff.).

[23] Das Spanische weist in vergleichbaren Konstruktionen keine Partizipialkongruenz auf: *las cartas que he escrito/*escritas*. Im italienischen Relativsatz ist die Kongruenz nicht obligatorisch.

(33) a. fr. (les lettres$_i$) … je les$_i$ ai écrit**es** / les lettres que j'ai écrit**es** [ekʁit]
      b. it. (le lettere$_i$) … *pro* le$_i$ ho scritt**e** / le lettere che ho scritt**e**

Worin unterscheiden sich nun die beiden Kongruenzköpfe Agr$_S$ und Agr$_O$? In Agr$_S$ sind nicht nur die (teils als overte Flexionsmorpheme realisierten) Subjektkongruenzmerkmale des Verbs kodiert (sog. V-Merkmale), sondern auch die (mit den Merkmalwerten des Verbs übereinstimmenden) Person-, Numerus- und Genusmerkmale der Subjekt-DP (sog. D-Merkmale). In Bezug auf Person, Numerus und Genus spricht man generell auch von sog. **phi-Merkmalen**. Agr$_O$ kodiert entsprechend die phi-Merkmale des Objekts und eventuelle Objektkongruenzmerkmale am Verb. In Sprachen, die keine (oder keine durchgehende) overte Objektkongruenz am Verb aufweisen, unterscheiden sich die funktionalen Köpfe Agr$_S$ und Agr$_O$ nur darin, dass in Agr$_S$ sowohl V- als auch D-Merkmale für entsprechende Merkmalwerte spezifiziert sind, während in Agr$_O$ nur die D-Merkmale bestimmte Merkmalwerte tragen. Damit sind Kongruenzköpfe letztlich nichts anderes als 'Bindeglieder' zwischen den maximalen Projektionen der lexikalischen Kategorien, die in einem syntaktischen Verhältnis zum Verb stehen, und zwar unabhängig davon, ob die entsprechende Kongruenz morphologisch realisiert wird oder nicht. Hieraus ergibt sich für einen Nebensatz wie *que Mariano mira la televisión* die in (34) skizzierte Struktur CP - Agr$_S$P - TP - Agr$_O$P - VP, die auch für die frühe Version des Minimalistischen Programms (Chomsky 1993) grundlegend ist. Hier und im nachfolgenden Strukturbaum (36) haben wir bereits die Hypothese vorweggenommen, dass das Subjekt im Spezifikator der VP basisgeneriert und dann in die kanonische Subjektposition Spec,IP verschoben wird (vgl. 3.5.2); die nicht spezifizierten Merkmalwerte in den Kongruenzköpfen Agr$_S$ und Agr$_O$ haben wir als '–' notiert.

(34)

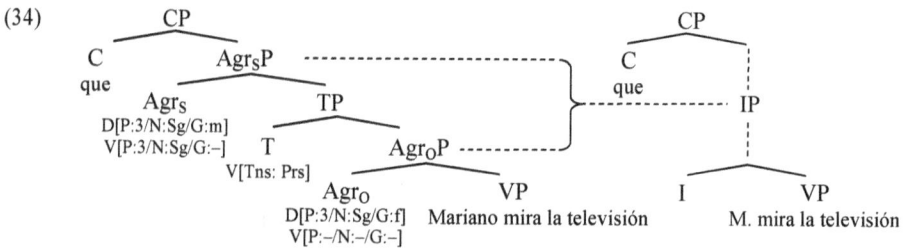

Nimmt man zusätzlich für die Negation eine funktionale Projektion an, ist zu fragen, an welcher Position in der artikulierten IP-Struktur die entsprechende NegP interveniert. Während sich mithilfe von Bakers Spiegelprinzip etwa für das Türkische argumentieren lässt, dass NegP von TP dominiert wird, kann man für die romanischen Sprachen, die die Negation nicht durch verbale Affixe ausdrücken, nicht morphologisch argumentieren. Wir wollen mit Zagona (2002: 194f.) annehmen, dass im Spanischen NegP strukturell höher ist als TP. Evidenz für diese Annahme bietet die Position der Negationspartikel *no*, die sich unmittelbar vor dem flektierten Verb (Vollverb oder Auxiliar) befindet (35a, b). Im Gegensatz hierzu folgt die Negationspartikel im Englischen dem flektierten Hilfsverb (35c, e; 35d ist ungrammatisch, da die Negation im Englischen den sog. '*do*-support' erfordert):

(35) a. sp. María **no** mira la televisión   (*no* steht vor dem flektierten Vollverb *mira*)
      b.   María **no** ha mirado la televisión   (*no* steht vor dem flektierten Hilfsverb *ha*)

c.	engl.	Mary has **not** watched TV	(*not* steht nach dem flektierten Hilfsverb *has*)
d.		*Mary watched **not** TV	
e.		Mary did **not** watch TV	(*not* steht nach dem flektierten Hilfsverb *did*)

Unter der Annahme, dass NegP in der Struktur höher angeordnet ist als TP, ergibt sich die in (36) gegebene Grundstruktur, aus der sich unterschiedliche Varianten des negierten Satzes ableiten lassen (sp. *nunca* erscheint hier ebenso wie verborientierte Adverbien als Adjunkt zu VP; vgl. auch 3.5.3).

(36)

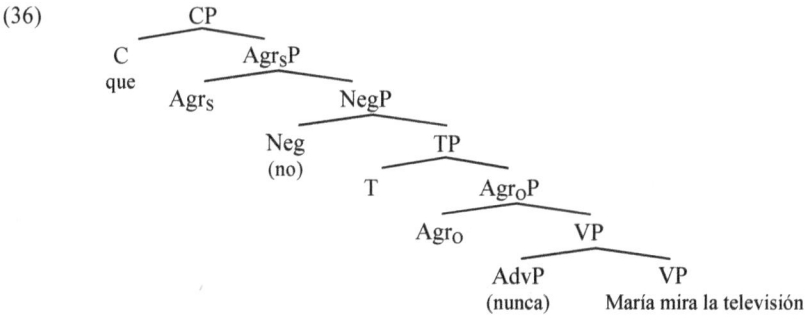

Um die Wortstellung *que María no mira nunca la televisión* herzuleiten, müssen Verb und Subjekt aus der VP herausbewegt werden. Welcher Landeplatz steht nun nach erfolgter Aufspaltung des I-Knotens für das Subjekt zur Verfügung? Der Spezifikator der NegP ist hierfür gesperrt, da Neg keine Merkmale beinhaltet, die für das Subjekt relevant sind; ebenso scheidet Spec,Agr_OP aus, da in Agr_O nur Merkmale kodiert sind, die Objekt und Verb betreffen. Anders ist dies bei den Spezifikatoren der TP und der Agr_SP, da sich zwischen den Köpfen T bzw. Agr_S und der Subjekt-DP jeweils Konstellationen ergeben, die für die Lizenzierung des Subjekts relevant sind: Das in T angenommene Tempusmerkmal [Tns] ist Voraussetzung dafür, dass überhaupt ein overt realisiertes Subjekt möglich ist; die [Agr]-Merkmale in Agr_S ermöglichen den Merkmalabgleich (*feature checking*) zwischen Verb und Subjekt (vgl. 3.2.3, 4.1.4). Unter der Annahme zweier gesonderter Köpfe T und Agr_S muss sich das Subjekt zunächst nach Spec,TP bewegen, um dann weiter nach Spec,Agr_SP angehoben zu werden. Die entsprechende Ableitung erfordert also einen Schritt (Zwischenlandung in Spec,TP), der für die Herleitung der Wortstellung (Subjekt in der Anfangsposition des Satzes) keine Rolle spielt. Wir sehen also, dass die Annahme gesonderter funktionaler Kategorien für einzelne Merkmale und Merkmalbündel die syntaktische Analyse unnötig verkomplizieren kann. Da die in T und Agr_S kodierten Merkmale ohnehin gemeinsam für die Lizenzierung des Subjekts relevant sind, wird das Repertoire der funktionalen Kategorien in neueren Modellen entsprechend reduziert. Hierauf kommen wir in 4.1.3 zurück.

Wie lässt sich die Position des Verbs in Bezug auf die beiden Negationselemente *no* und *nunca* erklären? Geht man davon aus, dass funktionale Kategorien in der Syntax die Aufgabe haben, bestimmte Merkmale zu überprüfen und damit die Kohärenz der entsprechenden Struktur gewährleisten (vgl. 3.2.3), muss angenommen werden, dass im Kopf Neg ein Merkmal für die Negation – nennen wir es [+Neg] – kodiert ist. Die funktionale Kategorie Neg überprüft dann im Verlauf der sog. Derivation (auch: Ableitung), also während des Aufbaus der Satzstruktur nach allgemeinen Prinzipien des Phrasenbaus, ob die betreffende Konstruktion die Voraussetzungen für eine Interpretation als verneinter Satz erfüllt. Hierzu muss sich eine ebenfalls als [+Neg] markierte Kategorie (Kopf oder XP) im Bereich von NegP befinden oder sie muss im Verlauf des syntaktischen Strukturaufbaus dorthin verschoben werden. Betrachten wir, bevor wir uns der weiteren Ableitung unseres Beispiels zuwenden, zunächst noch die folgenden Varianten des negierten Satzes im Spanischen.

(37)   a.   sp.   que María no mira nunca la televisión
        b.   que María nunca mira la televisión
        c.   *que María nunca no mira la televisión

Es fällt auf, dass *nunca* nur dann präverbal stehen kann, wenn die Partikel *no* nicht in der Struktur präsent ist (37b). Ist die präverbale Position hingegen durch *no* besetzt, dann muss *nunca* postverbal erscheinen (37a vs. c). Eine Konstruktion mit nur einem Negationselement – *nunca* – ist offensichtlich ausreichend, wenn dieses die präverbale Position einnimmt. Wir haben bereits gesehen, dass es sich anbietet, für das Spanische anzunehmen, dass NegP strukturell höher ist als TP. Wir können also für die beiden Varianten (37a, b) die folgende Herleitung skizzieren: Um eine korrekte Interpretation in Form eines negierten Satzes zu gewährleisten, muss das Merkmal [+Neg] im funktionalen Kopf Neg gegen das entsprechende Merkmal in einem anderen Kopf oder einer anderen XP abgeglichen werden. Dies kann auf zweierlei Weise geschehen: Entweder wird die Partikel *no* in Neg basisgeneriert und *nunca* kann in der Basisposition verbleiben (38a) oder die Partikel *nunca* wird aus ihrer VP-internen Basisposition (VP-Adjunkt) nach Spec,NegP verschoben (38b).

(38)   a.

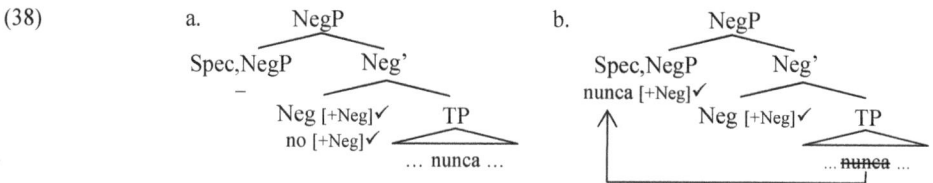

Auf der Basis dieser Annahmen können wir die Herleitung der beiden grammatischen Varianten (37a, b) im Strukturbaum darstellen. Dabei müssen wir annehmen, dass [$_V$ *mira*] in der overten Syntax nur bis T angehoben wird und auf dem Weg in die Zielposition die (morphologisch nicht realisierten) Objektkongruenzmerkmale von V abgeglichen werden. Es kommt also zu einer Zwischenlandung des Verbs in Agr$_O$, wobei wir die entsprechende Spur bzw. Kopie aus Platzgründen nicht notieren.

(39)

```
                    CP
        ┌───────────┴───────────┐
        C                      AgrsP
       que          ┌───────────┴───────────┐
       que      Spec,AgrsP                 Agrs'
                  María          ┌───────────┴───────────┐
                  María        Agrs                     NegP
                                        ┌───────────┴───────────┐
                                    Spec,NegP                  Neg'
                                        e           ┌───────────┴───────────┐
                                   nunca [+Neg]✓  Neg [+Neg]✓              TP
                                                  no [+Neg]✓       ┌────────┴────────┐
                                                     e          Spec,TP            T'
                                                                 María    ┌────────┴────────┐
                                                                 María  V etc. + T       AgroP
                                                                         mira    ┌────────┴────────┐
                                                                         mira  Agro             VP
                                                                              nunca María mira la televisión
                                                                              nunca María mira la televisión
```

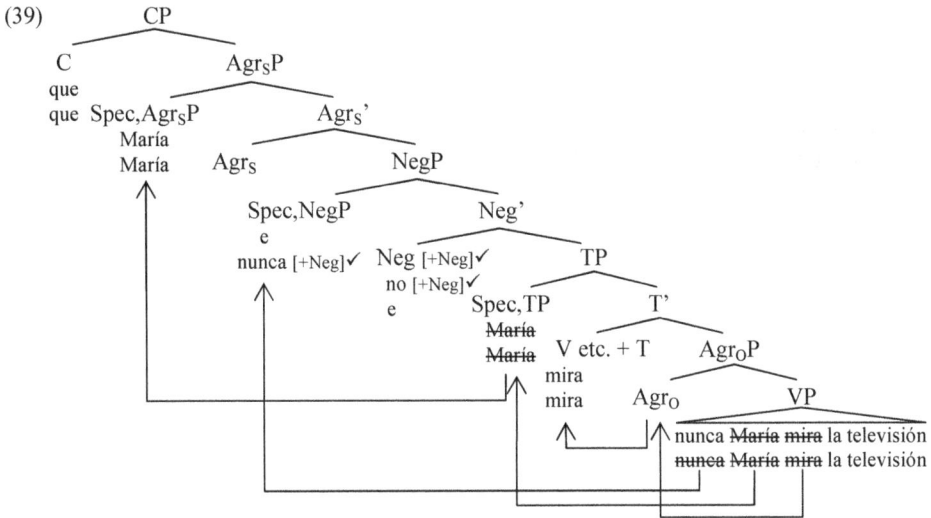

Kommen wir nun auf das Französische zu sprechen, das eine zweigliedrige Negation (*ne ... pas*) aufweist. Diese hat sich sprachhistorisch herausgebildet, indem die aus lat. *non* entstandene Negationspartikel *ne* durch Elemente wie *pas* (< lat. PASSUM 'Schritt') oder *mie* (< lat. MICA 'Krümel') semantisch verstärkt wurde (vgl. Price 1988: 275ff.). War *pas* ursprünglich ein spezifizierender Zusatz zu *ne*, der zunächst bei Verben der Bewegung auftrat, wird das entsprechende Element im modernen Französisch, unabhängig von der Semantik des Verbs, in allen Kontexten verwendet, z. B. *Jean ne dort pas*. Wie bereits in 2.1 gesagt, ist *pas* in der gesprochenen Sprache oft das einzige Kennzeichen der Negation, da *ne* oft ausfällt. Pollock (1989) hat für die französische Negation die folgende, in Rowlett (1998) ausführlich diskutierte Analyse vorgeschlagen: Die Partikel *ne* wird als Kopf unter Neg generiert, das ursprünglich spezifizierende Element *pas* steht in der Spezifikatorposition der NegP. Da *ne* klitisch ist, also nicht allein stehen kann, verbindet es sich mit dem Verb und wird gemeinsam mit ihm weiter nach Agrs angehoben. Betrachten wir nachfolgend die reduzierte Skizze der Ableitung im Strukturbaum:

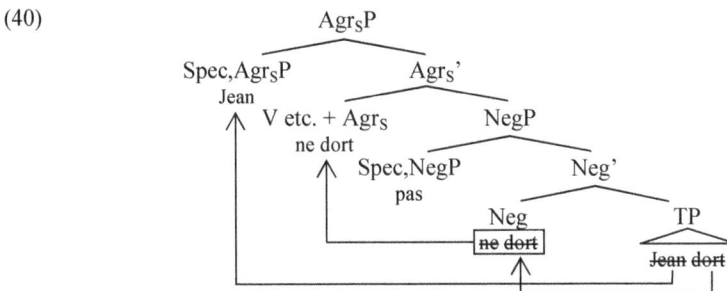

(40)

```
                        AgrsP
            ┌─────────────┴─────────────┐
       Spec,AgrsP                      Agrs'
          Jean            ┌─────────────┴─────────────┐
                     V etc. + Agrs                   NegP
                      ne dort          ┌─────────────┴─────────────┐
                                   Spec,NegP                      Neg'
                                      pas            ┌─────────────┴─────────────┐
                                                    Neg                          TP
                                                 [ne dort]                    Jean dort
```

Die Diskussion der Negation hat vor allem eines deutlich gemacht: Je mehr man sich auf die Aufspaltung der traditionellen IP in gesonderte funktionale Projektionen einlässt, desto differenzierter wird die Analyse, desto komplexer werden jedoch auch die hiermit verbundenen Probleme und desto vielfältiger werden die in der Literatur vorgeschlagenen Strukturbeschreibungen und Derivationen. Da die Veröffentlichung von Pollock (1989) zeitlich mit den ersten Vorarbeiten zum Minimalistischen Programm zusammenfällt (z. B. Chomsky 1991) und auch als zentrale Annahme in den Minimalismus einging, wird die Split-I-Hypothese oft mit diesem assoziiert. Es ist allerdings zu sagen, dass die Aufspaltung der IP in mehrere funktionale Projektionen letztlich unabhängig ist von den grundlegenden Uminterpretationen, denen das Grammatikmodell im minimalistischen Rahmen unterliegt (Kap. 4). Gleiches gilt auch für die Aufspaltung des in der erweiterten Projektion des Verbs nächst höheren Bereichs, der CP, mit der wir uns im folgenden Abschnitt befassen.

3.4.5   Noch mehr funktionale Kategorien: Split-C und die Linke Satzperipherie

In Anlehnung an Split-I ist auch für den C-Bereich eine differenziertere Struktur vorgeschlagen worden. Ausschlaggebend hierfür war die Feststellung, dass die Struktur [$_{CP}$ C [$_{IP}$ [$_{VP}$ Subj V Obj]]] in Bezug auf den linken Satzrand unzureichend ist. So ist etwa im englischen Satz *I swear* [$_{CP}$ *that never again will* [$_{IP}$ *I go there*] der Komplementierer *that* vom in Spec,IP situierten Subjekt [$_{DP}$ *I*] durch eine XP (*never again*) und einen Kopf (*will*) getrennt. Um ausreichend Positionen links vom Subjekt zur Verfügung zu haben, scheint also eine Aufspaltung der Kategorie C in mehrere funktionale Köpfe sinnvoll. Das grundlegende Modell hierfür stammt von Rizzi (1997) und ist am Italienischen orientiert. Wie anhand der von Rizzi übernommenen Beispiele in (41) deutlich wird, können im Italienischen am linken Satzrand bis zu drei XPn zwischen Spec,IP und C auftreten. Da es sich um einen Bereich handelt, der sich außerhalb des Kernbereichs des Satzes befindet, spricht man hier auch von der Linken (Satz-)Peripherie. Hier können Syntagmen stehen, die aus dem Satzrahmen herausgenommen und in den Randbereich verschoben (disloziert) werden, um in Form von entsprechenden Herausstellungsstrukturen (Linksdislokation) besonders hervorgehoben zu werden.[24] Dies kann eine kontrastiv **fokussierte** (und prosodisch prominente) Konstituente betreffen, die eine bestimmte Information korrigiert und durch eine neue ersetzt, z. B. it. $_F$[*Il TUO libro*]$_F$, *Gianni ha letto (e non il mio).* Weiterhin sind in der Linken Peripherie sog. **Topiks** möglich, also Konstituenten, mit denen an bereits Erwähntes angeknüpft wird und die im Kernsatz durch ein Pronomen wiederaufgenommen werden, z. B. it. [$_{Top}$*Il tuo libro*], *Gianni già l'ha letto.*[25] Wir betrachten zunächst die Originalbeispiele von Rizzi (1997: 295ff.); der tief gestellte Index $_F$ zeigt die Fokussierung an, die Großschreibung einer Konstituente symbolisiert deren prosodische Hervorhebung.

---

[24] Neben der Verschiebung in die Linke Peripherie ist auch eine Dislokation an den Schluss des Satzes möglich, z. B. fr. *Je l'ai déjà lu, ce livre.* Man spricht hierbei dann von Rechtsdislokation.

[25] Begriffe wie Topik und Fokus wurden geprägt, um die Verteilung von bekannter und neuer Information im Satz, also die sog. Informationsstruktur zu beschreiben. Für Genaueres hierzu und zum Einfluss der Informationsstruktur auf die kernsatzinterne Wortstellung vgl. 5.1.

(41)   [$_{CP}$ XP^1 XP^2 XP^3 [$_{IP}$]]

a.	it.	credo	che	a Gianni	$_F$QUESTO	domani	*pro* gli dovremmo dire
b.			che	domani	$_F$QUESTO	a Gianni	*pro* gli dovremmo dire
c.			che	domani	a Gianni	$_F$QUESTO	*pro* gli dovremmo dire
d.			che	a Gianni	domani	$_F$QUESTO	*pro* gli dovremmo dire
e.			che	$_F$QUESTO	a Gianni	domani	*pro* gli dovremmo dire
f.			che	$_F$QUESTO	domani	a Gianni	*pro* gli dovremmo dire

Da der Komplementierer die Beschaffenheit der IP determiniert – so fordern fr./sp. *que*, it. *che*, engl. *that* und dt. *dass* eine finite IP, fr. *de*, it. *di* und engl. *for* hingegen einen Infinitiv –, nimmt Rizzi an, dass C einerseits Merkmale für den Satzmodus ('Force' oder 'illokutionäre Kraft', d. h. interrogativ, deklarativ etc.) und andererseits Finitheitsmerkmale enthält ('Fin'). Dementsprechend schlägt er vor, den C-Knoten in die beiden funktionalen Kategorien Force und Fin aufzuspalten; anstelle der traditionellen CP erscheinen dann die maximalen Projektionen ForceP und FinP:

(42)   [$_{ForceP}$ Force...   [$_{FinP}$ Fin...   [$_{IP}$ I...   [$_{VP}$ ...]]]]

                           [$_{CP}$ C   ...   [$_{IP}$ I...   [$_{VP}$ ...]]]

Da, wie die Beispiele in (41) zeigen, die durch die Aufspaltung von C gewonnenen Positionen für maximale Projektionen nicht ausreichen, hat Rizzi entsprechend den im Italienischen möglichen Wortstellungsvarianten mit Top und Foc zwei weitere funktionale Köpfe vorgeschlagen, in deren Spezifikatorpositionen sich vorangestellte Konstituenten befinden können. Da nur eine linksperiphere Fokuskonstituente möglich ist, jedoch mehrere Topiks, geht er davon aus, dass TopP rekursiv ist, also in einem Satz mehrfach auftreten kann (angezeigt durch *). Hieraus ergibt sich die folgende Grundstruktur:

(43)

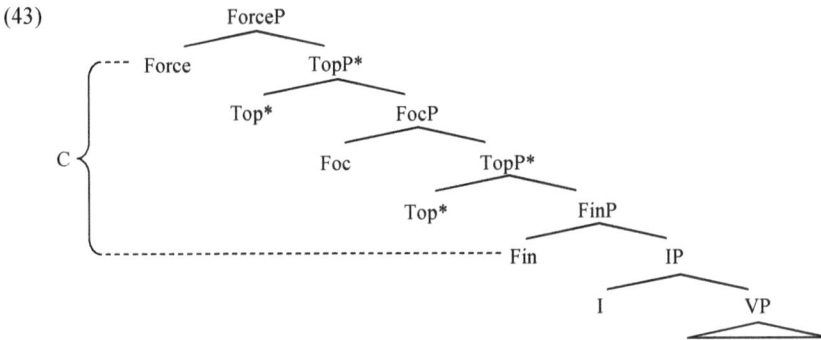

Aufbauend auf diese Grundstruktur können wir nun die in (41) genannten Beispiele im Strukturbaum darstellen.

(44)

ForceP
Force — TopP
Spec,TopP — Top'
Top — TopP
Spec,TopP — Top'

	Spec,TopP	Spec,TopP
a. che	–	a Gianni
b. che	–	domani
c. che	domani	a Gianni
d. che	a Gianni	domani
e. che	–	–
f. che	–	–

FocP
Spec,FocP — Foc'
Foc — TopP
Spec,TopP — Top'
Top — TopP
Spec,TopP — Top'
Top — FinP
Fin — IP

	Spec,FocP	Spec,TopP	Spec,TopP	Fin / IP
(a.) QUESto		–	domani	gli dovremmo dire
(b.) QUESto		–	a Gianni	gli dovremmo dire
(c.) QUESto		–	–	gli dovremmo dire
(d.) QUESto		–	–	gli dovremmo dire
(e.) QUESto	a Gianni	domani		gli dovremmo dire
(f.) QUESto	domani	a Gianni		gli dovremmo dire

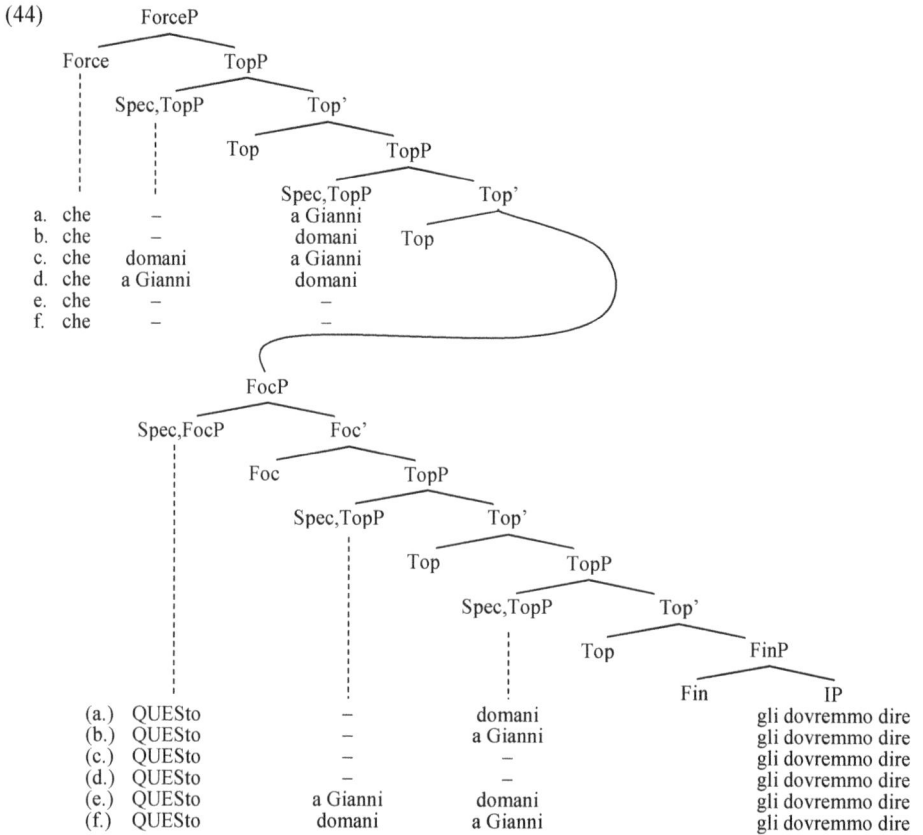

Grundsätzlich lässt sich die Aufspaltung des C-Knotens auf zweierlei Art interpretieren: Man kann annehmen, dass Split-C erfolgt nur erfolgt, wenn sich wie in (45b) topikalisiertes oder fokussiertes Material in der linken Satzperipherie befindet; ansonsten werden die Merkmale Force und Fin in C kodiert, und es erfolgt <u>kein</u> Split-C (45a):

(45) a. it. Credo [CP che [Gianni vada a Parigi domani]]. <u>kein</u> Split-C
     b. Credo [ForceP che [TopP a Parigi [FinP Ø [Gianni ci vada domani]]]]. Split-C

Ebenso kann angenommen werden, dass Split-C <u>immer</u> erfolgt:

(46) it. Credo [ForceP che [FinP Ø [Gianni vada a Parigi domani]]]. Split-C

Rizzi entscheidet sich aus Gründen der Einheitlichkeit für die zweite Lösungsmöglichkeit und nimmt an, dass den Köpfen Fin und Force die unterschiedlichen Realisierungen [Fin *di*] bzw. [Force *che*] entsprechen. Evidenz hierfür bietet die Tatsache, dass eine linksversetzte XP dem finiten Komplementierer (*che*) folgt, dem infiniten (*di*) aber vorausgeht:

(47)

			[ForceP ...	[FinP	[TP]]]
	a. it.	Credo	**che**	il tuo libro,	loro lo apprezze-rebbero molto
	b. it.	*Credo, il tuo libro,	**che**		loro lo apprezze-rebbero molto

c.	it.	*Credo	**di** il tuo libro	apprezzarlo molto
d.	it.	Credo,	il tuo libro, **di**	apprezzarlo molto

Zusammenfassend ist festzuhalten, dass sich auf der Basis der traditionellen Annahme einer einzigen funktionalen Kategorie im C-Bereich die lineare Abfolge von Topik- und Fokus-konstituenten nicht hinreichend modellieren lässt. Sobald man sich also mit komplexeren Sätzen beschäftigt, scheint eine analog zu Split-I (vgl. 3.4.4) vorgenommene Aufspaltung des C-Bereichs unumgänglich zu sein. Grewendorf fasst wie folgt zusammen:

> Rizzi (1997) zufolge besteht die primäre Funktion des C-Systems darin, als Schnittstelle zu fungieren zwischen einem propositionalen Gehalt (... IP) und einer übergeordneten Struktur, die durch einen höheren Satz oder Eigenschaften des Diskurses repräsentiert sein kann. (2002: 67)

Im C-System sind insgesamt zweierlei Arten von Informationen kodiert:

- Merkmale, die sich auf die übergeordnete Struktur beziehen und z. B. mithilfe spezifischer Komplementierer (fr. *que* vs. *de*, it. *chi* vs. *di*, sp. *que* vs. Ø) den Satz als interrogativ, deklarativ, exklamativ, relativ etc. identifizieren;
- Merkmale, die auf den Inhalt der IP bezogen sind und bestimmte Korrelationen zwischen C und I betreffen (z. B. erfordert dt. *dass* die Finitheit des Verbs in der IP).

Daraus ergibt sich die Begrenzung des C-Systems 'nach oben' durch einen Knoten für den Satztyp (→ Force) und 'nach unten' durch einen Knoten für Finitheit (→ Fin).

Das von Rizzi (1997) anhand des Italienischen entwickelte Modell ist in den vergangenen Jahren vielfach diskutiert und von ihm selbst weiterentwickelt und modifiziert worden (Rizzi 2001, 2004a, 2004b). Wir wollen an dieser Stelle skizzieren, was zu beachten ist, wenn man die in (43, 44) skizzierte Struktur auf andere romanische Sprachen anwendet. Im Französischen ist das Auftreten vorangestellter fokussierter Elemente stärker eingeschränkt als im Italienischen: So wird in der gesprochenen Sprache anstelle der Fokusvoranstellung (48a) eher der sog. Spaltsatz (fr. *phrase clivée*) verwendet (48b)[26]. Allerdings sind in stilistisch höheren Registern durchaus Konstruktionen wie (48c) möglich (zum registerspezifischen Auftreten der Fokusvoranstellung im Französischen vgl. auch Stempel 1981).

(48)   a. fr.   ?[$_F$ Mon PAPA] j'ai appelé hier (et non pas ma mère).   (Rowlett 2006: 182)[27]
       b.   C'est [$_F$ mon PAPA] que j'ai appelé hier.
       c.   [$_F$ À JEAN] j'ai donné €20.   (Rowlett 2006: 182)

Vorangestellte Topik-Konstituenten können jedoch uneingeschränkt auftreten:

(49)   fr.   [$_{Top}$ Marie], [$_{Top}$ cette pomme], elle l'a déjà mangée.

Dies weist für das Französische auf die grundsätzliche Präsenz einer rekursiven TopP* in der Linken Peripherie hin, während die Evidenz für FocP registerspezifisch zu sein scheint.

---

26 Legt man die u. a. von Jones (1996: 526f.) vertretene Analyse des Spaltsatzes als Kombination von zwei satzwertigen Konstruktionen zugrunde, ist hierfür keine FocP notwendig: [$_{IP}$ *C'est une pomme* [$_{CP}$ *que Marie a mangée ~~une pomme~~*]]. Auch Spanisch und Italienisch kennen vergleichbare Konstruktionen, die hier aber aus Platzgründen nicht weiter besprochen werden können.

27 Dieses Beispiel wird bei Rowlett (2006: 182) als ungrammatisch markiert.

Wie sieht es mit der Aufspaltung in Force und Fin aus? Hier lässt sich mit dem Vorhandensein zweier unterschiedlicher Formen für den finiten bzw. nicht-finiten Komplementierer (*que* vs. *de*) dafür argumentieren, dass auch im Französischen Force und Fin verschiedene funktionale Projektionen ausbilden. Es liegt also nahe, Rizzis Modell in einer reduzierten Version zu übernehmen, wobei das Auftreten von FocP registerspezifisch einzuschränken ist (für einen Gegenvorschlag vgl. De Cat 2007).

Wenden wir uns nun dem Spanischen zu, das wie das Italienische über vorangestellte Fokus- und Topik-Konstituenten verfügt:

(50) a. sp. [$_{Top}$ María][$_{Top}$ en el kiosco] compra un diario.   (Gabriel 2007: 30)
      b.   [$_{Top}$ Esta película] María la conoce.
      c.   [$_F$ Una MANZANA] se comió María (y no un durazno).
      d.   Estoy seguro de que [$_{Top}$ a sus padres][$_F$ MENTIRAS] les cuenta siempre (y no la verdad).   (Casielles Suárez 2004: 83)

In Satz (50a), der im Rahmen einer größeren Datenerhebung als Antwort auf die Frage 'Was macht Maria am Kiosk?' geäußert wurde, finden sich am linken Satzrand zwei Topik-XPn, die an im Gesprächskontext Präsentes anknüpfen. Da das Spanische weder Subjektklitika noch eine Pronominalform für präpositionale Konstituenten (vgl. fr. *y*, it. *ne*) hat, erfolgt hier keine kernsatzinterne pronominale Wiederaufnahme wie in (50b). In (50c) findet sich ein vorangestelltes fokussiertes Objekt, das, anders als das vorangestellte Topik in (50b), nicht durch ein Pronomen wieder aufgenommen wird. (50d) weist in der Linken Peripherie sowohl ein Topik als auch eine fokussierte XP auf, wobei [$_{Top}$ *a sus padres*] erwartungsgemäß durch das Klitikon *les* aufgenommen wird. Auf den ersten Blick scheinen diese Daten Rizzis Modell auch für das Spanische zu bestätigen, da jeweils linksperiphere Konstituenten auftreten, die in den Spezifikatoren von TopP bzw. FocP zu situieren wären. Im folgenden Strukturbaum skizzieren wir, wie eine solche Analyse aussehen könnte:

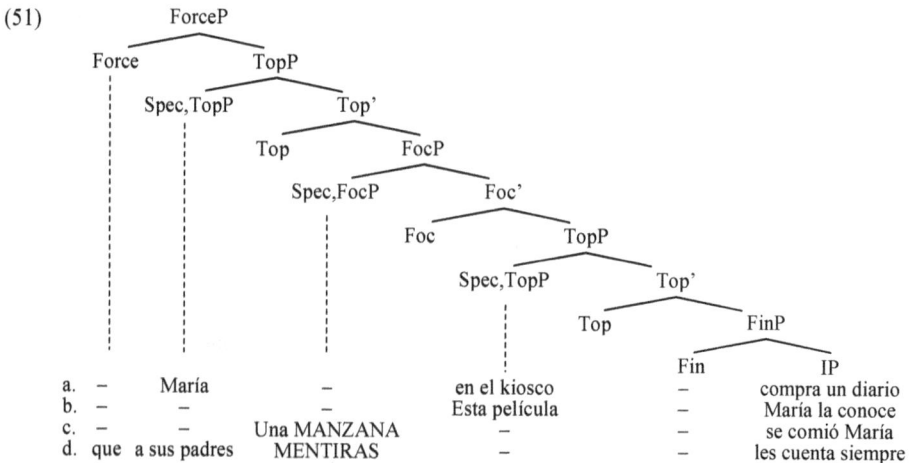

(51)

```
                    ForceP
                 /        \
            Force          TopP
              |         /       \
          Spec,TopP    Top'
              |      /      \
             Top     FocP
                 /        \
             Spec,FocP    Foc'
                 |      /      \
                Foc     TopP
                     /       \
                 Spec,TopP   Top'
                     |     /     \
                    Top   Fin     FinP
                                 /    \
                               Fin     IP
```

	Force	Spec,TopP	Spec,FocP	Spec,TopP	Fin	IP
a.	–	María	–	en el kiosco	–	compra un diario
b.	–	–	–	Esta película	–	María la conoce
c.	–	–	Una MANZANA	–	–	se comió María
d.	que	a sus padres	MENTIRAS	–	–	les cuenta siempre

Die hier skizzierte Anwendung von Rizzis Modell auf das Spanische ist jedoch problematisch: Anders als im Italienischen kann hier zwischen vorangestellter Fokuskonstituente und finiter Verbform keine weitere XP auftreten. Dies gilt sowohl für das Subjekt (52a) als auch für intervenierende Topik-Konstituenten (52b):

(52)   a. sp.   *[$_F$ Una MANZANA] María se comió.
       b.   *Estoy seguro de que [$_F$ MENTIRAS][$_{Top}$ a sus padres] les cuenta siempre.

Ein vorangestelltes fokussiertes Objekt ist also nur möglich, wenn es sich in unmittelbarer Nachbarschaft zum Verb befindet und das Subjekt (hier: *María*) postverbal steht. Das Subjekt und die vorangestellte Fokus-XP konkurrieren also offensichtlich um ein und dieselbe Position. Gäbe es im Spanischen eine FocP oberhalb des I-Bereichs, könnte man ungrammatische Abfolgen wie die in (52) nicht ausschließen. Alles deutet also darauf hin, dass es im Spanischen keine gesonderte linksperiphere Fokusposition gibt, sondern dass präverbale Subjekte und vorangestellte Fokuskonstituenten eine strukturell tiefere Position besetzen (Zubizarreta 1998, Gabriel 2007). Hierbei muss es sich um Spec,IP handeln, denn es lässt sich zeigen, dass das Spanische auch keine gesonderte FinP aufweist: Da keine unterschiedlichen overten Formen des Komplementierers existieren, können wir, anders als im Französischen (*que* vs. *de*) und im Italienischen (*che* vs. *di*), nicht mit den Stellungsunterschieden linksperipherer Topiks im Kontext finiter vs. nicht-finiter Konstruktionen argumentieren; vgl. Beispiel (46). Es liegt also nahe, auf die Aufspaltung in Force und Fin zu verzichten und für die Linke Peripherie des Spanischen ein reduziertes Repertoire funktionaler Köpfe anzunehmen, wobei über dem I-Bereich lediglich eine (rekursive) TopP* anzusetzen ist:

(53)   [CP   [TopP* ...   [IP   [VP   ]]]]

Betrachten wir vor diesem Hintergrund die Beispiele (50) im Strukturbaum:

(54)

a.	–	María	en el kiosco	*pro*	compra	~~compra~~ un diario
b.	–	–	Esta película	María	la conoce	~~María la conoce~~
c.	–	–	–	Una MANZANA	se comió	~~se comió~~ María
d.	que	a sus padres	–	MENTIRAS	les cuenta	~~les cuenta~~ siempre

Kommen wir an dieser Stelle nochmals auf die in 3.2.3 besprochenen V2-Strukturen des Deutschen zurück. Auch hier kann in der ersten Position links vom flektierten Verb eine fokussierte Konstituente vorkommen (55b), womit sich das Deutsche und das Spanische oberflächensyntaktisch gleichen. Ein gravierender Unterschied besteht jedoch darin, dass die spanische *foco antepuesto*-Konstruktion als satzwertiges Komplement eingebettet werden kann (55c), während dies im Deutschen nicht möglich ist (55d). Hier muss bei Einbettung die Nebensatzstellung mit finalem Verb gewählt werden (55d'), da die Verschiebung des Verbs nach C (und damit auch die einer weiteren Konstituente nach Spec,CP) durch den in C befindlichen Komplementierer *dass* blockiert ist.

(55) a. sp.   [$_F$ Una MANZANA] se comió María (y no un durazno).   (= 50c)

       b. dt.   [$_F$ Einen APFEL] hat Maria gegessen (und nicht etwa einen Pfirsich).

       c. sp.   Pero te dije [$_{CP}$ que [$_{IP}$ una MANZANA se comió María]].

       d. dt.   *Aber ich hab dir doch gesagt, [$_{CP}$ dass [$_{CP}$ einen APFEL hat Maria gegessen]].

       d.'   Aber ich hab dir doch gesagt, [$_{CP}$ dass [$_{IP}$ Maria einen APFEL gegessen hat]].

Der Kontrast Spanisch vs. Deutsch zeigt, dass gleichartige Wortstellung (vorangestellte fokussierte XP - Verb - Subjekt) nicht unbedingt mit einer identischen Strukturanalyse korrelieren muss (dt.: [$_F$ XP] in Spec,CP, sp.: [$_F$ XP] in Spec,IP). Zudem haben wir im Verlauf des Abschnitts gesehen, dass das Repertoire funktionaler Kategorien einzelsprachlich determiniert ist: So ist es z. B. für die Analyse des Italienischen plausibel, in der Linken Peripherie eine FocP anzusetzen, während diese Annahme für andere Sprachen, etwa für das Spanische, überflüssig ist bzw. falsche Voraussagen trifft.

Nachdem wir unseren Überblick über grundlegende Prinzipien des Strukturaufbaus mit einer Diskussion funktionaler Kategorien abgeschlossen haben, die in neuerer Zeit in der generativen Literatur vorgeschlagen wurden, befassen wir uns nun mit der Vergabe semantischer Rollen (Thetatheorie, 3.5) sowie mit der Lizenzierung nominaler Konstruktionen in bestimmten syntaktischen Positionen (Kasustheorie, 3.6) und der Interpretation pronominaler Formen (Bindungstheorie, 3.7).

3.5   Thetatheorie

In 3.2 haben wir uns mit grundlegenden Prinzipien des Phrasenbaus auseinandergesetzt und gesehen, dass das X-bar-Schema in seinen einzelsprachlich parametrisierten Versionen sowohl den diesbezüglichen Gemeinsamkeiten verschiedener Sprachen als auch ihren individuellen Ausprägungen Rechnung trägt. Allerdings können Konstruktionen, die prinzipiell mit dem X-bar-Schema kompatibel sind, trotzdem ungrammatisch sein:

(56) a. fr.   *Cette belle pomme rouge dort Blanche neige.

       b. it.   *Questa bella mela rossa dorme Biancaneve.

       c. sp.   *Esa hermosa manzana roja duerme a Blancanieves.

Dies lässt sich unter Rückgriff auf die beteiligten Kategorien und ihre (rollen)semantischen Eigenschaften erklären. Es zeigt sich nämlich, dass die Semantik einzelner lexikalischer Kategorien insofern die Syntax beeinflusst, als in der Bedeutung der lexikalischen Kategorien N, V, A und P nicht nur Informationen enthalten sind, die diese selbst betreffen, sondern auch solche, die sich auf die am ausgedrückten Sachverhalt oder Geschehen beteiligten 'Mitspieler' beziehen. Die Sätze in (56) sind – obwohl ihre SVO-Stellung der kopf-initial parametrisierten Version der VP entspricht – nicht grammatisch, weil die Bedeutung von fr./sp. *dormir* bzw. it. *dormire* 'schlafen' zwar beinhaltet, dass es eine Person gibt, die die Handlung ausführt (AGENS), jedoch keine Entität, die vom Geschehen betroffen ist. Außerdem ist die Realisierung der AGENS-Rolle durch eine unbelebte Einheit wie *cette belle pomme rouge* in (56a) zumindest sehr ungewöhnlich, da ein AGENS i. d. R. belebt sein muss. Man geht davon aus, dass derartige Informationen im mentalen Lexikon festgeschrieben sind. Mit dieser sog. Argumentstruktur befassen wir uns in 3.5.1; im Anschluss hieran diskutieren wir den rollensemantischen Status des Subjekts und die damit begründete Hypothese vom VP-internen Subjekt (3.5.2).

3.5.1   Argumente, Subkategorisierung, Thetaraster

Die 'Mitspieler' oder Argumente eines Lexems entsprechen bestimmten semantischen oder **Thetarollen** (auch: θ-Rollen). Bei der Bildung eines Satzes werden diese in Form einer Konstituente realisiert, deren kategoriale Zugehörigkeit gleichfalls vom betreffenden Lexem bestimmt wird. So haben sog. einwertige oder monovalente Verben wie fr./sp. *dormir* bzw. it. *dormire* eine simple Argumentstruktur <1>, die nur ein AGENS enthält, während fr. *aller*, sp. *ir* bzw. it. *andare* zweiwertig (bivalent) sind <1, 2> und zusätzlich zum AGENS eine Ortsangabe (Thetarolle ZIEL) in Form einer PP verlangen.[28] Andere zweiwertige Verben wie fr. *manger*, it. *mangiare* bzw. sp. *comer* erfordern hingegen eine DP, auf die die semantische Rolle der von der Handlung betroffenen Entität (THEMA) abgebildet werden kann. Schließlich gibt es sog. dreiwertige (trivalente) Verben wie fr. *donner*, it. *dare* bzw. sp. *dar*, die neben einem AGENS (wer?) und einem THEMA (was?) auch einen sog. REZIPIENTEN (wem?) verlangen, welcher in Form einer mit *à*/*a* eingeleiteten Konstituente ausgedrückt wird.[29] Um dem gerecht zu werden, nimmt man an, dass der Lexikoneintrag eines Verbs neben der Argumentstruktur auch ein sog. **Thetaraster** enthält, in dem die semantischen Rollen der Argumente charakterisiert sind, sowie einen sog. **Subkategorisierungsrahmen** mit Informationen zur kategorialen Zugehörigkeit der Komplemente.

Bisher haben wir das Konzept der Argumentstruktur anhand von Verben illustriert; für die Lexikoneinträge anderer lexikalischer Kategorien gilt dies jedoch in gleicher Weise. So

---

[28] Den Begriff der Wertigkeit oder Valenz hat Tesnière (1959) aus der Chemie übernommen: Ebenso wie die Valenz eines Elements angibt, wie viele Elektronen ein Atom des entsprechenden Elements für Bindungen zur Verfügung stellt, gibt die Valenz eines Verbs die Anzahl von Leerstellen an, die von diesem eröffnet werden. Diese am ausgedrückten Sachverhalt bzw. am Geschehen beteiligten 'Mitspieler' werden bei Tesnière als Aktanten bezeichnet; sie entsprechen den Argumenten des generativen Modells. Daneben gibt es sog. Zirkumstanten, d. h. freie Angaben, die den Adjunkten entsprechen.

[29] In Bezug auf die Witterungsverben, auf die wir in 3.5.2 zurückkommen, wird diskutiert, ob diese als nullwertige Verben zu analysieren sind, die gar keine Thetarolle vergeben. Weiterhin wurde vorgeschlagen, auch vierwertige Verben anzunehmen, z. B. fr. *traduire un roman d'anglais en français* (vgl. Busse/Dubost 1983: xv).

'erben' z. B. Nomina, die von Verben abgeleitet sind, gleichsam deren Argumentstruktur, vgl. fr. *détruire* → *destruction* <1, 2> bzw. <AGENS, THEMA>, aber auch morphologisch einfache, nicht abgeleitete Nomina können Argumente haben, z. B. einen sog. unveräußerlichen (inalienablen) Possessor (POSS), wie es bei Bezeichnungen für Körperteile oder auch bei Verwandtschaftsbezeichnungen der Fall ist, etwa bei sp. *pierna* (wessen Bein?) oder it. *figlia* (wessen Tochter?). Auch Adjektive haben eine Argumentstruktur (vgl. Löbner 2003: 168ff.): So muss im Kontext eines Adjektivs immer eine Einheit erscheinen, auf die sich die vom Adjektiv ausgedrückte Eigenschaft bezieht. Das Wort fr. *rouge* kann also nur in einem Kontext wie *une pomme rouge* auftreten, wobei sich *une pomme* als THEMA-Argument charakterisieren lässt, da der Apfel von der Zuschreibung des Rot-Seins betroffen ist. Neben einwertigen Adjektiven gibt es auch solche, die zwei Argumente haben, z. B. it. *orgoglioso* in *Giulio*$^{<1, EXPERIENCER>}$ *è orgoglioso di sua figlia*$^{<2, THEMA>}$. Da *Giulio* hier Träger eines psychologischen Vorgangs ist (Stolz), spricht man von einem EXPERIENCER-Argument (vgl. auch 57e); seine Tochter ist die Einheit, auf die sich der ausgedrückte Sachverhalt, also sein Stolz-Sein, erstreckt (THEMA, vgl. 57b). Bei Präpositionen, die Relationen zwischen zwei Entitäten versprachlichen, legt man i. d. R. eine Argumentstruktur mit zwei Positionen zugrunde, vgl. fr. *la pomme rouge*$^{<1, THEMA>}$ *est sous la table*$^{<2, ORT>}$ (Gabriel 2002). In Bezug auf das Repertoire möglicher Thetarollen besteht in der Literatur keine Einigkeit (vgl. Grimshaw 1990, Pomino/Zepp 2004: 120f., Haegeman 2006: 192); im Folgenden geben wir zunächst eine Auflistung gängiger Thetarollen anhand deutscher Beispiele.

(57) a.   Maria$^{<AGENS>}$ verprügelt Eva.   Maria$^{<AGENS>}$ schreibt eine E-Mail.
              verprügeln <AGENS, PATIENS>   *schreiben* <AGENS, THEMA>
              AGENS: belebte Einheit, Urheber oder Ausführender der ausgedrückten Handlung bzw. des ausgedrückten Sachverhalts

      b.   Maria schreibt eine E-Mail$^{<THEMA>}$
              schreiben <AGENS, THEMA>
              THEMA: von der Handlung betroffene Einheit (meist nicht belebt)

      c.   Maria$^{<PATIENS>}$ bricht sich den Arm.   Maria verprügelt Eva$^{<PATIENS>}$.
              sich etw. brechen <PATIENS, THEMA> *verprügeln* <AGENS, PATIENS>
              PATIENS: von der Handlung betroffene Einheit; im Gegensatz zum THEMA belebt, erleidet die Handlung bewusst (vgl. lat. *pati* 'leiden').

      d.   Eva$^{<REZIPIENT>}$ erhält eine E-Mail.
              erhalten < REZIPIENT, THEMA>
              REZIPIENT (auch EMPFÄNGER): tritt auf, wenn eine Änderung in Bezug auf die Position eines weiteren Elements ausgedrückt wird

      e.   Maria$^{<EXPERIENCER>}$ mag Eva.
              mögen <EXPERIENCER, THEMA>
              EXPERIENCER: belebte Entität, Träger eines psychologischen Vorgangs

      f.   Maria wohnt in Hamburg$^{<ORT>}$.   Der Apfel ist unter dem Tisch$^{<ORT>}$.
              wohnen <AGENS, ORT>   *unter* <THEMA, ORT>
              ORT (auch LOK): lokaler Anhaltspunkt, der im Geschehen inbegriffen ist

      g.   Maria fährt nach Wuppertal$^{<ZIEL>}$.
              fahren <AGENS, ZIEL>
              ZIEL: konkrete oder abstrakte Einheit, auf die ein Prozess oder eine Handlung ausgerichtet ist

In der folgenden Tabelle geben wir nun Beispiele für die Lexikoneinträge romanischer Lexeme, wobei neben der Argumentstruktur und dem Thetaraster auch der Subkategorisierungsrahmen verzeichnet ist.

(58)

			Argument-struktur	Thetaraster	Subkategorisierungsrahmen
a.	fr.	dormir	<1>	<AGENS>	V, [_]
	it.	dormire			
	sp.	dormir			
b.	fr.	aller	<1, 2>	<AGENS, ZIEL>	V, [PP]
	it.	andare			
	sp.	ir			
c.	fr.	battre	<1, 2>	<AGENS, PATIENS>	V, [DP]
	it.	battere			
	sp.	golpear			
d.	fr.	donner	<1, 2, 3>	<AGENS, THEMA, REZIPIENT>	V, [DP PP] (wobei P = à bzw. a)
	it.	dare			
	sp.	dar			
e.	fr.	frère	<1, 2>	<THEMA, POSS>	N, [PP] (wobei P = de bzw. di)
	it.	fratello			
	sp.	hermano			
f.	fr.	jaloux	<1, 2>	<EXPERIENCER, THEMA	A, [PP] (wobei P = de bzw. di)
	it.	geloso			
	sp.	celoso			
g.	fr.	sur	<1, 2>	<THEMA, ORT>	P, [DP]
	it.	su			
	sp.	sobre			

Ein Satz ist nur dann grammatisch, wenn alle Thetarollen der beteiligten Lexeme an bestimmte Kategorien zugewiesen wurden. So ist z. B. sp. *María le da a Eva ungrammatisch, weil die Rolle THEMA nicht vergeben ist, und *María da una manzana ist nicht möglich, weil im Satz keine XP enthalten ist, die die Rolle REZIPIENT repräsentiert. Ähnliches gilt für (59a), wo eine Position des verbalen Thetarasters nicht gesättigt ist; in einem grammatischen Satz muss das AGENS vergeben sein (59b). Umgekehrt gilt, dass jede Rolle nur einmal zugewiesen werden kann. So ist es nicht möglich, ein weiteres AGENS als PP mit [$_P$ par] hinzuzufügen, wenn die Rolle bereits an das Subjekt vergeben wurde (59c):

(59) a. fr. *Bat [$_{DP}$ son frère$^{<2, PATIENS>}$].[30]
      b.   [$_{DP}$ Marie$^{<1, AGENS>}$] bat [$_{DP}$ son frère$^{<2, PATIENS>}$].
      c.   *[$_{DP}$ Marie$^{<1, AGENS>}$] bat [$_{DP}$ son frère$^{<2, PATIENS>}$][$_{PP}$ par sa sœur$^{<1, AGENS>}$].

Die beiden Bedingungen lassen sich im sog. Thetakriterium zusammenfassen.

Theta criterion: Each argument bears one and only one θ-role, and each θ-role is assigned to one and only one argument. (Chomsky 1981: 36)

---

[30] Man beachte, dass das italienische bzw. spanische Pendant zu fr. *Bat son frère grammatisch wäre, da hier die AGENS-Rolle dem phonetisch leeren Subjektpronomen pro zugewiesen werden kann, z. B. sp. pro Golpea a su hermano 'Er/sie verprügelt seinen/ihren Bruder'.

Abschließend stellen wir die Rollenzuweisung anhand von (59b) im Strukturbaum dar; da die Subjektthetarolle einer Position zugewiesen wird, die sich außerhalb der VP befindet, spricht man hier auch von einer **externen** Rolle (angezeigt durch Unterstreichung). Thetarollen, die innerhalb der VP zugewiesen werden, bezeichnet man entsprechend als **intern**.

(60)

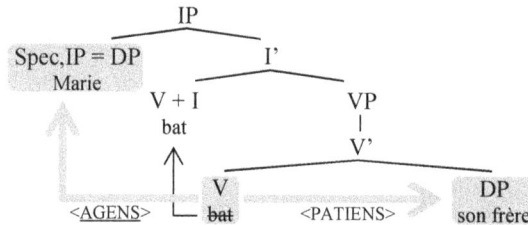

Im nächsten Abschnitt befassen wir uns mit dem thetatheoretischen Sonderstatus des Subjekts und den hieraus erwachsenden Modifikationen der bisher vorgestellten Annahmen.

3.5.2   Die Subjektposition Spec,XP

Wenn man die Rollenzuweisung durch das Verb an Komplemente mit der an Subjekte vergleicht, fallen zwei Besonderheiten auf. Zum ersten können in der Subjektposition Spec,IP auch Elemente stehen, denen keine Thetarolle zugewiesen wird. Beispiele hierfür sind sog. unpersönliche Konstruktionen und solche mit Witterungsverben (vgl. Schmitz 2004), bei denen Spec,IP jeweils mit einem semantisch leeren 'Platzhalterelement', einem sog. Expletivum, besetzt wird (z. B. fr. *il*, dt. *es/da*, engl. *there*, *it*; vgl. 2.1); im Spanischen und im Italienischen steht in Spec,IP hingegen das phonetisch leere Element *pro*.

(61)   a.   fr. Il_{Expl} pleut. Il_{Expl} est arrivé une femme.
       b.   sp. pro_{Expl} Llueve. pro_{Expl} Parece que pro_{Expl} va a llover.
       c.   it. pro_{Expl} Piove.
       d.   dt. Es_{Expl} scheint, dass es_{Expl} regnen wird. Es_{Expl}/Da_{Expl} sind Leute angekommen.

Dagegen können in Komplementposition keine Elemente ohne Thetarolle stehen. Zum zweiten erfolgt die Rollenzuweisung an Subjekte nicht innerhalb der VP (externe Rolle, vgl. 3.5.1). Um diesen Sonderstatus zu umgehen, ist vorgeschlagen worden, Subjekte generell in Spec,VP, also VP-intern, basiszugenerieren und dann nach Spec,IP zu verschieben (zur kasustheoretischen Motivation dieser Bewegung vgl. 3.6.3). Diese Annahme vom phraseninternen Subjekt hat sich als *VP Internal Subject Hypothesis* (VISH) mittlerweile als Standardanalyse etabliert und wird auch hier im Folgenden zugrunde gelegt. Wir illustrieren VISH, indem wir den Strukturbaum (60) entsprechend modifiziert wiederholen.

(62)

Die Zuweisung der Thetarollen erfolgt in (62), anders als in (60), jeweils innerhalb der VP und in identischen Konfigurationen: Das Objekt erhält seine Rolle vom verbalen Kopf, der im Strukturbaum sein Schwesterknoten ist; die Subjektrolle wird gleichfalls in Schwesterknotenrelation von V' zugewiesen. Dass für die Zuweisung der Subjektthetarolle V' relevant ist, also das Verb gemeinsam mit potenziellen Komplementen (und nicht etwa das Verb allein), wird anhand der folgenden Beispiele deutlich, die sich nicht wörtlich in romanische Sprachen übertragen lassen.

(63) a. engl. Mary broke the window.   Subjekt = AGENS
     b.   Mary broke her leg.   Subjekt = PATIENS

Nimmt man eine solche 'kompositionelle' Rollenzuweisung von V' an das in Spec,VP befindliche Subjekt an, kann man der Tatsache Rechnung tragen, dass die Beschaffenheit des Komplements die Subjektthetarolle beeinflussen kann. Deren Andersartigkeit rechtfertigt auch unter der Annahme von VISH die terminologische Unterscheidung, auch wenn die Subjektrolle streng genommen nicht mehr VP-extern zugewiesen wird.

Zusätzlich zu dieser theorieinternen Motivation bietet die Wortstellungsvariation bei Konstruktionen mit sog. *floating quantifiers* Evidenz. Unter Quantifizierern versteht man mengenbezeichnende Elemente wie fr. *tous*, it. *tutti* oder sp. *todos*, die entweder unmittelbar vor der Bezugs-DP oder getrennt von ihr auftreten können.

(64) a. fr. [QP Tous [DP les spectateurs]] aimeront ce dénouement heureux.
     b.   [DP Les spectateurs] aimeront [Q tous] ce dénouement heureux.

Während sich in (64a) das gesamte Subjekt (Quantifiziererphrase, d. h. quantifizierte Determiniererphrase; QP) in der satzinitialen Position befindet, ist in (64b) ein Teil des Subjekts, nämlich der quantifizierende Ausdruck *tous*, in einer linearen Position rechts von der Verbform *aimeront* situiert. Diese beiden linearen Positionen entsprechen den von VISH angenommenen strukturellen Subjektpositionen (Basisposition Spec,VP und Oberflächenposition Spec,IP). Die beiden Stellungsvarianten lassen sich wie im Baumdiagramm (65) skizziert herleiten:[31]

---

[31] Für eine alternative Analyse der entsprechenden Strukturen des Spanischen vgl. Zagona (2002: 117).

(65)

```
                                    IP
                        ┌───────────────┴───────────┐
        Spec,IP = QP/DP                              I'
        [QP Tous les spectateurs]         ┌──────────┴──────────┐
      ↑   [DP Les spectateurs]          V + I                   VP
      │  ↑                             aimeront         ┌────────┴────────┐
      │  │                             aimeront    Spec,VP = QP          V'
      │  │                            ↑         ┌──────────────┐    ┌─────┴─────┐
      │  │                            │          Tous les spectateurs  V          DP
      │  │                            │          Tous les spectateurs  aimeront  ce dénouement heureux
      │  │                            │                                aimeront  ce dénouement heureux
```

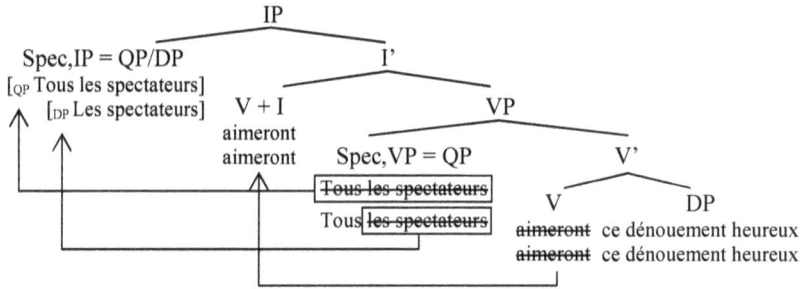

Generalisiert man VISH über die maximalen Projektionen der anderen lexikalischen Kategorien N, A und P, erhält man die in (66) skizzierten Grundstrukturen.[32]

(66) a. fr. $[_{IP}$ I $[_{VP}$ $[_{Spec,VP=DP}$ Marie] $[_{V'}$ mange $[_{DP}$ une pomme]]]]
      b. $[_{IP}$ I $[_{AuxP}$ est $[_{PP}$ $[_{Spec,PP=DP}$ Paul] $[_{P'}$ contre $[_{DP}$ la peine de mort]]]]]
      c. it. $[_{IP}$ I $[_{AuxP}$ è $[_{NP}$ $[_{Spec,NP=DP}$ Paola] $[_{N'}$ professoressa $[_{PP}$ di linguistica]]]]]
      d. sp. $[_{IP}$ I $[_{AuxP}$ es $[_{AP}$ $[_{Spec,AP=DP}$ María] $[_{A'}$ inteligente]]]]

Durch die Subjektanhebung nach Spec,IP (und die Verschiebung des Voll- bzw. Hilfsverbs nach I) wird die korrekte Wortstellung hergeleitet:

(67) a. fr. $[_{IP}$ $[_{Spec,IP=DP}$ Marie] $[_{V+I}$ mange] $[_{VP}$ $[_{Spec,VP=DP}$ Marie][$_{V'}$ mange $[_{DP}$ une pomme]]]]
      b. $[_{IP}$ $[_{Spec,IP=DP}$ Paul] $[_{Aux+I}$ est] $[_{AuxP}$ est $[_{PP}$ $[_{Spec,PP=DP}$ Paul][$_{P'}$ contre $[_{DP}$ la peine de mort]]]]]
      c. it. $[_{IP}$ $[_{Spec,IP=DP}$ Paola] $[_{Aux+I}$ è] $[_{AuxP}$ è $[_{NP}$ $[_{Spec,NP=DP}$ Paola][$_{N'}$ professoressa di linguistica]]]]
      d. sp. $[_{IP}$ $[_{Spec,IP=DP}$ María] $[_{Aux+I}$ es] $[_{AuxP}$ es $[_{AP}$ $[_{Spec,AP=DP}$ María][$_{A'}$ inteligente]]]]

Dieselbe Grundstruktur kann auch als grundlegend für sog. *Small Clause*-Konstruktionen (SC) angenommen werden. Hierunter versteht man satzhafte Komplemente, die zwar ein Subjekt und ein Prädikat (im Sinne einer Satzaussage), aber keine flektierte Verbform enthalten (vgl. Cardinaletti/Guasti 1995). Anders als in den Kopula-Strukturen (67b–d) verbleibt das Subjekt hier jedoch in der Basisposition Spec,XP. Betrachten wir zur Illustration einige Beispiele aus dem Französischen:

(68) a. fr. Pierre croyait $[_{SC = PP}$ $[_{Spec,PP}$ Paul][$_{P'}$ contre $[_{DP}$ la peine de mort]]]
      b.   on supposait $[_{SC = NP}$ $[_{Spec,NP}$ Marie] $[_{N'}$ professeur à la Sorbonne]]
      c.   Pierre considère $[_{SC = AP}$ $[_{Spec,AP}$ Marie][$_{A'}$ intelligente]]

Ist die Subjektposition einer *Small Clause* nicht durch eine DP wie *Paul*, sondern durch ein Pronomen besetzt, dann kann dieses nicht in seiner Basisposition verbleiben, sondern muss zum Verb bewegt werden, z. B. *Pierre le pensait contre la peine de mort* (zur syntaktischen Behandlung klitischer Pronomina vgl. 5.2).

---

[32] Für das Kopulaverb *être*, *essere* bzw. *ser* setzen wir hier eine AuxP ('Hilfsverbphrase') an.

3.5.3   Die Position von Adverbien im Satz

Eine Konsequenz des VP-intern basisgenerierten Subjekts (VISH) ist in der Behandlung von adjungierten Konstituenten zu sehen, die sich auf die gesamte Verbalhandlung beziehen. Betrachten wir hierzu die folgenden Beispiele aus unseren drei romanischen Sprachen und aus dem Englischen:

(69) a. fr.   Marie mange souvent des pommes.   (V - Adv)
      b. it.   Maria mangia spesso delle mele.   (V - Adv)
      c. sp.   María come a menudo manzanas.   (V - Adv)
      d. engl. Mary often eats apples.   (Adv - V)
(70) a. fr.   Marie fume une cigarette dans la bibliothèque.
      b. it.   Maria legge un libro sulla terrazza.
      c. sp.   María fuma un cigarrillo en la calle.
      d. engl. Mary smokes a cigarette in her bedroom.

Wenn man die Adverbien in (69) und die Lokalangaben in (70) jeweils als VP-Adjunkte analysiert – und nicht, wie es der Vorgehensweise in 3.2.2 entsprechen würde, als Adjunkte zu V' –, haben sie Skopus über die gesamte VP und somit auch über das VP-interne Subjekt. Auf diese Weise lässt sich deutlich machen, dass jeweils die gesamte Verbalhandlung modifiziert wird:[33]

(71) a.

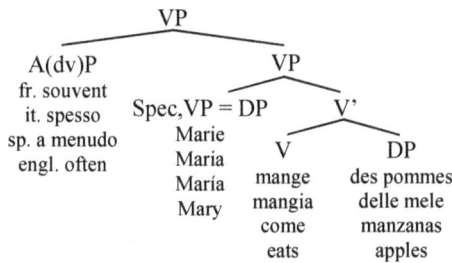

      b.

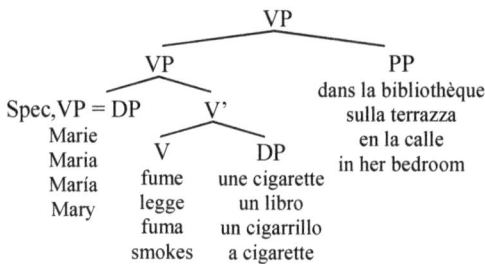

---

[33] Adjunktionen sind auf allen syntaktischen Komplexitätsebenen anzutreffen: Die Adjunktion einer Phrase YP an X' haben wir, ebenso wie die eines Kopfes X an einen anderen in 3.2.3 kennen gelernt. Auch der dritte Adjunktionstyp, der einer Phrase YP an die maximale Projektion XP, entspricht der formalen Definition der Adjunktion, die wir von Müller/Riemer (1998) übernehmen: „Eine Kategorie α ist an X^n adjungiert, wenn α und X^n von einer Kategorie Xn dominiert werden" (188), wobei X^n entweder X°, X' oder XP entspricht. Bei den in (71) an VP adjungierten Phrasen A(dv)P bzw. PP handelt es sich also nicht etwa um rekursive Spezifikatoren.

Die VP entspricht einer lexikalischen Schicht (engl. *lexical layer*), innerhalb derer die Thetarollen vergeben werden; um einen einzelsprachlich korrekten Satz zu formulieren, muss die funktionale Ebene (engl. *functional layer*) hinzukommen. Bei der VP sind dies die erweiterten Projektionen IP und CP, die für Referenzialität (vgl. 3.4.3) sowie für den Abgleich formal-grammatischer Merkmale und die Herleitung der Wortstellung zuständig sind. Will man die korrekte Wortfolge herleiten, müssen bestimmte Bewegungen erfolgen. Zum einen muss das Subjekt in die Subjektposition Spec,IP bewegt werden, zum anderen muss im Französischen, im Spanischen und im Italienischen die flektierte Verbform in eine Position verschoben werden, in der sie dem Adverb fr. *souvent*, it. *spesso* bzw. sp. *a menudo* vorausgeht. Dies wird gewährleistet, wenn man annimmt, dass die in 3.2.3 eingeführte **Verbverschiebung** (V-zu-I-Bewegung) in den romanischen Sprachen vor der Verzweigung in LF und PF und damit in der overten Syntax, im Englischen, wo das Adverb dem finiten Verb vorausgeht (Adv - V), hingegen erst auf LF und damit kovert erfolgt. Betrachten wir hierzu die Beispiele (69) im Strukturbaum.

(72)

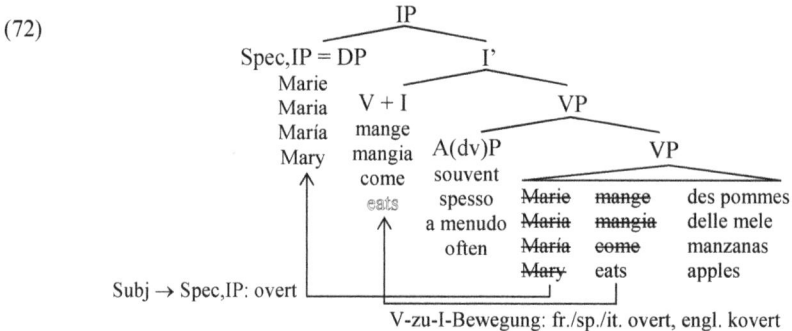

Geht man davon aus, dass in den romanischen Sprachen die Verbverschiebung in der overten Syntax erfolgt, stellt sich die Frage, wie man Beispiele mit präverbalen Adverbien analysieren soll. Betrachten wir hierzu die folgenden Beispiele aus D'Introno (2001):

(73)	a. sp.	Luis me lleva a menudo al circo	(V - Adv)
	b.	Luis a menudo me lleva al circo	(Adv - V)

Beide Abfolgen sind prinzipiell grammatisch, unterscheiden sich aber in Bezug auf den Kontext, in denen sie auftreten. Während (73a) die 'normale' Abfolge darstellt, die einem neutralen Kontext entspricht, bemerkt D'Introno zu (73b): „el adverbio *a menudo* tiende a pronunciarse con una frecuencia más alta y tiene un valor informático no remático" (2001: 390). Die Voranstellung des Adverbs ist also insofern markiert, als sie tendenziell dann vorkommt, wenn selbiges zur bereits bekannten Information gehört und die neue Information (Fokus) am rechten Satzrand erscheint (möglicher Kontext: 'Was macht Luis oft mit dir?'). Der erhöhte Tonhöhenverlauf vor Beginn der neuen Information *me lleva al circo*, den D'Introno anspricht („frecuencia más alta"), ist insofern hierfür typisch, als bereits bekannte und neue Information oft durch eine prosodische Grenze (hier: ein hoher Punkt in der Intonationskontur) abgetrennt werden (für das Spanische vgl. Hualde 2005: 260ff., Gabriel 2007: 274ff.). Mit Blick auf die in 3.4.5 diskutierte Struktur (54, 55) können wir (73b) als Struktur mit zwei vorangestellten topikalisierten Elementen (das Subjekt *Luis* und das Adverb *a menudo*) analysieren. Die Subjektposition wird durch *pro* besetzt; die Verbverschiebung nach I erfolgt wie auch in den anderen Beispielen in der overten Syntax:[34]

(74)   sp.   [$_{TopP}$ Luis [$_{TopP}$ a menudo [$_{IP}$ *pro* me lleva [$_{VP}$ ~~pro me lleva~~ al circo]]]]

Von den eben besprochenen VP-Adverbien muss man grundsätzlich die sog. Satzadverbien unterscheiden, die sich nicht auf die Verbalhandlung beziehen, sondern vielmehr einen Kommentar des Sprechers zum jeweiligen Sachverhalt ausdrücken. Betrachten wir die folgenden Beispiele:

(75)   a.   sp.   {Probablemente / Obviamente} María compró el diario.
         b.   María {probablemente / obviamente} compró el diario.

Adverbien dieses Typs treten im Spanischen typischerweise zu Beginn des Satzes (75a) oder unmittelbar nach dem Subjekt auf (75b); alle anderen Positionen sind zumindest stark markiert. Von VP-Adverbien kann man sie dadurch unterscheiden, dass sie sich durch adjektivische Konstruktionen paraphrasieren lassen (*Es {probable / obvio} que María compró el diario*), was bei VP-Adverbien ausgeschlossen ist: **Es a menudo que Luis me lleva al circo*. Bezüglich der strukturellen Position von Satzadverbien wollen wir mit Zagona (2002: 160f.) annehmen, dass sich diese in einer höheren Position befinden als die VP-bezogenen Adverbien, nämlich im IP-Bereich. Dort können sie entweder an I' oder an IP adjungiert werden. Betrachten wir abschließend hierzu den Strukturbaum:

(76)

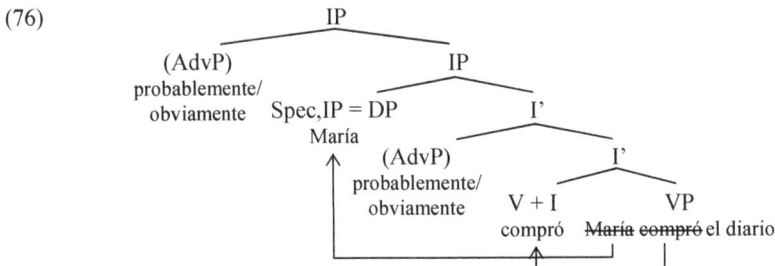

3.5.4   Das Projektionsprinzip

Da die korrekte Interpretation eines Satzes durch die Argumentstruktur entscheidend mitbestimmt wird, muss gewährleistet sein, dass die entsprechenden Informationen im Laufe einer syntaktischen Ableitung nicht verändert werden und insbesondere auf der Ebene der Logischen Form (LF; vgl. 3.3) präsent bzw. rekonstruierbar sind. Dies wird im sog. **Projektionsprinzip** zusammengefasst:

---

[34]   Einen alternativen Vorschlag macht z. B. Silva (2001: 50), die davon ausgeht, dass die Verbverschiebung im Spanischen flexibel ist und dass V nicht immer in der overten Syntax bis I (bei Silva: bis nach T) angehoben wird. Zum Umgang mit derartigen fakultativen syntaktischen Operationen vgl. 5.1.

Projektionsprinzip: Die Argumentstruktur eines lexikalischen Elements muss auf jeder syntaktischen Repräsentationsebene erhalten bleiben. (Grewendorf 2002: 20)

In der D-Struktur sind thetatheoretische Informationen insofern präsent, als sie direkt aus
dem Lexikon übernommen werden können. Für die S-Struktur beinhaltet das Projektionsprinzip die Existenz von Spuren bzw. Kopien der bewegten Elemente (vgl. 2.3.1). Problematisch ist allerdings die Subjektposition, da nicht jedes Verb eine externe Rolle vergibt.
Man denke an die in 3.5.2 besprochenen Expletivkonstruktionen; in 3.6.3 werden wir weitere entsprechende Fälle kennen lernen. Die Existenz der Subjektposition lässt sich also
nicht unmittelbar aus thematischen Eigenschaften eines Lexems ableiten, sondern sie muss
gesondert stipuliert werden. Dies geschieht mithilfe des sog. **Erweiterten Projektionsprin-
zips** (EPP), das im minimalistischen Rahmen als Merkmal uminterpretiert wird (vgl. 4.3.1).

Erweitertes Projektionsprinzip:
a. Projektionsprinzip (s. o.)
b. Jeder Satz hat ein Subjekt. Oder: Spec,IP ist obligatorisch (vgl. Grewendorf 2002: 21).

In den letzten Abschnitten haben wir uns mit der Zuweisung thematischer Rollen sowie mit
der zunächst thetatheoretisch motivierten Hypothese vom phraseninternen Subjekt (VISH)
und einigen daraus erwachsenden Konsequenzen für die Strukturanalyse einfacher Sätze
befasst. Im Folgenden wollen wir uns damit beschäftigen, wie nominale Konstruktionen in
bestimmten syntaktischen Positionen lizenziert werden. Hierzu ist das Konzept des Kasus
von zentraler Bedeutung.

3.6   Lizenzierung in syntaktischen Positionen: Kasustheorie

In Sprachen wie Latein, Türkisch oder Deutsch werden syntaktische Funktionen von DPn
im Satz (u. a.) durch Kasusendungen (Suffixe) angezeigt, die wiederum mit bestimmten
Satzfunktionen korrelieren. So kann man die eingeklammerten DPn in (77) aufgrund ihrer
morphologischen Kasusmarkierung als (Akkusativ-)Objekte identifizieren (die jeweiligen
Suffixe sind durch Fettdruck hervorgehoben).

(77)   a. lat.   *pro* [$_{DP}$ Lib**rum** su**um**] legit.
        b. türk.   *pro* [$_{DP}$ Kitab**ını**] okuyor. 'Er/Sie liest sein/ihr Buch'
                    pro Buch-POSS3:AKK lesen-PRS
        c. dt.   Er liest [$_{DP}$ einen Roman].

In den heutigen romanischen Sprachen werden Nomina für gewöhnlich nur nach Numerus
flektiert; der Verlust der morphologisch markierten Kasus gehört zu den wichtigsten typo-
logischen Merkmalen, die die romanischen Sprachen vom Lateinischen unterscheiden. Ein
rudimentäres Kasussystem hat sich nur im Rumänischen erhalten; Reste des morphologischen Kasus finden sich jedoch in allen romanischen Sprachen bei den Personalpronomina:
Hier divergieren Subjekt- von Objektpronomina, und bei letzteren lassen sich in der 3. Per-

son zudem direkte von indirekten Objekten (bzw. Akkusativ und Dativ) unterscheiden; z. B. fr. *il/elle – le/la/les – lui/leur.*

3.6.1 Kasuszuweisung

Im Rahmen der generativen Syntaxtheorie nimmt man an, dass Konstituenten, die durch 'sichtbar' kasusmarkierte Formen wie die klitischen Objektpronomina fr. *le* oder it./sp. *lo* ersetzt werden können, ebenso Träger eines Kasusmerkmals sind wie die mit Kasusaffixen versehenen nominalen Syntagmen stärker flektierender Sprachen. Der einzige Unterschied liegt darin, dass hierbei keine morphologische Markierung vorliegt. Grundlage hierfür ist die Annahme, dass nominale Konstituenten durch die Zuordnung einer Satzfunktion (Subjekt, Objekt, Komplement in der PP etc.) **lizenziert** werden müssen und dass diese Lizenzierung durch die Zuordnung eines gültigen Kasuswerts erfolgt: Hat eine DP kein Kasusmerkmal, kann sie nicht in Bezug auf ihre Funktion interpretiert werden, und die Konstruktion, in der sie auftritt, ist demnach ungrammatisch. Man unterscheidet generell zwischen morphologisch 'sichtbarem' Kasus, der außer in Sprachen mit stark ausgebauter Nominalflexion wie Latein, Türkisch oder Deutsch (vgl. 77) auch bei den romanischen Pronomina zu finden ist (78a', b', c'), und einem abstrakten Kasuswert, den jede DP unabhängig von der morphologischen Realisierung haben muss (78a, b, c):

(78)	a.	fr.	Il lit [$_{DP}$ son livre].	abstrakter Kasus
	a.'		Il **le** lit.	abstrakter u. morphologischer Kasus
	b.	it.	*pro* Legge [$_{DP}$ il suo libro].	abstrakter Kasus
	b.'		*pro* **Lo** legge.	abstrakter u. morphologischer Kasus
	c.	sp.	*pro* Lee [$_{DP}$ su libro].	abstrakter Kasus
	c.'		*pro* **Lo** lee	abstrakter u. morphologischer Kasus

Da die Kasusform einer DP von ihrer syntaktischen Funktion und damit von ihrer Position im Strukturbaum abhängt, wird angenommen, dass jede DP ihren Kasuswert von einer bestimmten Kategorie erhält. Das Verb weist z. B. seiner Komplement-DP den Kasus Akkusativ zu, und diese Kasuszuweisung erfolgt unabhängig davon, ob das Akkusativmerkmal durch Flexionsmorphologie realisiert wird (Beispiele 77) oder nicht (Beispiele 78). Erhält eine DP keinen Kasus, dann steht sie an einer unangemessenen strukturellen Position, und der betreffende Satz ist nicht wohlgeformt. Chomsky formuliert dies wie folgt:

> Every phonetically realized NP [i. e. DP] must be assigned (abstract) Case. In some languages, Case is morphologically realized, in others not, but we assume that it is assigned in a uniform way whether morphologically realized or not. (Chomsky 1986: 74)

Im folgenden Abschnitt klären wir, wie die Zuweisung von Kasusmerkmalen in den romanischen Sprachen erfolgt.

3.6.2 Struktureller und inhärenter Kasus

Wir unterscheiden grundsätzlich zwischen zwei Typen von Kasus: Der erste Typ ist der sog. **strukturelle** Kasus, der quasi 'automatisch' in bestimmten strukturellen Positionen zugewiesen wird. So erhält eine DP, die sich in Komplementposition befindet, vom Phrasenkopf (V oder P) den Akkusativ (79a, b), während ein finites I [+Agr, +Tns] der nach Spec,IP verschobenen Subjekt-DP den Nominativ zuweist (79c). Ein nicht-finiter I-Kopf, wie er z. B. in Infinitivkonstruktionen auftritt, kann dagegen keinen Kasus zuweisen. Dies zeigt sich daran, dass Infinitive i. d. R. keine (nominativmarkierten) Subjekte erlauben (z. B. fr. *Il lire son livre*; vgl. auch 3.2.3 und 3.4.2).

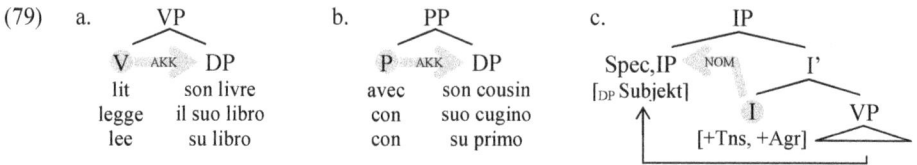

(79)   a.

VP

V —AKK→ DP

lit	son livre
legge	il suo libro
lee	su libro

b.

PP

P —AKK→ DP

avec	son cousin
con	suo cugino
con	su primo

c.

IP

Spec,IP —NOM→ I'

[_DP_ Subjekt]

I   VP

[+Tns, +Agr]

Die Zuweisung der strukturellen Kasus Nominativ und Akkusativ ist nicht an die Vergabe bestimmter semantischer Rollen gebunden. Dies wird anhand der Umwandlung eines Aktivsatzes in den entsprechenden Passivsatz deutlich (sog. Passivdiathese): Eine akkusativmarkierte Objekt-DP wie fr. *cet article* in (80a) behält im Passivsatz ihre semantische Rolle THEMA bei, trägt hier jedoch den Subjektkasus Nominativ; die syntaktische Ableitung des Passivsatzes besprechen wir in 3.6.3.

(80)   a.   fr.   Marie publiera bientôt [_DP_ cet article^{<THEMA>}].   Objekt, Kasus: AKK
Marie le publiera bientôt.

b.   [_DP_ Cet article^{<THEMA>}] sera bientôt publié.   Subjekt, Kasus: NOM
Il sera bientôt publié.

Außer den rollenunabhängigen Kasus Nominativ und Akkusativ gibt es auch solche, die eine Affinität zu bestimmten Thetarollen aufweisen. Auch dies kann man anhand des Passivsatzes zeigen:

(81)   a.   sp.   María^{<AGENS>}   le regaló   este libro^{<THEMA>}   a Eva^{<REZIPIENT>}.
Kasus: NOM   Kasus: AKK   Kasus: DAT

b.   Este libro^{<THEMA>}   le fue regalado   a Eva^{<REZIPIENT>}.
Kasus: NOM   Kasus: DAT

c.   *Eva^{<REZIPIENT>}   fue regalado   este libro^{<THEMA>}.
Kasus: NOM   Kasus: AKK

Die für die Passivdiathese charakteristische Transformation des Akkusativobjekts zum (nominativmarkierten) Subjekt (80a → b; 81a → b) ist beim Dativkomplement *a Eva* in (81c) nicht möglich: Sowohl im Aktiv- als auch im Passivsatz entspricht die Thetarolle REZIPIENT dem Dativ.[35] Dieser Kasus scheint also mit der Thetarolle, die der entsprechenden

---

[35]   Will man die Rolle des Rezipienten auf das Subjekt abbilden, muss ein anderes Verb gewählt werden, z. B. sp. *Eva recibió este libro*. In manchen Sprachen gibt es zudem Ersatzformen, die

Konstituente zugewiesen wird (hier: REZIPIENT), fest verbunden zu sein. Derartige Kasus bezeichnet man als **inhärente** Kasus. Da diese im Unterschied zu den strukturellen Kasus nicht automatisch in bestimmten strukturellen Positionen vergeben werden, nimmt man an, dass das jeweilige Kasusmerkmal dem zuweisenden Kopf 'inhärent' und entsprechend im Lexikoneintrag festgeschrieben ist. Beispiele für solche Lexikoneinträge geben wir in 3.6.4.

3.6.3 Kasus und Bewegung: Passiv, unakkusative Verben, Anhebungsverben

Wir wollen nun im Einzelnen die Schritte nachvollziehen, die bei der Herleitung der Passivdiathese anzunehmen sind, und kommen hierzu auf unser französisches Beispiel in (80) zurück. Das direkte Objekt [$_{DP}$ *cet article*] ist Komplement des Verbs und erhält in seiner VP-internen Basisposition sowohl die Thetarolle (THEMA) als auch das Kasusmerkmal (Akkusativ) von [$_V$ *publiera*]. Die DP *Marie* erhält gemäß VISH in Spec,VP ihre Thetarolle AGENS; der Kasuswert (Nominativ) wird nach der Anhebung in die Subjektposition Spec,IP vom finiten I zugewiesen. Betrachten wir die Ableitung von (80a) im Strukturbaum, wobei wir zur besseren Übersichtlichkeit das adjungierte Adverb *bientôt* weglassen:

(82)

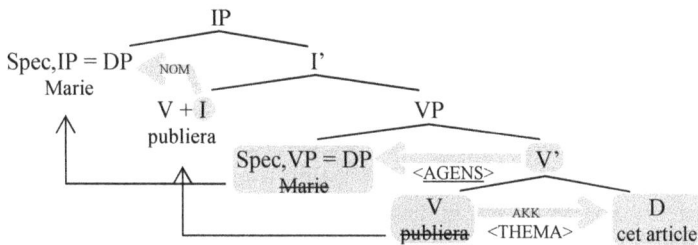

Im Passivsatz (80b) hingegen erscheint das Akkusativobjekt des Aktivsatzes [$_{DP}$ *cet article*] in der Anfangsposition des Satzes. Bei der Pronominalisierung wird deutlich, dass es den Subjektkasus Nominativ trägt: {*Cet article* / *il* / *le} *sera publié*; die Thetarolle (THEMA) ist jedoch dieselbe wie im Aktivsatz. Dies lässt sich erklären, wenn man annimmt, dass die passivische Verbform *sera publié*[36] zwar eine Thetarolle vergeben kann, jedoch kein Kasusmerkmal aufweist, welches für die Lizenzierung der betreffenden Konstituente in der VP-internen Komplementposition notwendig wäre. Weiterhin kann im Passivsatz die externe Thetarolle (hier: AGENS) nicht zugewiesen werden; will man das Agens trotzdem nen-

---

die Umwandlung des Dativobjekts zum Subjekt ermöglichen, z. B. fr. *On a attribué le prix Goncourt* [*à Jonathan Littell*]$_{Kasus: DAT}$ → [*Jonathan Littell*]$_{Kasus: NOM}$ *s'est vu attribuer le prix Goncourt* oder dt. *Maria hat* [*Eva*]$_{Kasus: DAT}$ *dieses Buch geschenkt* → [*Eva*]$_{Kasus: NOM}$ *hat dieses Buch geschenkt bekommen/gekriegt*.

[36] In den romanischen Sprachen und auch im Deutschen werden passivische Verbformen periphrastisch gebildet (Hilfsverb SEIN bzw. WERDEN plus Partizip Passiv); andere Sprachen wie Lateinisch oder Türkisch verfügen über sog. synthetische, d. h. nicht zusammengesetzte Passivformen, z. B. lat. *publicabitur* (veröffentlichen-FUT:PASSIV.3SG) oder türk. *yayımlanacak* (veröffentlichen-PASSIV:FUT), jeweils 'er/sie/es wird veröffentlicht werden'.

nen, muss man eine mit *par* eingeleitete PP anfügen (im Italienischen *da*, im Spanischen *por*). Dies kann man durch die Annahme erklären, dass bei passivischen Verbformen Kasusmerkmal und externe Thetarolle blockiert sind. Dieser Zusammenhang wurde erstmals von Burzio (1986: 185) formuliert und ist in der linguistischen Literatur als **Burzios Generalisierung** bekannt geworden. Da wegen der blockierten externen Rolle der Spezifikator der VP (Basisposition des Subjekts) nicht eröffnet wird, wird auch der Spezifikator der IP nicht als Landeplatz für die Subjektanhebung benötigt. Die Position Spec,IP wird jedoch eröffnet, um die Konstituente *cet article*, die in ihrer VP-internen Basisposition zwar die Thetarolle THEMA, jedoch keinen Kasus erhält, durch die Zuweisung des Nominativs vonseiten des finiten I [+Tns, +Agr] zu lizenzieren. Betrachten wir hierzu den Strukturbaum.

(83)

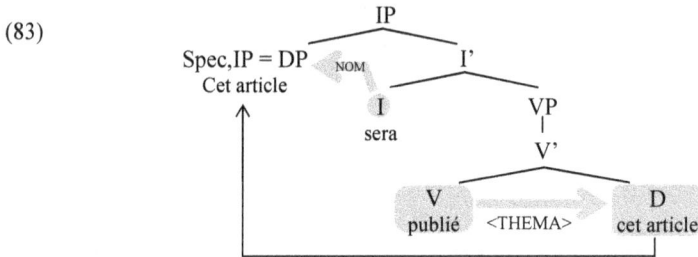

Darüber hinaus gibt es bestimmte Verben, die grundsätzlich weder den Akkusativ noch eine externe Thetarolle vergeben und die man deshalb als **unakkusative Verben** bezeichnet (auch: ergative Verben). Man kann diese Gruppe von Verben durch eine Reihe von Tests erkennen, von denen wir in diesem Abschnitt die wichtigsten besprechen wollen. Betrachten wir jedoch zunächst einige Beispiele aus dem Französischen:

(84) a. fr. [$_{DP}$ Quelques articles] seront publiés.
b. Il sera publié [$_{DP}$ quelques articles].
c. Il est entré [$_{DP}$ plusieurs étudiants].
d. *Il a dormi [$_{DP}$ plusieurs étudiants].
e. Entrent [$_{DP}$ des étudiants et des soldats].　　(A. de Musset, *Lorenzaccio* V, 6)
f. *Dorment [$_{DP}$ des étudiants et des soldats].

Beispiel (84a) stellt einen gewöhnlichen Passivsatz dar, bei dem das interne Argument in der Basisposition eine Thetarolle (hier: THEMA), aber keinen Kasus erhält und dann zur Kasuslizenzierung nach Spec,IP bewegt wird (vgl. Strukturbaum 83). In (84b) wird die Subjektposition dagegen durch das Expletivum *il* gefüllt,[37] und die THEMA-Konstituente verbleibt in ihrer VP-internen Basisposition. Solche Umstellungen geschehen i. d. R. aus pragmatischen Gründen; so wird beispielsweise neue (und damit wichtige) Information

---

[37] Wir erinnern uns daran, dass im Französischen die Subjektposition nicht leer bleiben darf, da es sich nicht um eine Null-Subjekt-Sprache handelt (vgl. 2.3.1).

tendenziell am rechten Satzrand platziert.[38] Unter den bisher diskutierten Annahmen sind Konstruktionen mit postverbalen Subjekten jedoch problematisch, da das Subjekt zur Kasuslizenzierung eigentlich nach Spec,IP bewegt werden muss (Zuweisung des Nominativ durch I). In 4.3.1 werden wir die Operation *Agree* kennen lernen, die Kasuszuweisung auch 'über Distanz' erlaubt. In (84c, e) sehen wir, dass das Subjekt offensichtlich nicht nur im Passivsatz in der postverbalen Position verbleiben kann, sondern dass dies auch bei bestimmten monovalenten Verben wie *entrer* und *arriver* möglich ist. Andere einwertige Verben wie *dormir* erlauben dies hingegen nicht (84d). Der Fall (84e) ist zudem insofern interessant, als in den szenischen Anweisungen von Dramentexten auch Sätze vorkommen, bei denen das Subjekt postverbal erscheint und die Subjektposition leer bleibt, was die Analyse des Französischen als Nicht-Null-Subjekt-Sprache auf den ersten Blick in Frage stellt. Es handelt sich jedoch um formelhafte Konstruktionen, die auf Verben beschränkt sind, die in Theatertexten das Auf- und Abtreten der Personen bezeichnen (*entrer, sortir*) und nach deren Modell keine freie Bildung neuer Sätze möglich ist (84f). Die Tatsache, dass sich die Subjekte in (84c, e) genauso verhalten wie das grammatische Subjekt im Passivsatz (84b), lässt darauf schließen, dass zwischen zwei Gruppen von einwertigen Verben zu unterscheiden ist: Sog. intransitive (auch: unergative) Verben wie *dormir* haben eine externe Rolle (hier: AGENS) für ein Subjekt, das in Spec,VP basisgeneriert und dann zur Kasuslizenzierung nach Spec,IP verschoben wird. Bei den sog. unakkusativen Verben wie fr. *arriver, entrer* oder *sortir* ist dies anders: Da diese weder eine externe Rolle noch ein Akkusativmerkmal aufweisen, wird die Subjektkonstituente zugrunde liegend als Objekt, also in der VP-internen Komplementposition basisgeneriert und dort mit einer Thetarolle versehen. In einem nächsten Schritt erfolgt dann die Verschiebung nach Spec,IP zur Kasuslizenzierung (84a) oder die betreffende Konstituente verbleibt postverbal (84c, e) und erhält ihren Kasuswert durch die Operation *Agree*, welche noch zu besprechen sein wird (vgl. 4.3.1).

Wie kann man nun ermitteln, welche Verben unakkusativ sind? Wie sich zeigen wird, lassen sich nicht alle Tests gleichermaßen auf alle Sprachen anwenden (vgl. Alexiadou et al. 2004). Zunächst teilen unakkusative Verben wie fr. *arriver* oder auch it. *arrivare* mit den passivischen Formen transitiver Verben die Verwendung des Hilfsverbs *être/essere* sowie die morphologische Kongruenz zwischen Subjekt und Partizip bei der Bildung zusammengesetzter Tempusformen: fr. *ils sont arrivés*, it. pro *sono arrivati*. Im Italienischen sind **Auxiliarselektion** und Partizipialkongruenz sichere Hinweise auf Unakkusativität. Im Französischen gilt dies nur eingeschränkt;[39] im Spanischen schließlich funktioniert dieser

---

[38] Während im Französischen nur bei unakkusativen Verben postverbale Subjekte möglich sind (84c, e), kann im Spanischen und im Italienischen unabhängig von der Verbklasse das Subjekt postverbal auftreten, nämlich dann, wenn es neue Information beinhaltet, also fokussiert ist, und den Hauptakzent des Satzes trägt (sog. Nuklearakzent), z. B. sp. *¿Quién llamó? Llamó* [F *JUAN*]; it. *Chi ha telefonato? Ha telefonato* [F *GIANNI*]. Zur Analyse solcher Konstruktionen vgl. 5.1.

[39] Im Französischen sind zwar alle Verben, die mit *être* konstruiert werden, unakkusativ, jedoch gilt der Umkehrschluss nicht, da manche Unakkusativa mit *avoir* konstruiert werden, z. B. fr. *J'ai couru au cinéma du coin*. Andere Verben wie z. B. *descendre* lassen beide Hilfsverben zu, sind aber nur in der Kombination mit *être* unakkusativ.

Test gar nicht, da die Wahl unterschiedlicher Hilfsverben im Laufe der Sprachgeschichte weggefallen ist: Bildeten früher einige einwertige Verben die zusammengesetzten Tempora mit *ser*, andere jedoch mit *haber*, verwendet das heutige Spanisch durchgehend *haber*. Periphrastische Tempora mit *ser* waren bereits im 19. Jahrhundert stark markiert: „Como lo señala Bello (1847) formas como *Son idos, Es vuelto a casa, El tiempo es llegado, Sus padres eran muertos* etc., tienen un valor anticuado y poético" (Mendikoetxea 1999: 1582).

Ein Test für alle drei Sprachen sind die sog. **absoluten Partizipialkonstruktionen**, die bei unakkusativen Verben möglich (85), bei intransitiven jedoch ausgeschlossen sind (86):

(85)   a.   fr.   Arrivé à la maison, il téléphona tout de suite à son frère.
          b.   it.   Arrivato a casa, *pro* telefonò subito a suo fratello.
          c.   sp.   Llegado a su casa, *pro* llamó enseguida a su hermano.
(86)   a.   fr.   *Dormi toute la journée, il s'éveilla à huit heures du soir.
          b.   it.   *Dormito tutto il giorno, *pro* si svegliò alle otto di sera.
          c.   sp.   *Dormido todo el día, *pro* se despertó a las ocho de la noche.

In engem Zusammenhang damit steht die **adjektivische Verwendung** von Partizipien, die bei unakkusativen Verben ebenso möglich ist wie wenn das Partizip eines transitiven Verbs auf das Objekt Bezug nimmt, bei intransitiven Verben jedoch zu einem ungrammatischen Ergebnis führt (vgl. Müller/Riemer 1998: 141f.). Betrachten wir die folgenden Beispiele:

(87)   a.   sp.   un niño maltratado por su madre   (transitiv)
          b.   un tesoro recientemente aparecido   (unakkusativ)
          c.   *un perro muy ladrado   (intransitiv, unergativ)

Für das Französische und das Italienische ist weiterhin die in 3.3 eingeführte ***en/ne*-Klitisierung** als Kriterium zur Identifizierung unakkusativer Verben zu nennen:

(88)   a.   fr.   Deux agents de police ont vu trois filles.
          b.   Deux agents de police en ont vu trois.   (*en* ~ Objekt-DP)
          c.   *Deux en ont vu trois filles.   (*en* ~ Subjekt-DP)
(89)   a.   it.   Due poliziotti hanno visto tre ragazze.
          b.   Due poliziotti ne hanno visto tre.   (*ne* ~ Objekt-DP)
          c.   *Due ne hanno visto tre ragazze.   (*ne* ~ Subjekt-DP)

Der Kontrast in (88b vs. c) bzw. (89b vs. c) zeigt, dass *en* bzw. *ne* nur eine direkte Objekt-DP ersetzen kann, nicht aber ein Subjekt. Bei unakkusativen Verben lässt sich hingegen das (oberflächensyntaktische) Subjekt durch *en* bzw. *ne* pronominalisieren. Dies deutet darauf hin, dass es sich bei den Subjekten unakkusativer Verben um zugrunde liegende Objekte handelt. Dies lässt sich anschaulich anhand der Expletivkonstruktion (84c) *Il est entré* [DP *plusieurs étudiants*] zeigen, die nur mit unakkusativen Verben, nicht aber mit intransitiven (unergativen) Verben möglich ist:

(90)   a.   fr.   Plusieurs étudiants sont entrés.
          b.   Il est entré plusieurs étudiants.   (= 84c, Expletivkonstruktion)
          c.   Il en est entré plusieurs .   (*en* ~ zugrunde liegende Objekt-DP)
          d.   Plusieurs étudiants ont dormi.
          e.   *Il en a dormi plusieurs.   (*en* ~ Subjekt-DP)

(91) a. it. Molti studenti sono entrati.
　　 b. 　　 *pro* Sono entrati molti studenti. 　　　　　　　(Expletivkonstruktion)
　　 c. 　　 *pro* Ne sono entrati molti. 　　　　　(*ne* ~ zugrunde liegende Objekt-DP)
　　 d. 　　 Molti studenti hanno dormito.
　　 e. 　　 *pro *Ne* hanno dormito molti. 　　　　　　　　　(*ne* ~ Subjekt-DP)

Auch hieran zeigt sich, dass sich die 'Subjekte' unakkusativer Verben verhalten wie die Komplemente transitiver Verben; sie erweisen sich damit als zugrunde liegende Objekte.

Als Unakkusativitätstest für das Spanische seien noch die Konstruktionen mit sog. *bare nouns* (DPn mit leerem D, vgl. 3.4.2) erwähnt. Solche *bare nouns* treten problemlos in Objektposition auf (92a, b); als Subjekte sind sie jedoch ausgeschlossen oder zumindest stark markiert, und zwar unabhängig von der prä- oder postverbalen Position (92c, d):

(92) a. sp. Juan busca [$_{DP}$ $\emptyset$ [$_{NP}$ problemas]].
　　 b. 　　 En algunos países venden [$_{DP}$ $\emptyset$ [$_{NP}$ niños]].
　　 c. 　　 *[$_{DP}$ $\emptyset$ [$_{NP}$ Niños]] duermen.
　　 d. 　　 *?? Duermen [$_{DP}$ $\emptyset$ [$_{NP}$ niños]].

Bei unakkusativen Verben können jedoch auch die Subjekte problemlos ohne D auftreten, was als weiterer Hinweis darauf zu werten ist, dass die Subjekte unakkusativer Verben zugrunde liegende Objekte sind.

(93) a. sp. Vienen [$_{DP}$ $\emptyset$ [$_{NP}$ mujeres]].
　　 b. 　　 Aparecen [$_{DP}$ $\emptyset$ [$_{NP}$ nubes]].
　　 c. 　　 Existen [$_{DP}$ $\emptyset$ [$_{NP}$ problemas]].

Wir haben gesehen, dass sowohl bei der Passivdiathese als auch bei Konstruktionen mit unakkusativen Verben eine kasustheoretisch motivierte Bewegung eines zugrunde liegenden Objekts (Basisposition: VP-interne Komplementposition) in die Subjektposition vorliegt. Die Verschiebung einer Konstituente zum Zwecke der Kasuslizenzierung liegt auch bei den sog. **Anhebungsverben** (engl. *raising verbs*) vor:

(94) a. fr. [$_{IP}$ [$_{Spec,IP}$ L'enfant] I [$_{VP}$ semble [$_{IP}$ I [$_{VP}$ [$_{Spec,VP}$ ~~l'enfant~~] dormir]]]].
　　 b. it. [$_{IP}$ [$_{Spec,IP}$ Il bambino] I [$_{VP}$ sembra [$_{IP}$ I [$_{VP}$ [$_{Spec,VP}$ ~~il bambino~~] dormire]]]].
　　 c. sp. [$_{IP}$ [$_{Spec,IP}$ El niño] I [$_{VP}$ parece [$_{IP}$ I [$_{VP}$ [$_{Spec,VP}$ ~~el niño~~] dormir]]]].

Hier wird allerdings nicht ein zugrunde liegendes Objekt in eine Subjektposition bewegt, sondern es handelt sich um die Anhebung eines Subjekts in die strukturell höhere Subjektposition des Matrixsatzes. Das jeweils in Spec,VP der eingebetteten Infinitivkonstruktion basisgenerierte Subjekt erhält zwar eine Thetarolle vom Verb (wer schläft? → AGENS), jedoch keinen Kasus von I, da V nicht finit ist (fr. *L'enfant dormir*, it. *Il bambino dormire*, sp. *El niño dormir*). Grund der syntaktischen Bewegung ist also auch hier die Kasuslizenzierung, welche in der Spezifikatorposition der in der erweiterten Projektion des Matrixverbs fr. *sembler*, it. *sembrare* bzw. sp. *parecer* projizierten IP erfolgt. Damit das Thetakriterium (vgl. 3.5.1) nicht verletzt wird, dürfen Anhebungsverben keine externe Rolle vergeben (vgl. Müller/Riemer 1998: 133–139, zum Spanischen Ausín/Depiante 2000).

3.6.4 Die Realisierung inhärenter Kasus in den romanischen Sprachen

In diesem Abschnitt wollen wir uns etwas genauer ansehen, wie inhärente Kasus in den romanischen Sprachen realisiert werden. Machen wir uns an dieser Stelle zunächst nochmals klar, worin der grundsätzliche Unterschied zwischen strukturellem und inhärentem Kasus besteht.

– Struktureller Kasus ist vom Kasuswechsel bei der Passivdiathese betroffen, inhärenter Kasus bleibt dagegen erhalten.
– Struktureller Kasus ist thetarollenunabhängig; inhärenter Kasus ist dagegen an die dem betreffenden Argument zugewiesene Thetarolle gebunden.

Die Bedingung der obligatorischen Verbindung von inhärentem Kasus mit der zugewiesenen Thetarolle lässt sich folgendermaßen zusammenfassen:

> The Uniformity Condition on Case Marking (UCM): If α is an inherent Case marker, then α Case-marks DP if and only if α theta-marks the chain headed by DP. (Webelhuth 1995: 56)

Damit ist gesagt, dass inhärenter Kasus nur zugewiesen werden kann, wenn der zuweisende Kopf der betreffenden DP (bzw. bei in der Syntax verschobenen Konstituenten einem Kettenglied) zugleich eine thematische Rolle zuweist.[40]

Wir haben bereits für die Annahme eines mit fr. *à* bzw. sp./it. *a* markierten inhärenten Kasus **Dativ** argumentiert und hierfür die Existenz bestimmter Pronominalformen als Evidenz angeführt, z. B. (81a) sp. *María le regaló este libro* [*a Eva*]$_{Kasus: DAT}$. In einer solchen Perspektive lassen sich auch bestimmte mit fr./sp. *de* bzw. it. *di* eingeleitete PPn als Realisierungen eines inhärenten Kasus **Genitiv** auffassen. Solche Phrasen entsprechen den Thetarollen POSS(ESSOR), THEMA oder AGENS[41] und können jeweils durch Possessiva wie *son, suo, su* ersetzt werden.[42]

(95) a. fr. le père de Pierre$^{<POSS>}$, le nez de Pierre$^{<POSS>}$, les baskets de Pierre$^{<POSS>}$
　　　　　　→ (Pierre$_i$ ...) son$_i$ père, son$_i$ nez, ses$_i$ baskets
　　　　b. le portrait d'Aristote$^{<THEMA>}$ de Rembrandt$^{<AGENS>}$
　　　　　　→ (Rembrandt$_i$ ...) son$_i$ portrait d'Aristote, (Aristote$_i$ ...) son$_i$ portrait

---

[40] Unter einer Kette versteht man die Gesamtheit der bei syntaktischen Bewegungen zurückbleibenden Spuren bzw. Kopien der bewegten Kategorie.

[41] In 3.5.1 haben wir bereits gesagt, dass sog. inalienable Possessoren, also Konstituenten, die unveräußerlichen Besitz bzw. Zugehörigkeit ausdrücken, Argumentstatus haben, z. B. fr. *le père* [*de Pierre*]$_{Kasus: GEN}$. Daneben gibt es auch Genitivkonstituenten, die keine Argumente sind, wie z. B. bei *les baskets* [*de Pierre*]$_{Kasus: GEN}$. Da die Rolle des (alienablen) Possessors hier nicht von einer lexikalischen Kategorie zugewiesen wird, müssen wir davon ausgehen, dass der Genitiv inhärent mit einer Thetarolle verbunden ist, die immer dann als POSSESSOR interpretiert wird, wenn keine andere Rolle (AGENS, THEMA) zugewiesen wird.

[42] Der syntaktische Status solcher Possessiva, die teils adjektivische, teils artikelhafte Eigenschaften aufweisen und sich in den einzelnen romanischen Sprachen unterschiedlich verhalten, kann hier nicht weiter diskutiert werden, vgl. u. a. Longobardi (1994) und Cardinaletti (1998).

(96) a. it. il padre di Pietro^{\<POSS\>}, il naso di Pietro^{\<POSS\>}, le scarpe di Pietro^{\<POSS\>}

→ (Pietro$_i$ ...) suo$_i$ padre, il suo$_i$ naso, le sue$_i$ scarpe

b. il ritratto di Carlo quinto^{\<THEMA\>} di Tiziano Vecellio^{\<AGENS\>}

→ (Tiziano$_i$ ...) il suo$_i$ ritratto di Carlo quinto; (Carlo quinto$_i$ ...) il suo$_i$ ritratto

(97) a. sp. el padre de Pedro^{\<POSS\>}, la nariz de Pedro^{\<POSS\>}, las zapatillas de Pedro^{\<POSS\>}

→ (Pedro$_i$ ...) su$_i$ padre, su$_i$ nariz, sus$_i$ zapatillas

b. el retrato de Felipe IV^{\<THEMA\>} de Velázquez^{\<AGENS\>}

→ (Velázquez$_i$ ...) su$_i$ retrato de Felipe IV, (Felipe IV$_i$ ...) su$_i$ retrato

Kommen wir nochmals auf die mit *à* eingeleiteten Komplemente zurück. Einige Konstruktionen lassen keine Pronominalisierung mit der dativischen Pronominalform zu, sondern erfordern die Wiederholung der Präposition und die Setzung des starken Pronomens:

(98) fr. Pierre pense [à son ami]^{\<THEMA\>} → *Il lui pense. / Il pense à lui.

Allerdings handelt es sich bei *à* in (98) eindeutig um keine frei wählbare Präposition, wie es in fr. *Elle s'est réveillée* [PP {*à / après / vers*} *onze heures*] der Fall ist. Vielmehr ist das Auftreten von *à* im Lexikoneintrag des Verbs festgeschrieben, genauso wie dies auch bei den Merkmalen für die Kasuszuweisung der Fall ist. Es liegt also nahe, das Präpositionalobjekt in (98) analog zu den dativ- und genitivmarkierten DPn als kasusmarkierte Phrase zu behandeln; hierfür ist der Terminus **Präpositionalkasus** gebräuchlich. In den folgenden Beispielen sehen wir nun zum einen, dass auch andere Präpositionen als *à* zur Markierung solcher kasusmarkierten Phrasen verwendet werden können und dass zum anderen nicht nur Verben Merkmale für Präpositionalkasus aufweisen. Vielmehr können auch alle anderen lexikalischen Kategorien Konstituenten subkategorisieren, die mit im Lexikoneintrag festgeschriebenen Präpositionen markiert werden:

(99) a. fr. [_V penser] [Kasus: *à*] Il pense [à son ami].

b. [_V compter] [Kasus: *sur*] Il compte [sur Marie].

c. [_A fier] [Kasus: *de*] Elle est fière [de son fils].

d. it. [_V contare] [Kasus: *su*] *pro* Conta [su Maria].

e. [_N disprezzo] [Kasus: *per*] Mario$_i$ ... il suo$_i$ disprezzo [per la viltà].

f. sp. [_P cerca] [Kasus: *de*] La tintorería está cerca [de la esquina].

g. [_V pensar] [Kasus: *en*] Hoy, como siempre, estoy pensando [en ti].

Hält man sich nochmals die in 3.4.3 besprochene Idee einer Erweiterten Projektion (Grimshaw 1991) vor Augen, die über den maximalen Projektionen lexikalischer Kategorien anzusiedeln ist, wird deutlich, dass kasusmarkierende Präpositionen als funktionale Köpfe K in der erweiterten Projektion von N betrachtet werden können. Derart kasusmarkierte Nominalphrasen (Dativ, Genitiv, Präpositionalkasus) lassen sich entsprechend als KPn repräsentieren; KP ist damit die zweite erweiterte Projektionsstufe über der NP.

(100) <u>KP-Analyse</u>

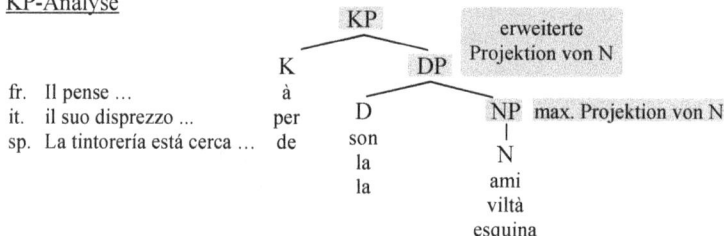

		K		D	NP max. Projektion von N
fr.	Il pense ...	à			
it.	il suo disprezzo ...	per	D	N	
sp.	La tintorería está cerca ...	de	son	ami	
			la	viltà	
			la	esquina	

Das Spanische ist insofern interessant, als die Verwendung präpositionaler Kasusmarker nicht auf inhärente Kasus beschränkt ist, denn auch direkte Objekte werden unter bestimmten Bedingungen mit *a* markiert. Während das Akkusativobjekt in der kastilischen Standardsprache nur dann als *a*-Phrase auftritt, wenn es belebt ([+anim]) ist (101a),[43] setzt man im *Río de la Plata*-Spanischen, das in weiten Teilen Argentiniens und Uruguays gesprochen wird, oft auch bei unbelebten Objekten die Präposition *a* (101b). Auch diese grammatikalisierte Verwendung von *a* lässt sich plausibel als KP analysieren (vgl. auch Brugè/ Brugger 1996 und Torrego 1998).

(101) a. sp.   *¿Conoces* [KP *a* [DP *mi primo*]]*?*   [+anim]
      b.   [KP *A* [DP *esta plaza*]] *la cuidan Aerolíneas Argentinas y usted.*   [-anim]

In der folgenden Tabelle geben wir einige Beispiele für Lexikoneinträge mit den jeweiligen Kasusmerkmalen; da sich die Zuweisung des strukturellen Kasus Akkusativ aus dem Subkategorisierungsrahmen ergibt, erscheint das Akkusativmerkmal in Klammern (immer wenn eine DP verlangt wird, erhält diese vom Phrasenkopf den Akkusativ).

(102)

			Argument-struktur	Thetaraster	Subkategorisierungsrahmen und Kasusmerkmale
a.	fr.	[V téléphoner]	<1, 2>	<AGENS, REZIPIENT>	V, [_ KP$_{DAT}$]
b.	sp.	[P sobre]	<1, 2>	<THEMA, ORT>	V, [_ DP$_{(AKK)}$]
c.	it.	[V regalare]	<1, 2, 3>	<AGENS, THEMA, REZIPIENT>	V, [_ DP$_{(AKK)}$ KP$_{DAT}$]
d.	sp.	[V pensar]	<1, 2>	<EXPERIENCER, THEMA>	V, [_ KP$_{Kasus: en}$]
e.	fr.	[A fier]	<1, 2>	<EXPERIENCER, THEMA>	V, [_ KP$_{Kasus: de}$]

---

[43] Dies trifft auch auf das Rumänische und das Sardische zu, wo belebte Akkusativobjekte mit den Präpositionen rum. *pe* bzw. sard. *a* markiert werden. Auch in Sprachen mit morphologischer Kasusflexion kann die Markierung eines strukturellen Kasus von den Eigenschaften der betreffenden DP abhängen. So tragen etwa im Türkischen Akkusativobjekte nur dann das Kasussuffix *-i*, wenn sie [+spez] sind, vgl. türk. *Portakal yedim* (Orange essen-PERF:1SG) 'Ich habe Orangen gegessen' vs. *Portakalı yedim* (Orange-AKK essen-PERF:1SG) 'Ich habe die (bestimmte) Orange gegessen'.

Fassen wir abschließend zusammen, was wir zur Kasustheorie gesagt haben:

- Die <u>strukturellen Kasus</u> Akkusativ und Nominativ werden automatisch in bestimmten Positionen zugewiesen: V und P weisen jeweils der Komplement-DP den Akkusativ zu, finites I weist der nach Spec,IP verschobenen DP den Nominativ zu. Anhand der Passivdiathese haben wir gesehen, dass Nominativ und Akkusativ von der Rollenzuweisung unabhängig sind.

- <u>Inhärente Kasus</u> werden gemäß der *Uniformity Condition on Case Marking* (UCM) gemeinsam mit einer Thetarolle von einem lexikalischen Kopf zugewiesen. Realisierungen inhärenter Kasus sind in den romanischen Sprachen Elemente der Kategorie P, wobei der Dativ mit *à/a*, der Genitiv mit *de/di* markiert wird. Zusätzlich existieren sog. Präpositionalkasus, die durch weitere, im Lexikoneintrag der zuweisenden Kategorie festgeschriebene Präpositionen ausgedrückt werden. Solche grammatikalisierten Präpositionen erscheinen als funktionale Köpfe K auf der zweiten funktionalen Projektionsebene in der erweiterten Projektion von N. Im Unterschied zu den strukturellen Kasus können inhärente Kasus auch von den Kategorien N und A zugewiesen werden.

3.7 Bindungstheorie

In 3.4.3 wurde deutlich, dass Nomina nur referieren können, wenn die NP in eine funktionale Schicht eingebettet ist (erweiterte Projektion DP): Während etwa ein isoliert geäußertes Nomen wie sp. *estudiante* zwar eine Bedeutung hat (und dadurch beim Hörer ein bestimmtes Konzept evoziert), kann man mit einer DP wie *el estudiante* oder *este estudiante* auf eine Person der außersprachlichen Welt verweisen. Ersetzt man eine solche DP durch ein Pronomen wie in sp. *Conozco a {este estudiante / él}*, dann enthält der resultierende Satz mit *él* einen sprachlichen Ausdruck, der zwar referiert, dessen Referenzwert jedoch nur durch seine Beziehung zu einem vorerwähnten referenziellen Syntagma deutlich wird. Diese Relation nennt man **Bindung**; das vorerwähnte referenzielle Syntagma wird als **Antezedens** (neutrum, Pl. Antezedenzien; lat. ANTECEDERE 'vorangehen') bezeichnet. Der folgende Abschnitt ist der Frage gewidmet, nach welchen Prinzipien derartige Einheiten, die nicht eigenständig referieren, interpretiert werden (3.7.1);[44] in einem weiteren Schritt diskutieren wir mit der strikten Binarität und den sog. *v*P-Schalen wichtige Konsequenzen für den Phrasenbau (3.7.2).

---

[44] Für eine ausführlichere Behandlung der Bindungstheorie verweisen wir auf Müller/Riemer (1998: 102–120) und Büring (2005).

84

3.7.1 Bindungsprinzipien

Betrachten wir zunächst die folgenden Beispiele aus dem Spanischen. Ob sich die Pronominalformen (klein) 'pro', *lo* und *se* auf Ignacio oder Juan beziehen, ist jeweils durch Koindizierung mit den tief gestellten Indizes i und j angegeben:

(103)   Kontext: Ignacio$_i$ und Juan$_j$ sind im Badezimmer und gucken in den Spiegel

     a.   sp.   *pro$_i$* Lo$_j$ mira en el espejo.   **pro$_i$* Lo$_i$ mira en el espejo.

                pro$_j$ Lo$_i$ mira en el espejo.   **pro$_j$* Lo$_j$ mira en el espejo.

     b.   *pro$_i$* Se$_i$ mira en el espejo.   **pro$_i$* Se$_j$ mira en el espejo.

                pro$_j$ Se$_j$ mira en el espejo.   **pro$_j$* Se$_i$ mira en el espejo.

     c.   *pro$_i$* Lo$_j$ mira a Juan$_j$ en el espejo.   **pro$_i$* Lo$_i$ mira a Ignacio$_i$ en el espejo.

Das leere Subjektpronomen[45] in (103a, b) kann sich jeweils sowohl auf Ignacio als auch auf Juan beziehen. Die Interpretation des Objektpronomens *lo* in (103a) ist dagegen wie folgt eingeschränkt: Wenn sich *pro* auf Ignacio bezieht (Index i), kann *lo* nur in Bezug auf Juan (Index j) interpretiert werden (Lesart: 'Ignacio betrachtet Juan'). Ist mit 'pro' hingegen Juan gemeint, kann sich *lo* nur auf Ignacio beziehen (umgekehrte Lesart 'Juan betrachtet Ignacio'). Die Bindung eines **Pronomens** wie *lo* durch ein Antezedens, das sich innerhalb desselben Satzes befindet, ist offensichtlich ausgeschlossen. Die für die Bindung relevante Domäne ist die sog. 'Rektionskategorie', d. h. diejenige IP, in der sich neben dem zu bindenden Element (hier: das Pronomen *lo*) auch sein Regens (hier: das Verb *mira*) und ein Subjekt (hier: das leere Subjektpronomen) befinden.[46] Mit Rektion ist die strukturelle Beziehung zwischen einem regierenden Element (auch: Regens), z. B. einem Verb, und den von ihm abhängigen ('regierten') Elementen, z. B. seinem Komplement, gemeint.

Reflexive (rückbezügliche) Elemente verhalten sich in Bezug auf die Bindung etwas anders: Sie müssen obligatorisch durch ein Antezedens gebunden sein, das sich innerhalb derselben IP befindet. So kann sich *se* in (103b) nur auf das Subjekt desselben Satzes beziehen: *Se mira en el espejo* bedeutet also entweder 'Ignacio betrachtet Ignacio' oder 'Juan betrachtet Juan'; die Lesarten 'Ignacio betrachtet Juan' oder 'Juan betrachtet Ignacio' sind hingegen ausgeschlossen. Elemente wie *se*, die in der traditionellen Grammatik als Reflexivpronomina geführt werden, bezeichnet man in der generativen Syntaxtheorie als **Anaphern**.[47] Im Gegensatz zu Pronomina müssen sie stets in ihrer Rektionskategorie gebunden sein; d. h. das Antezedens befindet sich in derselben IP.

Außer klitischen Anaphern wie *se* in (103b) kennen die romanischen Sprachen auch sog. starke Anaphern wie fr. *lui-même*, it. *sé* bzw. *se stesso / se medesimo* und sp. *sí (mismo)*. Im Französischen wird die starke Anapher fakultativ mit dem Klitikon kombiniert wie in *Il$_i$ (se$_i$) regarde lui-même$_i$* oder in *Il$_i$ (se$_i$) plaît à lui-même$_i$*. Das Spanische hingegen dop-

---

[45]   Im französischen Äquivalent würde hier das klitische Subjektpronomen *il* stehen.

[46]   Eine formale Definition der Rektionskategorie geben Müller/Riemer (1998: 126).

[47]   Davon abweichend versteht man in der traditionellen Grammatikschreibung unter anaphorischen Elementen allgemein solche, die im Textzusammenhang zurückverweisen. In dieser Sichtweise ist auch das Pronomen *lo* in (103) anaphorisch, das es sich in beiden angeführten Lesarten jeweils auf eine vorerwähnte Person bezieht (hier: Ignacio bzw. Juan).

pelt die starke Anapher obligatorisch durch das entsprechende Klitikon, z. B. *Ignacio$_i$ se$_i$ mira a sí mismo$_i$*, und im Italienischen wird *sé* (bzw. *se stesso* / *se medesimo*) stets ohne klitisches Element verwendet, z. B. *Gianni$_i$ guarda sé$_i$* / *se stesso$_i$ nello specchio*.

Sehen wir uns nun die Beispiele (103c) an: Hier muss sich das leere Subjekt auf Ignacio beziehen; eine Interpretation im Sinne von 'Juan betrachtet Juan' ist nicht möglich. Ausdrücke wie *Ignacio, Juan* oder auch sp. *el chico* sind in der Lage, eigenständig zu referieren. Sie dürfen deshalb nicht von einer anderen Kategorie gebunden sein. Solche referenziellen oder **R-Ausdrücke** müssen demnach immer frei sein.

Das unterschiedliche Bindungsverhalten der besprochenen Einheiten lässt sich in den sog. Bindungsprinzipien zusammenfassen:

<u>Bindungsprinzipien</u>
A: Anaphern sind in ihrer Rektionskategorie gebunden.
B: Pronomina sind in ihrer Rektionskategorie frei.
C: R-Ausdrücke sind immer frei.

Der 'Einfluss' der bindenden Kategorie in Bezug auf die Interpretation eines nicht selbstständig referierenden Elements lässt sich mithilfe des in 3.3 eingeführten Begriffs des c-Kommandos fassen. Eine formale Definition der Bindung lautet dann wie folgt:

<u>Bindung</u>
α bindet β genau dann, wenn (1.) α und β koindiziert sind (d. h. wenn α und β den gleichen Index tragen) und wenn (2.) α β c-kommandiert.

Anhand der folgenden Skizze lässt sich dies nachvollziehen: In (104a, b) befindet sich das Antezedens *Ignacio* jeweils in einer Position (Spec,IP), aus der heraus es alle von I' dominierten Knoten, also auch das Objektpronomen *lo* bzw. die Anapher *se*, c-kommandiert (grauer Pfeil). Während *lo* qua Bindungsprinzip B in seiner Rektionskategorie (IP) frei sein muss, wird *se* nach Bindungsprinzip A von *Ignacio* gebunden. Im französischen Beispiel (104c) befinden sich das Pronomen *il* und sein potenzielles Antezedens *Jean* zwar nicht in derselben IP (womit Prinzip B erfüllt wäre), aber die Bedingung des c-Kommandos liegt nicht vor. *Jean* kann *il* also nicht binden, womit die Lesart 'Jean sagt, dass Jean bald zurückkommen wird' ausgeschlossen ist; das Pronomen kann sich also nur auf eine andere, bereits vorerwähnte Person beziehen.

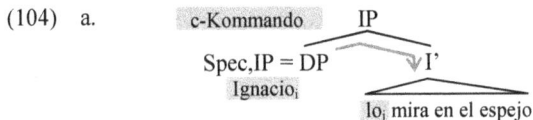

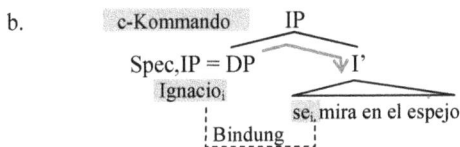

(104) a.

c-Kommando IP

Spec,IP = DP I'
Ignacio$_i$

lo$_j$ mira en el espejo

b.

c-Kommando IP

Spec,IP = DP I'
Ignacio$_i$

se$_i$ mira en el espejo

Bindung

c.

$$
\begin{array}{c}
\text{IP} \\
\end{array}
$$

Spec,IP = DP   I'
il$_i$

V + I   VP
dit
Spec,VP = DP   V'
il

V   CP
dit
C   IP
que
Jean$_i$ reviendra bientôt

kein c-Kommando!

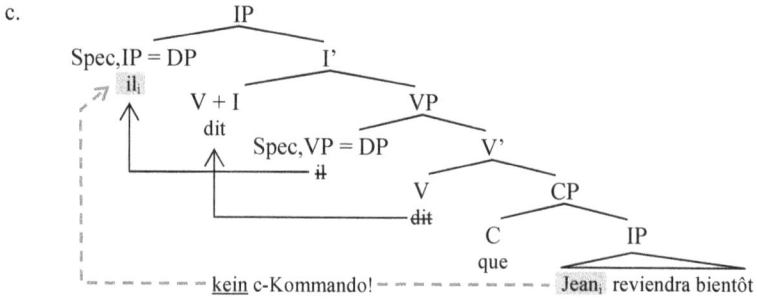

Im folgenden Abschnitt kommen wir auf die in 3.2 diskutierten Prinzipien des Phrasenbaus zurück und befassen uns mit der Evidenz der Bindungstheorie zugunsten der Annahme ausschließlich binärer Verzweigungen in den Strukturbeschreibungen.

3.7.2   Binarität, *v*P-Schalen und UTAH

In 3.2.3 haben wir in Zusammenhang mit der X-bar-theoretischen Analyse des Satzes gegen die Annahme ternärer (dreifacher) Verzweigungen optiert. Die Bindungstheorie liefert nun weitere Evidenz für die Ausschließlichkeit binärer (zweifacher) Verzweigungen.

An dreifach verzweigende Strukturen lässt sich zunächst bei der Analyse von Konstruktionen mit sog. dreiwertigen Verben denken, z. B. fr. *Marie montre Pierre à Gilles*, it. *Gianni dà un libro a Maria* (jeweils direktes Objekt, indirektes Objekt) oder sp. *Juan puso un diario sobre la mesa* (direktes Objekt, Lokalkomplement):

(105)

VP

Spec,VP = DP   V'
fr.   Marie
it.   Gianni   V   DP   KP/PP
sp.   Juan   montre   Pierre   [$_{KP}$ à Gilles]
dà   un libro   [$_{KP}$ a Maria]
puso   un diario   [$_{PP}$ sobre la mesa]

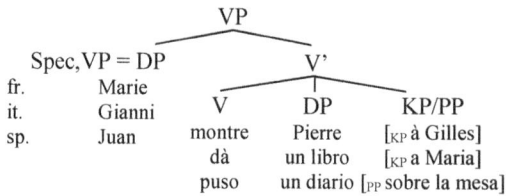

Die in (105) skizzierte VP-Struktur erweist sich spätestens dann als problematisch, wenn man im französischen Satz das indirekte Objekt durch eine starke Anapher ersetzt: *Marie montre [Pierre]$_i$ [à lui-même]$_i$ (dans le miroir)*. Um die intendierte Lesart 'Marie zeigt dem Peter den Peter' zu erhalten (im Sinne von: Marie zeigt Peter dessen Spiegelbild), muss die Anapher gemäß Bindungsprinzip C in ihrer Rektionskategorie gebunden sein. Hierzu muss *Pierre* die Konstituente *à lui-même* c-kommandieren. Wenn man nun eine 'flache' Struktur annimmt, wie sie die ternäre Verzweigung in (105) darstellt, dann besteht zwischen den beiden Objekten das Verhältnis des symmetrischen c-Kommandos, d. h. *Pierre* und *à lui-même* c-kommandieren sich wechselseitig. Demnach sollte man erwarten, dass auch die Ersetzung des direkten Objekts durch eine Anapher und deren Bindung durch das indirekte Objekt möglich ist, was jedoch nicht zutrifft: **Marie montre [lui-même]$_i$ [à Gilles]$_i$*. Dieser

Grammatikalitätskontrast lässt sich nur unter der Annahme strikt binärer Verzweigungen erklären, denn *Gilles* kann die Anapher *lui-même* nicht binden, da letztere nicht von ersterem c-kommandiert wird.

Für die Analyse von Konstruktionen mit dreiwertigen Verben hat sich das Modell der sog. VP-Schalen (engl. *VP shells*) nach Larson (1988) durchgesetzt. Grundlegend hierfür ist die aus der Semantik stammende Idee, dass derartige Konstruktionen inhaltlich komplex sind, und zwar insofern als sich z. B. sp. *Juan puso un diario sobre la mesa* semantisch in zwei Bestandteile zerlegen und als 'Juan macht, dass eine Zeitung auf dem Tisch liegt' paraphrasieren lässt (vgl. Dowty 1979, Löbner 2003: 215ff.). In der syntaktischen Analyse spiegelt sich dies wider, indem bei dreiwertigen Verben der Verbalphrase eine vergleichbare Struktur zugeordnet wird, nämlich die Kombination der Projektion eines Verbs V (sog. 'große' VP) und der übergeordneten Projektion eines (kausativen) Kopfs *v* (sog. 'kleine' *v*P). Die beiden verbalen (Teil-)Projektionen werden im Strukturbaum als zwei übereinander geschichtete verbale Projektionen (engl. *VP shells*) repräsentiert. In der unteren VP werden das indirekte Objekt bzw. das Lokalkomplement in der Komplementposition und das direkte Objekt in Spec,VP basisgeneriert (106a). Danach wird das noch unvollständige Verb durch die V-zu-*v*-Bewegung komplettiert, und der so entstandene komplexe Kopf V + *v* (der im konkreten Fall als *montre*, *dà* oder *puso* realisiert wird) weist der in Spec,*v*P basisgenerierten DP die Subjektthetarolle <u>AGENS</u> zu (106b).

(106) a.

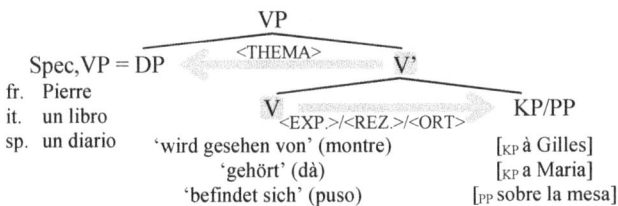

VP

Spec,VP = DP — <THEMA> — V'

fr. Pierre
it. un libro
sp. un diario

V_{<EXP.>/<REZ.>/<ORT>}   KP/PP

'wird gesehen von' (montre)   [_{KP} à Gilles]
'gehört' (dà)   [_{KP} a Maria]
'befindet sich' (puso)   [_{PP} sobre la mesa]

b.

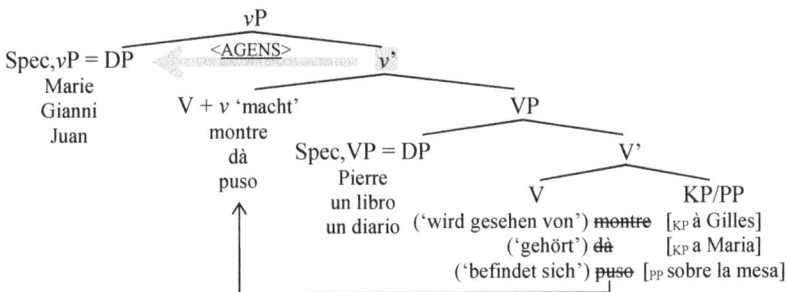

*v*P

Spec,*v*P = DP — <AGENS> — *v*'

Marie
Gianni
Juan

V + *v* 'macht'   VP

montre
dà
puso   Spec,VP = DP   V'

Pierre
un libro
un diario   V   KP/PP

('wird gesehen von') ~~montre~~ [_{KP} à Gilles]
('gehört') ~~dà~~ [_{KP} a Maria]
('befindet sich') ~~puso~~ [_{PP} sobre la mesa]

Die nach dem Aufbau der lexikalischen Schicht [_{*v*P} [_{VP} ...]] erfolgende Bewegung des Subjekts nach Spec,IP und die Verschiebung des (komplexen) Verbs V + *v* nach I (und gegebenenfalls weiter nach C) erfolgt wie in 3.2.3 und 3.5.2 beschrieben.

Nachdem wir nun ein Modell für die Analyse von Konstruktionen mit dreiwertigen Verben kennen, wollen wir uns anhand unseres spanischen Beispielsatzes verdeutlichen, welche syntaktischen Positionen mit welchen thematischen Rollen assoziiert sind:

(107)

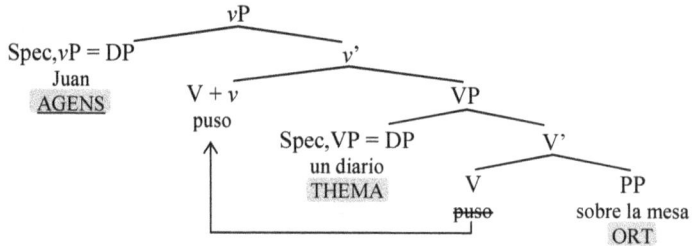

Das Verb sp. *poner* verfügt über ein Thetaraster mit den Rollen <AGENS, THEMA, ORT>. Wie aus (107) ersichtlich ist, erhält die in Spec,*v*P basisgenerierte Konstituente (das Subjekt oder externe Argument) die AGENS-Rolle; die beiden internen Rollen THEMA und ORT werden jeweils der Spezifikator- bzw. Komplementposition der (unteren) VP zugewiesen. Baker (1988) hat beobachtet, dass die Rollenzuweisung in der skizzierten Form an bestimmte strukturelle Positionen gebunden ist, und fasst dies wie folgt zusammen:

Uniformity of Theta Assignment Hypothesis (UTAH):
Identical thematic relationships between items are represented by identical structural relationships between those items at the level of D-structure. (Baker 1988: 46)

In einer späteren Monografie formuliert er dies konkreter aus:

Thematic roles are always assigned in the following configurations: (i) Theme to the specifier of the minimal VP; (ii) Goal (more generally, path) to the complement of [the] minimal VP; (iii) Agent outside the minimal VP (typically, to the specifier of a VP shell). (Baker 1996: 226)

Alle Wortstellungsvarianten, die nicht der auf diese Weise erzielten Abfolge entsprechen, müssen als Resultat zusätzlicher Bewegungen in der overten Syntax aufgefasst werden. Beispiele hierfür sind die pragmatisch bedingten Stellungsabfolgen im Deklarativsatz, auf die wir in 5.1 eingehen werden.

3.8   Zusammenfassung und Kritik des Modells

In diesem Kapitel haben wir uns schrittweise in die Techniken der syntaktischen Analyse im Rahmen des Prinzipien- und Parametermodells eingearbeitet. Zu Beginn haben wir uns mit dem generativen Kategorieninventar sowie den allgemeinen Prinzipien des Phrasenbaus befasst, die im X-bar-Schema zusammengefasst werden. Besonderes Augenmerk galt dabei der Unterscheidung zwischen referenziellen und nicht-referenziellen Nominalphrasen (DP-Hypothese) sowie den funktionalen Kategorien, die im Zuge der Aufspaltung des I- und des C-Bereichs vorgeschlagen wurden. Anschließend haben wir die Zuweisung von Thetarollen und Kasus diskutiert. Die zunächst thetatheoretisch motivierte Annahme VP-interner Subjekte wurde u. a. durch die Wortstellungsvariation bei Konstruktionen mit quantifizierenden Elementen untermauert. In einem nächsten Schritt haben wir uns mit der Interpretation von nicht eigenständig referierenden Ausdrücken beschäftigt (Bindungstheorie) und in diesem Kontext auch das Modell der VP-Schalen eingeführt, das eine strikt binäre Repräsentation von Sätzen mit dreiwertigen Verben ermöglicht.

Zusammenfassend lässt sich sagen, dass das P&P-Modell zahlreiche interessante und für eine umfassende Kenntnis der romanischen Syntax einschlägige Analysen hervorgebracht hat. Wir wollen zum Schluss dieses Kapitels auf einen Kritikpunkt eingehen, der gemeinsam mit weiteren Problemen zur Revision des Modells im Rahmen des Minimalistischen Programms geführt hat.

In 3.6.3 haben wir die syntaktische Ableitung von Passivkonstruktionen und von solchen Sätzen kennen gelernt, die ein sog. Anhebungsverb enthalten. Beide können auch kombiniert in ein und derselben Äußerung auftreten:

(108) a. fr.   Cette maison semble avoir été construite au XIXe siècle.
      b. it.   Questa casa sembra esser stata costruita nel secolo XIX.
      c. sp.   Esta casa parece haber sido construida en el siglo XIX.

Problematisch ist bei der Ableitung solcher Sätze, dass wir 'auf dem Weg zum korrekten Satz' Zwischenstrukturen annehmen müssen, die für sich gesehen ungrammatischen Wortstellungen entsprechen. Dies ist weder ökonomisch noch plausibel, wenn man bedenkt, wie gut die Sprachproduktion in der Regel vonstatten geht, d. h. wie wenige Versprecher genuin syntaktischer Natur sind. Beginnen wir mit dem abhängigen Satz, der eingebetteten Passivkonstruktion. Wir beziehen uns dabei auf das französische Beispiel, das Gesagte gilt jedoch ebenso für das Italienische und das Spanische. Der DP *cette maison* wird von [$_V$ *construire*] die Rolle THEMA zugewiesen; sie erhält jedoch wegen der Passivmorphologie in der VP-internen Komplementposition keinen Akkusativkasus vom Verb (vgl. 3.6.3). Folglich kann *cette maison* nicht in der Basisposition verbleiben. Die erste Zwischenlandeposition auf dem Weg in die satzinitiale Position ist die Spezifikatorposition der Agr$_O$P, wo die Kongruenz mit dem Partizip abgeglichen wird.[48] Als erste Zwischenstufe muss also die (ungrammatische) Abfolge *semble avoir été cette maison construite* angenommen werden (vgl. Strukturbaum 109). In einem zweiten Schritt landet die DP *cette maison* im Spezifikator der IP des eingebetteten Infinitivsatzes, jedoch kann sie hier wegen der fehlenden Finitheit keinen Nominativkasus erhalten, und auch *semble cette maison avoir être construite* ist somit ungrammatisch. Wir müssen nun eine geeignete Position finden, in der die DP ihren Kasus erhält. Die Spezifikatorposition des übergeordneten Matrixsatzes kann genau dies leisten: Hier wird keine Thetarolle zugewiesen, da *sembler* ein sog. Anhebungsverb ist, wohl aber ist das zugehörige I aufgrund der finiten Morphologie des Verbs in der Lage, den Nominativ zuzuweisen. Die DP *cette maison* wird also in einem dritten Schritt in die Subjektposition des Matrixsatzes bewegt, wo sie schließlich ihren Kasus erhält. Resultat des letzten Bewegungsschritts (der gemeinsam mit der Verschiebung des Verbs *semble* nach I erfolgt) ist die in (108a) gezeigte Wortstellung. Betrachten wir nun die Herleitung unseres Beispielsatzes im Strukturbaum (109); wir setzen hier eine AuxP für das Hilfsverb *été* an und fassen

---

[48]   Für Genaueres zur Partizipialkongruenz im Französischen vgl. Friedemann/Siloni (1997).

avoir als Instanziierung des nicht-finiten I-Kopfes der eingebetteten Passivkonstruktion auf.[49]

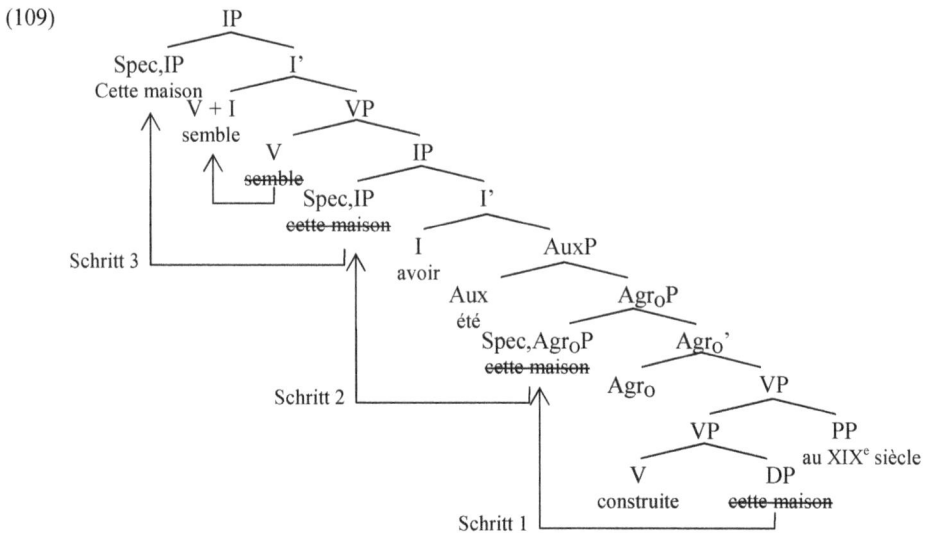

(109)

```
                         IP
              ┌──────────┴──────────┐
          Spec,IP                   I'
        Cette maison      ┌──────────┴──────────┐
                        V + I                   VP
                        semble        ┌──────────┴──────────┐
                                      V                     IP
                                   s̶e̶m̶b̶l̶e̶      ┌──────────┴──────────┐
                                          Spec,IP                 I'
                                        c̶e̶t̶t̶e̶ ̶m̶a̶i̶s̶o̶n̶    ┌──────────┴──────────┐
                                                          I                 AuxP
                                                        avoir     ┌──────────┴──────────┐
                                                               Aux                    AgrₒP
                                                               été        ┌──────────┴──────────┐
                                                                    Spec,AgrₒP                Agrₒ'
                                                                  c̶e̶t̶t̶e̶ ̶m̶a̶i̶s̶o̶n̶    ┌──────────┴──────────┐
                                                                               Agrₒ                 VP
                                                                                        ┌──────────┴──────────┐
                                                                                       VP                    PP
                                                                              ┌─────────┴─────────┐    au XIXᵉ siècle
                                                                              V                   DP
                                                                          construite          c̶e̶t̶t̶e̶ ̶m̶a̶i̶s̶o̶n̶
```

Schritt 3, Schritt 2, Schritt 1

Bei der Ableitung der in (108) gegebenen Sätze entstehen also Zwischenstrukturen, die nicht grammatisch sind. Mit anderen Worten: Wir müssen davon ausgehen, dass grammatische Konstruktionen z. T. aus ungrammatischen abgeleitet sind. Die Existenz solcher Zwischenstrukturen hat dazu geführt, dass die Unterscheidung zwischen D- und S-Struktur aufgegeben wurde, um die angenommenen Strukturebenen zu reduzieren. Aus unserem Beispiel ist auch deutlich geworden, dass nach der Basisstruktur (D-Struktur) mehrere S-Strukturen anzunehmen sind, die dann wiederum auf ihre Grammatikalität hin überprüft werden.

Gehen wir nochmals auf die erste Zwischenstruktur ein. Wie aus (109) ersichtlich, ist im Rahmen des P&P-Modells eine Zwischenlandung der DP in Spec,AgrₒP anzunehmen, was an der Partizipialkongruenz (Sg. f.) deutlich wird.[50] Die Zwischenstruktur ist aufgrund von Strukturprinzipien nicht ohne Weiteres auszuschließen, da man in die zu *semble* gehörende Subjektposition Spec,IP auch das Expletivum *il* einsetzen könnte. Dies würde dann den ungrammatischen Satz *il semble avoir été cette maison construite* ergeben. Nur wenn wir davon ausgehen, dass die DP in Spec,AgrₒP keinen strukturellen Kasus erhalten kann, wäre garantiert, dass die ungrammatische Konstruktion *il semble avoir été cette maison construite* auch korrekterweise als ungrammatisch vorhergesagt wird. Oben hatten wir gesagt, dass *cette maison* in der Spezifikatorposition der abhängigen IP keinen Nominativkasus erhalten kann, da das Verb nicht finit ist. Die Konstruktion *il semble cette maison*

---

[49] Für Genaueres zur syntaktischen Behandlung von Hilfsverben vgl. Kayne (2000) und Remberger (2006).

[50] Im minimalistischen Rahmen wird Kongruenz durch die Operation *Agree* modelliert, die wir in 4.3.1 kennen lernen werden.

avoir été construite (Resultat des zweiten Schritts, vgl. 109, plus Einsetzung von *il* in Spec,IP des Matrixsatzes) kann unter den momentanen Annahmen also korrekt als ungrammatisch vorhergesagt werden.

Im folgenden Kapitel wollen wir uns mit der Revision und Weiterentwicklung des generativen Syntaxmodells im Rahmen des Minimalistischen Programms befassen, das wesentlich durch das Bestreben geprägt ist, überflüssige Strukturebenen zu eliminieren und ökonomische Ableitungen bereitzustellen.

Aufgaben zu Kapitel 3

1. Zeichnen Sie vollständige Strukturbäume für die Sätze in (110).

   (110) a. fr. Marie croit que Jean travaille.
         b. it. Maria crede che Gianni lavori.
         c. sp. María cree que Juan trabaja.

2. Wie (111a) zeigt, fällt das Expletivum *il* im gesprochenen Französisch oft aus. Warum ist dies in (111b) nicht möglich? Diskutieren Sie hierzu folgende Fragen: Sind die unpersönlichen Verben des Französischen eine homogene Klasse oder lassen sich bestimmte Unterklassen ausmachen? Sind die Beschränkungen, denen die Auslassung des Expletivums *il* unterworfen ist, syntaktischer oder phonologischer Art?

   (111) a. fr. Faut vendre la maison le plus vite possible. Reste à savoir quand la maison a été construite. Paraît que t'as vendu la maison.
         b.   *Pleut. *Neige. *Je pense que s'agit de voir.

3. Analysieren Sie die unterstrichenen Adjektive in den folgenden italienischen Sätzen und zeigen Sie Parallelen zu Verben wie *affondare* auf.

   (112) it. Gianni è certo/sicuro che verrò. Che verrò è certo/sicuro. Gianni è certo/sicuro di questo. Questo è certo/sicuro. Il capitano affondò la nave. La nave affondò.

4. Diskutieren Sie die folgenden Sätze im Hinblick auf die Argumentstruktur des Verbs. Welche Parallelen und Unterschiede lassen sich zwischen den Passivsätzen und den Strukturen mit dem Reflexivpronomen erkennen?

   (113) a. fr. Marie réveille Jean. Jean a été réveillé. Jean se réveille.
         b. it. Maria sveglia Gianni. Gianni è stato svegliato. Gianni si sveglia.
         c. sp. María despierta a Juan. Juan fue despertado. Juan se despierta.

5. Stellen Sie Subkategorisierungsrahmen und Argumentstruktur der folgenden Experiencer-Thema-Verben dar und zeigen Sie die Unterschiede zwischen den Verben auf.

   (114) a. fr. Paul aime ce jeu. Ce jeu plaît à Paul. Ce jeu amuse Paul.
         b. it. Paolo ama la musica. La musica piace a Paolo. La musica diverte Paolo.
         c. sp. Pablo ama el teatro. El teatro le encanta a Pablo. El teatro lo divierte a Pablo.

92

6. Zeichnen Sie die Strukturbäume für die folgenden Beispielpaare und erläutern Sie diese. Erklären Sie dabei insbesondere, weshalb bestimmte Elemente in bestimmte Positionen bewegt werden müssen und welche leeren Kategorien gegebenenfalls anzunehmen sind.

(115) a. fr.   Marie préfère gagner une grosse somme au jeu.
     b.   Marie semble gagner une grosse somme au jeu.
(116) a. it.   Maria preferisce guadagnare una bella somma al gioco.
     b.   Maria sembra guadagnare una bella somma al gioco.
(117) a. sp.   María prefiere ganar una buena suma en el juego.
     b.   María parece ganar una buena suma en el juego.

7. Analysieren Sie die französischen Sätze hinsichtlich der Kasuszuweisung und zeigen Sie die hiermit verbundenen Probleme auf.

(118) a. fr.   Charles a muni sa femme d'un revolver.
     b.   Charlotte a couvert la table d'une nappe.
     c.   Pierre a chargé le blé sur le camion.
     d.   Pierre a chargé le camion de blé.

8. Analysieren Sie die mit eckigen Klammern markierten präpositionalen Wendungen in den Beispielen (119). Welche Funktion erfüllt das jeweils unterstrichene Element? Beziehen Sie die in 3.6.4. eingeführte KP-Analyse in Ihre Überlegungen mit ein.

(119) a. fr.   Elle a vendu ma montre [à la place de la sienne].
     b. it.   La biblioteca è chiusa [a causa dello sciopero].
     c. sp.   Puso el libro [encima de la mesa].

9. Erklären Sie, weshalb die Beispiele (120b), (121b) bzw. (122b) ungrammatisch sind und erläutern Sie den Sonderstatus des Spanischen bei der Pronominalisierung (122a).

(120) a. fr.   Jean fait travailler Paul. Jean fait nettoyer la chambre aux enfants.
     b.   *Jean fait travailler à Paul. *Jean fait nettoyer la chambre les enfants.
(121) a. it.   Giulio fa lavorare Paolo. Giulio fa pulire la camera ai bambini.
     b.   *Giulio fa lavorare a Paolo. *Giulio fa pulire la camera i bambini.
(122) a. sp.   Julio {lo/le} hizo trabajar a Paco. Julio le hizo limpiar el vidrio a Paco.
     b.   *Julio lo hizo limpiar el vidrio a Paco.

10. Diskutieren Sie die grammatischen und die ungrammatischen Sätze mit Blick auf die Bindungstheorie. Welche Probleme ergeben sich hierbei?

(123) a. it.   Io posso disegnare questo da {me / *te / *sé}.
     b.   Tu puoi disegnare questo da {te / *me / *sé}.
     c.   I ragazzi devono disegnare questo da {loro / *suo}.

11. Zeigen Sie Gründe für die Grammatikalität von (124a) auf und diskutieren Sie auf der Basis der Bindungsprinzipien, warum (124b) nicht möglich ist.

(124) a. fr.   Pierre$_i$ a ordonné de tirer sur lui$_i$.
     b.   *La Bible$_i$ dit qu'il faut prier avec elle$_i$.

4.   Das Minimalistische Programm

In diesem Kapitel wollen wir uns mit neueren Entwicklungen des generativen Modells im sog. Minimalistischen Programm (MP) vertraut machen. Nach einer Einführung in grundlegende Annahmen befassen wir uns mit dem Phrasenbau im älteren Minimalismus (4.1), bevor wir auf Probleme der Linearisierung eingehen (4.2) und die Phrasenstruktur im neueren minimalistischen Modell thematisieren (4.3).

4.1   Grundannahmen und Phrasenstruktur im älteren Minimalismus

Am Schluss des letzten Kapitels haben wir auf ein konzeptuelles Problem des P&P-Modells hingewiesen: Bei der Ableitung korrekter Sätze müssen gegebenenfalls mehrere Zwischenstufen angenommen werden, die ungrammatischen Stellungsmustern entsprechen (vgl. 3.8). Zentrales Anliegen des MP ist es nun, ökonomische Derivationen bereitzustellen und sowohl die angenommenen Repräsentationsebenen und derivationellen Zwischenstufen als auch das Repertoire funktionaler Kategorien so weit als möglich zu reduzieren.

4.1.1   Die Sprachfähigkeit und die externen Schnittstellen

In 2.1 sind wir auf die menschliche Sprachfähigkeit eingegangen und haben gesagt, dass diese aus zwei Komponenten besteht, nämlich der Kompetenz, die wir uns als ein kognitives System vorstellen können, das Teil der geistigen Fähigkeiten des Menschen ist, und dem Performanzsystem, das all das umfasst, was die konkret geäußerte Rede betrifft. Das kognitive System, als dessen Bestandteil die in Kap. 3 besprochenen Grundlagen des syntaktischen Strukturaufbaus zu verstehen sind, 'beliefert' die sog. externen Schnittstellen (engl. *interfaces*) mit den für die weitere Verarbeitung jeweils notwendigen Informationen. Diese Schnittstellen bezeichnet man als artikulatorisch-perzeptuell (A-P) bzw. konzeptuell-intentional (C-I); extern sind sie deshalb, weil sie sozusagen das Fenster zur Performanz darstellen. Die Interaktion zwischen Performanz, also konkreter Sprachproduktion, und dem kognitiven System wird durch zwei Repräsentationsebenen gesteuert, die wir ebenfalls bereits kennen gelernt haben: durch die Phonetische Form (PF), die phonologische Informationen an die A-P-Schnittstelle weitergibt, und die Logische Form (LF), die der C-I-Schnittstelle zugeordnet ist (vgl. 3.3). Das kognitive System generiert Laut-Bedeutungs-Paare des Typs (π, λ), wobei unter π PF-Repräsentationen und unter λ die entsprechenden LF-Repräsentationen zu verstehen sind. Das schrittweise Erzeugen solcher Paare bezeichnet man als Ableitung oder Derivation (vgl. 3.4.4). Diese Derivationen sind einerseits durch universale Prinzipien des Phrasenbaus (vgl. 4.1.4), andererseits durch Ökonomiebedingungen bestimmt (vgl. 4.1.5). Greifen wir zur Illustration die am Schluss des letzten Kapitels diskutierte passivische Anhebungskonstruktion fr. *Cette maison semble avoir été construite au XIXe siècle* wieder auf. Wir haben hieran gezeigt, dass eine Derivation im P&P-Modell gegebenenfalls mehrere Zwischenstufen und somit mehrere Oberflächen- oder S-Strukturen beinhalten kann, die für den konkret geäußerten Satz insofern irrelevant sind, als sie ungrammatischen Stellungsmustern entsprechen (vgl. 3.8, Strukturbaum 109). Die verschiedenen S-Strukturen, die sich aus der jeweils unterschiedlichen Position des internen Arguments [$_{DP}$ *cette maison*] bei den einzelnen Derivationsschritten ergeben, haben wir in der folgenden Tabelle gesondert aufgeführt; aus Gründen der Übersichtlichkeit wurde dabei auf die Notation des PP-Adjunkts *au XIXe siècle* verzichtet. Die letzte Derivationsstufe (und damit die dritte anzunehmende S-Struktur) entspricht wiederum sowohl PF als auch LF.

(1)

D-Struktur	semble avoir été [$_{VP}$ construite cette maison]
S-Struktur 1	semble avoir été [$_{AgroP}$ cette maison [$_{VP}$ construite ~~cette maison~~]]
S-Struktur 2	semble [$_{IP}$ cette maison avoir été [$_{AgroP}$ ~~cette maison~~ [$_{VP}$ construite ~~cette maison~~]]]
S-Struktur 3	[$_{IP}$ cette maison semble [$_{IP}$ ~~cette maison~~ avoir été [$_{AgroP}$ ~~cette maison~~ [$_{VP}$ construite ~~cette maison~~]]]]
PF	[$_{IP}$ cette maison semble [$_{IP}$ ~~cette maison~~ avoir été [$_{AgroP}$ ~~cette maison~~ [$_{VP}$ construite ~~cette maison~~]]]]
LF	[$_{IP}$ cette maison semble [$_{IP}$ cette maison avoir été [$_{AgroP}$ cette maison [$_{VP}$ construite cette maison]]]]

Die Redundanz der Ebenen lässt sich auch anhand des Fragesatzes zeigen: Bei Wh-*in-situ*-Fragen, in denen die mit dem Wh-Wort eingeleitete XP in der Basisposition verbleibt, gleichen sich D- und S-Struktur sowie PF; vgl. (25) in 3.3. Liegt hingegen Wh-Bewegung nach Spec,CP vor, unterscheiden sich zwar D- und S-Struktur, doch sind S-Struktur, LF und PF identisch. Wichtig ist aber, dass für die Umsetzung in konkret geäußerte Lautsprache einerseits und für die semantische Interpretation andererseits nur diejenigen Informationen von Interesse sind, die nach Ablauf der Derivation von PF bzw. LF an die externen Schnittstellen A-P bzw. C-I weitergegeben werden. Es ist also naheliegend, dass man im Minimalismus genau hier ansetzt und anstelle des klassischen T-Modells, das mit D- und S-Struktur, PF und LF insgesamt vier Repräsentationsebenen annimmt (2a, vgl. auch 3.3), von einem reduzierten Modell ausgeht, das allein mit den Ebenen PF und LF auskommt (2b):

(2)   a.   b.

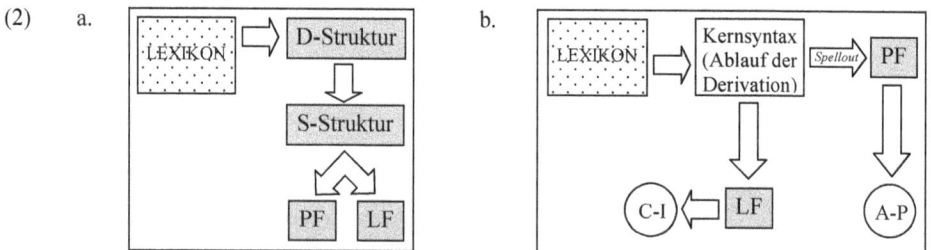

Aus der Grafik ist ersichtlich, dass das minimalistische Modell die angenommenen Repräsentationsebenen von vier auf zwei reduziert. Die grundlegende Idee ist hierbei, dass die einzelnen lexikalischen und funktionalen Kategorien nach der Entnahme aus dem Lexikon im Laufe der Derivation schrittweise miteinander zu komplexeren Kategorien verbunden werden. Diesen strukturbildenden Teil der Grammatik bezeichnet man als Kernsyntax (engl. *narrow syntax*). An einem bestimmten Punkt der Derivation, der *Spellout* genannt wird, wird die Struktur an PF übermittelt und von der phonologischen Komponente in Lautketten überführt, sodass alle weiteren syntaktischen Operationen für die Wortstellung keine Rolle mehr spielen (vgl. koverte Syntax, 3.3). Etwaige Zwischenstufen werden nicht als gesonderte Repräsentationsebenen aufgefasst. Nachdem wir die Architektur des minimalistischen Grammatikmodells grob skizziert haben, wollen wir uns zunächst dem Lexikon (4.1.2) und den im MP angenommenen funktionalen Kategorien zuwenden (4.1.3), bevor wir uns detailliert damit befassen, wie der minimalistische Strukturaufbau vonstatten geht.

4.1.2   Das Lexikon: Wörter als Merkmalbündel

Wie ist nun das kognitive System genau aufgebaut? Es besteht aus zwei Komponenten, einem Berechnungssystem (engl. *computational system of human language*, C_{HL}) und einem Lexikon. Letzteres enthält den sprach- (oder dialekt-)spezifischen Gesamtbestand an lexikalischen und funktionalen Kategorien, die zusammengefasst als *lexical items* (LI) bezeichnet werden und die jeweils mit entsprechenden Spezifizierungen (z. B. kategorialer Art) versehen sind. Je nach Äußerungsabsicht des Sprechers werden diejenigen LI ausgewählt, die benötigt werden, um einen entsprechenden Satz zu bilden. Das Lexikon ist 'optimal' in dem Sinne, dass es alle Informationen enthält, die C_{HL} für das Erzeugen der in 4.1.1 angesprochenen Laut-Bedeutungs-Paare (π, λ), also für die Bildung von wohlgeformten PF- und LF-Repräsentationen, benötigt. Das Lexikon beinhaltet aber keine Informationen, die über universale Prinzipien vorhergesagt werden können, und es enthält auch keine sprachspezifischen phonologischen und semantischen Prinzipien. Allerdings werden hier parametrische Informationen bereitgestellt, die beispielsweise die Null-Subjekt-Eigenschaft oder die Abfolge von Verb und Objekt betreffen. Wie wir im weiteren Verlauf des Kapitels sehen werden, geschieht dies, indem bestimmten funktionalen Kategorien besondere Eigenschaften zugeordnet werden; übereinzelsprachliche Wortstellungsvariation wie etwa VO (romanische Sprachen) vs. OV (Deutsch, Lateinisch, Türkisch) wird damit vom jeweiligen Repertoire der funktionalen Kategorien bestimmt.

Der Lexikoneintrag eines jeden LI enthält drei Typen von Merkmalen: phonologische, semantische und formal-grammatische; lexikalische und funktionale Kategorien sind somit als **Merkmalbündel** im Lexikon inventarisiert. Bei den formal-grammatischen Merkmalen, die meist als FF(LI) abgekürzt werden (engl. *formal features of a lexical item*), unterscheidet man zwischen **intrinsischen** und **optionalen**. Intrinsische Merkmale sind sozusagen 'unveränderbar' und werden deswegen im Lexikoneintrag aufgelistet. Beispiele hierfür sind etwa kategoriale Merkmale wie [V(erb)], [N(omen)] bzw. [D(eterminant)], [C(omplementizer)] etc. oder auch das Genusmerkmal von Substantiven. Optionale Merkmale sind dagegen kontextabhängig. So müssen etwa für jeden Kontext, in dem dt. [N *Computer*] vorkommt, das Kasusmerkmal sowie ein Teil der phi-Merkmale (Person, Numerus, Genus;

vgl. 3.4.4) spezifiziert werden: In *Der Computer ist kaputt* tragen die DP und damit auch ihr lexikalischer Kern, das Nomen, die Merkmale [Nom. Sg.], in *Ich repariere die Computer* hingegen die Merkmale [Akk. Pl.]. Gleiches gilt für das Person-Merkmal des Nomens: Während sp. [$_N$ *hombre*] in *Llegaron unos hombres* für die 3. Person spezifiziert ist (erkennbar an der Kongruenz zwischen postverbalem Subjekt und Verb), nimmt das gleiche Substantiv in *Los hombres sabemos perfectamente hacer pasteles* (und gleichfalls in der parallelen deutschen Konstruktion *Wir Männer können perfekt Kuchen backen*) den Merkmalwert der 1. Person an. Das nominale Genusmerkmal (hier jeweils: m.) ist hingegen intrinsisch, da es im Lexikoneintrag festgeschrieben ist.[1] Anders ist die Situation bei Adjektiven, die kontextabhängig nach Genus flektiert werden: Das entsprechende Merkmal wird hier bei Entnahme aus dem Lexikon festgelegt.

Eine weitere Unterscheidung in Bezug auf die FF(LI) ist die zwischen Merkmalen, die auf LF in Bedeutungsstrukturen überführt werden können, also semantisch **interpretierbar** sind, und solchen, die rein formalen Charakter haben und keinen semantischen Gehalt aufweisen, also **nicht-interpretierbar** sind. Interpretierbare Merkmale müssen auf LF zugänglich sein, damit sie in entsprechende Bedeutungsstrukturen überführt werden können. So ist etwa das Numerusmerkmal [Pl.] von sp. [$_N$ *computadora*] in *Las computadoras están rotas* für die semantische Interpretation des Satzes relevant, da es einen Unterschied macht, ob es um einen Computer oder um mehrere geht. Auch für nominale Genusmerkmale wird angenommen, dass diese interpretierbar sind. Im Gegensatz hierzu sind phi-Merkmale, die an mit dem Nomen kongruierenden Kategorien wie Adjektiven und Determinanten auftreten, nicht-interpretierbar. So markieren die Numerus- und Genusmerkmale in Nominalkonstruktionen wie fr. [$_{DP}$ *un*$_{Sg.m.}$ *bon*$_{Sg.m.}$ *ordinateur*$_{Sg.m.}$], it. [$_{DP}$ *i*$_{Pl.m.}$ *libri*$_{Pl.m.}$ *interessanti*$_{Pl.m.}$] oder sp. [$_{DP}$ *las*$_{Pl.f.}$ *nuevas*$_{Pl.f}$ *computadoras*$_{Pl.f.}$] nur die Übereinstimmungsrelation (Kongruenz) mit dem Bezugsnomen, tragen aber nichts zur Bedeutung der Konstruktion bei. Ebenso wenig transportieren abstrakte Kasusmerkmale wie in *L'ordinateur*$_{NOM}$ *ne fonctionne pas* bzw. *J'ai réparé l'ordinateur*$_{AKK}$ einen semantischen Inhalt, denn sie markieren lediglich die syntaktische Funktion der betreffenden Konstituente. Betrachten wir zur Verdeutlichung dieses Aspekts die folgenden Beispiele:

(3) a. engl. I believe [$_{CP}$ that he$_{NOM}$ is intelligent]. I believe [$_{SC}$ him$_{AKK}$ to be intelligent].
  b. fr. Elle croit [$_{CP}$ que tu$_{NOM}$ es riche]. Elle te$_{AKK}$ croit [$_{SC}$ riche].
  c. it. Credo [$_{CP}$ che voi$_{NOM}$ siate ricchi]. Vi$_{AKK}$ credo [$_{SC}$ ricchi].
  d. sp. Cree [$_{CP}$ que ustedes$_{NOM}$ son ricos]. Los$_{AKK}$ cree [$_{SC}$ ricos].

Verben wie *believe* bzw. *croire, credere* oder *creer* erlauben zwei Konstruktionen: Entweder fordern sie einen finiten (Komplement-)Satz (vgl. 3.2.3), in welchem das Subjekt den Nominativkasus trägt, oder sie treten mit einem infinitivischen Komplement auf, also mit

---

[1] Dass Genusmerkmale dialektal variieren können (z. B. *die/das Cola*), wurde bereits gesagt (vgl. 2.1). Weiterhin gibt es, insbesondere im Bereich der Berufsbezeichnungen, Paare von Nomina wie sp. *profesor* (m.) vs. *profesora* (f.), die sich durch (mehr oder minder) produktive Wortbildungsmuster auseinander ableiten lassen. Es liegen hierbei jedoch zwei getrennte Lexikoneinträge vor, die jeweils für ein bestimmtes Genusmerkmal spezifiziert sind.

einem Infinitivsatz, dessen Subjekt den Akkusativ trägt. Im Englischen verbleibt das Subjekt des Infinitivsatzes in der Position, in der es auch im finiten Komplementsatz stehen würde. Da in den entsprechenden romanischen Sätzen klitische Objektpronomina verwendet werden (hier die Akkusativformen *te, vi* bzw. *los*), die sich an eine Verbform anlehnen müssen, erscheinen diese nicht in der Position, in der sich im finiten Komplementsatz das entsprechende Subjektpronomen befinden würde, sondern sie stehen direkt am finiten Matrixverb (generell zu den Klitika vgl. 3.2.1, Anm. 3; zur syntaktischen Behandlung klitischer Objekte vgl. 5.2). Allen hier behandelten Sprachen ist aber der Kasusunterschied zwischen Nominativ und Akkusativ gemein. Wichtig ist, dass dieser Kasuswechsel nicht auf einen interpretativen (Bedeutungs-)Unterschied zurückgeführt werden kann; abstrakte Kasusmerkmale sind also nicht-interpretierbar. Dies wurde auch bereits in Zusammenhang mit der Passivdiathese in 3.6.3 deutlich, wo der Nominativ einmal mit der PATIENS- und einmal mit der AGENS-Rolle verbunden ist. Im Gegensatz hierzu stehen inhärente Kasus wie z. B. der Dativ, der mit bestimmten semantischen Rollen wie z. B. EXPERIENCER oder REZIPIENT korreliert; die entsprechenden Kasusmerkmale gelten somit als interpretierbar (vgl. Chomsky 1995: 386, Anm. 55).

Während interpretierbare formal-grammatische Merkmale auf LF präsent sein müssen, um eine korrekte semantische Interpretation zu ermöglichen, dürfen nicht-interpretierbare hier nicht vorkommen; sie müssen also, bevor die Struktur an LF übermittelt wird, im Verlauf der Derivation eliminiert werden. Enthält die LF-Repräsentation ausschließlich interpretierbare Merkmale, wird das Prinzip der vollständigen Interpretation (FI, engl. *full interpretation*) erfüllt, und es entsteht ein grammatischer Satz. Man sagt auch: Die Derivation 'konvergiert' (lat. CONVERGERE 'sich hinneigen'), d. h. sie stimmt in Bezug auf alle Merkmalkonstellationen überein. Enthält die LF-Repräsentation jedoch uninterpretierbare Merkmale, wird FI nicht erfüllt, und die Derivation 'bricht zusammen' (engl. *crashes*) bzw. ein ungrammatischer Satz entsteht. Die Eliminierung uninterpretierbarer Merkmale auf dem Derivationspfad nach LF geschieht im Zuge der sog. Merkmalüberprüfung (engl. *feature checking*), die wir in 4.1.4 im Einzelnen besprechen. Eine besondere Rolle hierbei spielen funktionale Kategorien und ihre jeweiligen Merkmale. Wir werden uns also zunächst damit befassen, welche der funktionalen Kategorien im MP eine Rolle spielen.

4.1.3   Die Reduktion funktionaler Kategorien und die Generalisierung von *v*P

Im 3. Kapitel haben wir uns mit der Vervielfältigung funktionaler Kategorien durch die Aufspaltung des I- und C-Bereichs in einzelne funktionale Projektionen befasst und auch bereits diskutiert, welche der pragmatisch motivierten Kategorien des C-Bereichs wir für die Analyse der Linken Satzperipherie unserer drei romanischen Sprachen benötigen (vgl. 3.4.5). Wir wollen nun auf den I-Bereich zurückkommen und entsprechend der minimalistischen Forderung nach einfachen und ökonomischen Derivationen prüfen, auf welche der in 3.4.4 vorgeschlagenen funktionalen Kategorien gegebenenfalls verzichtet werden kann. Wir wiederholen zunächst die im Anschluss an Pollock (1989) angenommene Struktur des I-Bereichs, die auch für die frühe Phase des MP maßgeblich ist (Chomsky 1993); auf die Notation der in 3.4.4. eingeführten NegP, die für die folgende Diskussion nicht unmittelbar relevant ist, haben wir aus Gründen der Übersichtlichkeit verzichtet.

(4) $[_{\text{Agr}_\text{S}\text{P}}\,\text{Agr}_\text{S}\,[_{\text{TP}}\,\text{T}\,[_{\text{Agr}_\text{O}\text{P}}\,\text{Agr}_\text{O}\,[_{\text{VP}}\,...\,\text{V}\,...]]]]$

Die Aufspaltung des I-Knotens in mehrere Kategorien entspricht den unterschiedlichen in I kodierten Merkmalen für Subjektkongruenz, Tempus und gegebenenfalls Objektkongruenz und lässt sich unter Rückgriff auf die Verbalmorphologie zweifellos motivieren. Will man im Rahmen der syntaktischen Analyse jedoch nur so viele funktionale Kategorien annehmen wie unbedingt notwendig, dann muss entweder Evidenz aus der Wortstellung vorliegen oder es muss hierfür zwingende theorieinterne Gründe geben. In Bezug auf die beiden Kategorien T und Agr$_\text{S}$ ist beides nicht gegeben, denn die Verbformen des Französischen, Italienischen und Spanischen sind entweder sowohl für Subjektkongruenz als auch für Tempus spezifiziert (finite Verbformen) oder sie tragen weder die eine noch die andere Spezifizierung (Infinitive, Partizipien). Die Lizenzierung eines Subjekts durch den Nominativkasus, sei es als nominale oder pronominale DP realisiert oder phonetisch leer (*pro*), ergibt sich aus der Präsenz von Merkmalen, die ohnehin immer gemeinsam auftreten. Es liegt daher nahe anzunehmen, dass die entsprechenden Merkmale in ein und demselben funktionalen Kopf kodiert sind und dass T neben dem Tempusmerkmal auch die Subjektkongruenzmerkmale enthält. In Bezug auf Agr$_\text{O}$ liegen die Dinge etwas anders: Bei den periphrastischen (zusammengesetzten) Tempora des Französischen und des Italienischen, die aus Partizip Perfekt Passiv und Hilfsverb bestehen, tritt morphologische Kongruenz zwischen dem internen Argument und dem Partizip auf, z. B. fr. [*cette maison*]$_{\text{Sg. f.}}$ *a été construite* oder it. *Sono arrivati* [*i regali di Natale*]$_{\text{Pl. m.}}$. In 3.8 haben wir dafür argumentiert, in Sätzen, die solche Verbformen beinhalten, eine Agr$_\text{O}$P anzusetzen, in deren Spezifikator das interne Argument bewegt wird, um die Kongruenz mit dem Partizip zu prüfen (vgl. Friedemann/Siloni 1997). Wichtig ist dabei, dass solche Kongruenzphrasen nur dann projiziert werden sollten, wenn sie notwendig sind, und somit in Kontexten mit einfachen Tempusformen nicht auftreten.

Kommen wir an dieser Stelle auf die funktionale Kategorie *v* zurück, die in 3.7.2 in Zusammenhang mit der Analyse von Konstruktionen mit dreiwertigen Verben eingeführt wurde. Wir haben gesagt, dass das sog. *light verb* als kausativer Kopf zu verstehen ist, dessen Funktion darin besteht, mit dem Spezifikator Spec,*v*P eine Position für die Basisgenerierung des AGENS-Subjekts bereitzustellen. Hält man sich vor Augen, dass ein solches kausatives Moment immer dann vorliegt, wenn ein AGENS-Subjekt auftritt, dann liegt es nahe, diese Kategorie über alle anderen Verben, also zweiwertige, d. h. einfach transitive wie sp. *comprar*, und einwertige, d. h. intransitive wie it. *dormire*, zu generalisieren. Nur bei unakkusativen Verben, deren grammatisches Subjekt zugrunde liegend ein Objekt ist und in der VP-internen Komplementposition basisgeneriert wird (vgl. 3.6.3), sowie bei Passivsätzen tritt *v* nicht auf. Wir können also für einfache transitive Sätze die folgende Struktur annehmen, die auch dem klassischen Minimalismus (Chomsky 1995) zugrunde liegt:

(5)

```
                        TP
          ┌──────────────┴──────────────┐
     Spec,TP                            T'
     Oberflächen-              ┌─────────┴─────────┐
     position des             T                   vP
     Subjekts           ┌───────────┴───────────┐
                   Spec,vP =                    v'
                   DP (Subjekt)          ┌───────┴───────┐
                                        v               VP
                                                  ┌──────┴──────┐
                                                  V          DP (Objekt)
```

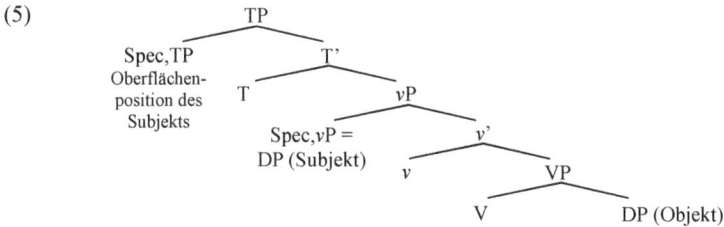

Im folgenden Abschnitt befassen wir uns genauer mit der Frage, wie im minimalistischen Rahmen nach Chomsky (1995) eine Derivation vonstatten geht.

4.1.4 Phrasenstruktur: *Merge*, *Move* und Merkmalüberprüfung

Wie kann man sich den minimalistischen Phrasenbau vorstellen? Die Gesamtheit der für eine Derivation aus dem Lexikon entnommenen LI α, β etc. bildet die so genannte Numeration N, die dem binär operierenden Verkettungsmechanismus *Merge* als Materialbasis dient. Die Operation *Merge* verbindet Elemente wie α und β zu komplexeren syntaktischen Objekten, die entweder die formalen Merkmale von α oder die von β tragen, d. h. es resultiert entweder $\{\alpha\{\alpha, \beta\}\}$ oder $\{\beta\{\alpha, \beta\}\}$. Anders ausgedrückt: Es projiziert entweder α oder β; die entstandene Kategorie stellt entweder eine α-Phrase (αP) oder eine β-Phrase (βP) dar. Bezogen auf die romanische DP kann man sich das so vorstellen:

(6) a. *Merge* von *el* und *examen*   b. *Merge* von D und N

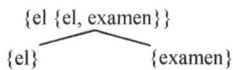

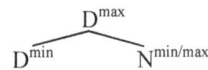

```
        {el {el, examen}}                        D^max
        ┌───────┴───────┐                   ┌──────┴──────┐
     {el}           {examen}             D^min        N^min/max
```

Maximale und minimale Kategorien werden im MP nicht als solche markiert, wie es im P&P-Modell der Fall war; die Projektionshöhe ergibt sich vielmehr aus den Beziehungen der Kategorien zueinander in der jeweiligen Struktur. Man spricht hierbei von 'reiner Phrasenstruktur' (engl. *bare phrase structure*, BPS; vgl. Chomsky 1994) oder 'Phrasenstruktur pur' (Grewendorf 2002: Kap. 5). Der Unterschied zum X-bar-Schema liegt darin, dass dieses eine Art Schablone darstellt, die den Bau von Phrasen bestimmt. Bei BPS hingegen wird die Projektionshöhe gerade nicht durch die Phrasenstruktur selbst, sondern durch die Beziehungen der Elemente zueinander bestimmt. Man unterscheidet zwischen Kategorien, die nicht weiter projizieren (X^{max}), und allen anderen Kategorien (X^{min}). Zwischenstufen (X') sind generell für das C_{HL} und für LF unsichtbar. In dieser Sichtweise kann eine Kategorie zugleich X^{max} und X^{min} sein wie z. B. das Nomen *examen* in (6), das weder weiter projiziert noch überhaupt projiziert. Häufig wird jedoch der Einfachheit halber die konventionelle X-bar-Notation beibehalten, die wir in 3.2.2 kennen gelernt haben. Auch wir verfahren im weiteren Verlauf so.

Bevor wir uns die Ableitungen eines einfachen Satzes Schritt für Schritt verdeutlichen, wollen wir klären, wie sich das Konzept der **syntaktischen Bewegung** im minimalistischen

Rahmen verändert hat. Hierzu kommen wir zunächst auf die in 4.1.2 behandelten Merkmale einzelner Kategorien zurück. Während wir uns dort vorwiegend mit den Merkmalen lexikalischer Kategorien befasst haben, sollen nun die in den funktionalen Kategorien kodierten Merkmale präzisiert werden. Es wird nämlich grundsätzlich unterschieden zwischen den formalen Merkmalen lexikalischer Kategorien, die diese selbst charakterisieren, und denjenigen von funktionalen Kategorien, die – wie etwa die Kasusmerkmale in v und T oder die Finitheitsmerkmale in T (die Tempus- und Kongruenzmerkmale beinhalten können) – als sog. überprüfende Merkmale (engl. *checking features*) bestimmte Anforderungen an die Wertebelegung der Merkmale anderer Kategorien stellen. So müssen etwa die jeweiligen Werte der Kongruenzmerkmale von Subjekt und Verb mit den entsprechenden überprüfenden Merkmalen in T übereinstimmen und im Rahmen eines Überprüfungsmechanismus (engl. *feature checking*) gegeneinander abgeglichen werden. Gleiches gilt für das Kasusmerkmal der Subjekt-DP, die den durch den finiten T-Kopf vorgegebenen Kasuswert Nominativ aufweisen muss. Im Verlauf des Überprüfungsvorgangs, der strikt lokal innerhalb der sog. *checking*-Domäne CD(H) des überprüfenden Kopfes H operiert,[2] werden die Merkmalwerte der beteiligten Kategorien gegeneinander abgeglichen. Liegen jeweils passende Merkmalbelegungen vor, dann werden alle nicht-interpretierbaren Merkmale, d. h. strukturelle Kasusmerkmale und alle *checking features* eliminiert; interpretierbare Merkmale wie etwa das nominale Numerusmerkmal hingegen müssen auf LF für die semantische Interpretation zugänglich sein. Ob ein Überprüfungsvorgang mit einer overten Bewegung der betreffenden Kategorie verbunden ist, die sich in der linearen Abfolge der Konstituenten niederschlägt, oder ob der Abgleich formaler Merkmale nach *Spellout* erfolgt (sog. kovertes *checking*), ist nach Chomsky (1995) von der **Stärke** der entsprechenden formalen Merkmale abhängig. Dies muss man sich wie folgt vorstellen: Weist ein finiter T-Kopf (T^{+fin}) sowohl ein starkes D- als auch ein starkes V-Merkmal auf, erfolgt zusätzlich zu der für die Merkmalüberprüfung notwendigen Anhebung der formal-grammatischen Merkmale FF(LI) in den T-Bereich auch die Anhebung der phonologischen Merkmale, womit sowohl Subjekt- als auch Verbbewegung in der overten Syntax erfolgen. Die Annahme eines starken V-Merkmals in T gründet sich auf den in 3.5.3 besprochenen Kontrast zwischen dem Englischen und den romanischen Sprachen in Bezug auf die Stellung von finiter Verbform und verbbezogenen Adverbien (vgl. fr. *Marie mange souvent des pommes* vs. engl. *Mary often eats apples*). Als übereinzelsprachliche Tendenz lässt sich festhalten, dass Sprachen wie Italienisch oder Spanisch, die über eine ausgeprägte ('starke') Verbalmorphologie verfügen (z. B. it. *canto, canti, canta* etc.), auch overte Verbbewegung nach T (und damit ein starkes V-Merkmal in T) aufweisen, während in Sprachen mit 'schwacher' Verbalmorphologie das Verb tendenziell in der Basisposition verbleibt (Englisch). Das Französische fällt hierbei jedoch etwas aus dem Rahmen: Obwohl die Verbalmorphologie – zumindest lautlich – nicht besonders differenziert ist (vgl. *je* [ʃɑ̃t], *tu* [ʃɑ̃t], *il* [ʃɑ̃t]), erfolgt overte Verbbewegung.

---

[2]   CD(H) umfasst alle Positionen innerhalb der maximalen Projektion des überprüfenden Kopfes H, also Spec,HP sowie [H X[H]] (Kopfadjunktion an H) und [HP [XP] HP] (XP-Adjunktion an HP). Zum Begriff der Adjunktion vgl. 3.2.2 sowie Struktur (10b) in diesem Abschnitt.

Bereits hier zeigt sich, dass die Herleitung der Wortstellung durch die Annahme starker vs. schwacher V- bzw. D-Merkmale in funktionalen Köpfen wegen ihres letztlich stipulativen Charakters problematisch ist: Liefert die Wortstellung Evidenz für eine Bewegung, wird ein starkes Merkmal postuliert, und dieses 'erklärt' dann als bewegungsauslösendes Merkmal overte Anhebungen in parallelen Konstruktionen. Zu Recht haben Roberts/Roussou (1999: 1015) der Merkmaleigenschaft [±stark] den Status eines Diakritikums für erfolgende bzw. ausbleibende Bewegung beigemessen; Culicover (1997: 351) sieht hierin nicht mehr (aber auch nicht weniger) als ein „formal descriptive device" (vgl. auch Grewendorf 2002: 195f.).

Wir legen im Folgenden die bereits in 2.1 erwähnte sog. **Kopiertheorie der Bewegung** (engl. *copy theory of movement*) zugrunde. Entsprechend diesem in Chomsky (1993) propagierten Vorschlag nimmt man an, dass bei allen Bewegungsoperationen eine Kopie des bewegten Elements in der Basisposition verbleibt. Überflüssige Kopien werden dann auf PF getilgt bzw. nicht ausgesprochen; auf LF hingegen müssen alle Kopien für die Rekonstruktion von Argumentstruktur und eventuellen Skopuseigenschaften zugänglich sein (vgl. Nunes 2004). Als Oberflächenevidenz hierfür lassen sich Daten aus deutschen Dialekten anführen (7a), in denen im Gegensatz zum spanischen Beispiel in (7b) mehrere Kopien der bewegten WhP phonetisch realisiert werden können:

(7) a. dt. [$_{CP}$ Wen meinst du [$_{CP}$ wen Peter ~~wen~~ gewählt hat?]]

b. sp. [$_{CP}$ ¿Quién [$_{TP}$ me dijiste [$_{CP}$ ~~quién~~ que [$_{TP}$ ~~quién~~ [$_{vP}$ ~~quién~~ te lo había dicho?]]]]]   (Eguren / Fernández Soriano 2004: 174)

In (7b) werden die Kopien der WhP, die in der Basisposition (Spec,*v*P des eingebetteten Satzes) und an den Zwischenlandeplätzen (Spec,TP und Spec,CP des eingebetteten Satzes) zurückbleiben, getilgt, sodass das bewegte Element nur in der Zielposition am Anfang des Satzes (Spezifikator der Matrix-CP) phonetisch realisiert wird. In (7a) wird dagegen nur die Kopie in der Ausgangsposition getilgt, sodass sich die Stufen der Bewegung anhand des Zwischenlandeplatzes nachvollziehen lassen.

Im Folgenden wollen wir die Herleitung unseres spanischen Beispielsatzes *Este estudiante aprobará el examen* aus dem 1. Kapitel nach dem von Chomsky (1995) vorgeschlagenen Modell schrittweise nachvollziehen. Der Aufbau einer syntaktischen Struktur aus den lexikalischen Köpfen [$_N$ *estudiante*], [$_V$ *aprobará*] und [$_N$ *examen*] erfordert bestimmte funktionale Kategorien: Zunächst wird das 'kleine' *v* benötigt, das als kausativer Kopf fungiert und auf diese Weise das lexikalische Verb komplettiert. Hält man sich vor Augen, dass bei Konstruktionen mit unakkusativen Verben und passivischen Verbformen kein solcher *v*-Kopf auftritt (vgl. 4.1.3),[3] ist die Kasuslizenzierung des Objekts in gleichem Maße an *v* gebunden wie die des Subjekts durch T (bzw. I im alten P&P-Modell). Es muss also angenommen werden, dass das zu einem transitiven Verb wie *aprobar* gehörige *v* ein Merkmal für die Überprüfung des Objektkasus enthält. Weiterhin sind Elemente der Kategorie D vonnöten, die den Aufbau referenzieller Nominalphrasen vom Status DP aus den ausgewählten Nomi-

---

[3] Im Sonde-Ziel-Modell des neueren Minimalismus (Chomsky 2000), das wir in 4.3.1 besprechen, nimmt man hingegen an, dass *v* auch bei passivischen und unakkusativen Verbformen präsent ist; der entsprechende *v*-Kopf kann den Kasuswert des Objekts jedoch nicht instanziieren.

na ermöglichen (vgl. 3.4.3): Im konkreten Fall geht es um den bereits in (6) skizzierten Aufbau von DPn aus den Nomina [$_N$ *estudiante*] bzw. [$_N$ *examen*], die im abzuleitenden Satz als Subjekt bzw. Objekt auftreten. Als letztes wird ein (hier phonetisch leerer) T-Kopf benötigt, in dem die Finitheitsmerkmale von V kodiert sind; ist das Verb finit, enthält T zusätzlich das für die Lizenzierung eines phonetisch overten Subjekts notwendige Kasusmerkmal Nominativ. Wir fassen zunächst die formal-grammatischen Merkmale FF(LI) und die rollensemantischen Eigenschaften der in der Numeration N präsenten Kategorien zusammen. Zur besseren Lesbarkeit geben wir bei den lexikalischen und den overten funktionalen Kategorien anstelle phonologischer Merkmale jeweils die orthografische Form an; auf die Angabe semantischer Merkmale wird verzichtet.

(8)				
	examen	N	[3. Sg. m., Akk.]	
	aprobará	V	[3. Sg., Fut.] <AGENS, THEMA>	lexikalische Kategorien
	estudiante	N	[3. Sg. m., Nom.]	
	el	D^{+def}	[3. Sg. m., Akk.]	
	este	D$^{demonstr.}$	[3. Sg. m., Nom.]	funktionale Kategorien
	Ø	v	[V^{stark}, Akk.]	
	Ø	T^{+fin}	[D^{stark}, V^{stark}, Nom.]	

Der Aufbau der syntaktischen Struktur erfolgt nun durch sukzessive Anwendung der Operation *Merge*. Diese ist abhängig von den thetatheoretischen Eigenschaften der beteiligten Elemente, und zwar insofern als die Verkettung einer (in N befindlichen) lexikalischen Kategorie nur möglich ist, wenn auf diese Weise eine Position aus deren Thetaraster gesättigt wird:[4] So kann die Verbform [$_V$ *aprobará*] nur dann mit einer weiteren Kategorie verkettet werden, wenn sich hierdurch die Sättigung einer Position aus deren Thetaraster ergibt. Da nur referenzielle Syntagmen thematische Rollen erhalten können (vgl. Longobardi 1994), muss, damit die interne Rolle <THEMA> vergeben werden kann, eines der in N befindlichen Substantive zunächst mit einem Determinanten verkettet werden. Wie bereits in (6) skizziert, ergibt die Anwendung von *Merge* auf [$_N$ *examen*] und [$_D$ *el*] eine komplexe Kategorie vom Typ DP. Würde hingegen N projizieren, könnte die entstandene komplexe Kategorie {examen{el}{examen}} wegen des NP-Status im weiteren Verlauf der Derivation, nämlich nach der Verkettung der VP mit dem transitiven Kopf v, vom Verb keine Thetarolle erhalten. Da v ein starkes V-Merkmal aufweist, erfolgt nach Anwendung von *Merge* auf v und die bisher aufgebaute Struktur [$_{VP}$ *aprobará el examen*] overte V-zu-v-Bewegung.[5]

---

[4] Dies betrifft nur die Verkettung in Basispositionen; sind die Thetaraster der in N präsenten lexikalischen Kategorien gesättigt, erfolgt die Herleitung der Wortstellung durch die Bewegungsoperation *Move*. Die Verkettung einer bewegten Kategorie in der Zielposition ist dann nicht mehr rollenabhängig, sondern wird, wie bereits erläutert, durch sog. starke Merkmale gesteuert.

[5] Würde v neben dem starken V-Merkmal auch ein starkes D-Merkmal aufweisen, müsste auch die bereits verkettete (Objekt-)DP in den v-Bereich bewegt werden; die entsprechende Zielposition wäre der äußere Spezifikator von v (vgl. die Möglichkeit multipler Spezifikatoren nach Chomsky 2000: 102). Auf diese Weise lässt sich die Wortstellung in SOV-Sprachen wie Deutsch, Lateinisch und Türkisch auch ohne die Annahme eines Kopfparameters modellieren. Die Hypothese, dass alle Sprachen die zugrunde liegende Wortstellung SVO aufweisen und abweichende Stellungsmuster aus overten Bewegungen resultieren (Kayne 1994), besprechen wir in 4.2.

Der nunmehr vollständige verbale Komplex V+v kann jetzt sowohl die interne Rolle THEMA (an das Komplement) als auch die externe Rolle <u>AGENS</u> (an das Subjekt) vergeben. Ebenso wird das den Objektkasus Akkusativ überprüfende Merkmal in V auch erst durch das Zusammentreffen mit dem 'Transitivierer' v aktiv. Wie in (8) gezeigt, geht Chomsky (1995) davon aus, dass nominale Kategorien wie N und D mit einem Kasuswert dem Lexikon entnommen und im Verlauf der Derivation diesbezüglich überprüft werden. Die Überprüfung des Akkusativs ist wegen des schwachen D-Merkmals in v nicht an eine overte Bewegung des Objekts gebunden und erfolgt somit erst nach *Spellout*, also kovert.[6] Strukturbaum (9) repräsentiert die Derivation bis zur Verkettung des Subjekts in Spec,vP und damit den Abschluss des sog. *lexical layer*, innerhalb dessen alle in N enthaltenen lexikalischen Kategorien verkettet werden und sämtlichen rollensemantischen Erfordernissen Rechnung getragen werden muss. Die Thetarollenzuweisung ist durch gestrichelte Pfeile gekennzeichnet; der durchgezogene Pfeil markiert die overte V-zu-v-Bewegung.

(9)

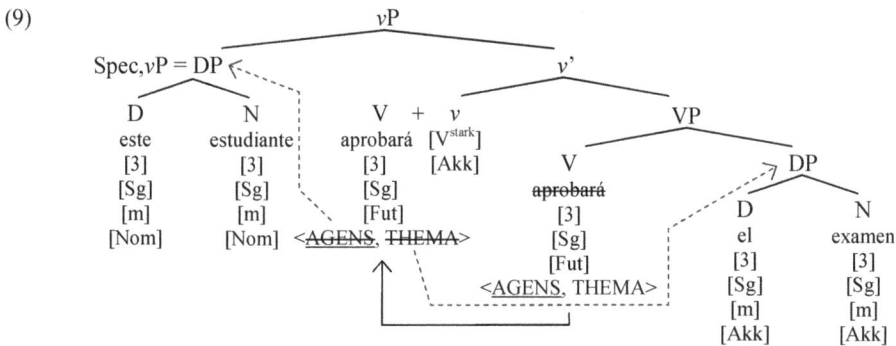

Bevor wir die weiteren Derivationsschritte stichpunktartig zusammenfassen, müssen wir uns vor Augen halten, dass *Merge* auf zweierlei Weise neue Strukturen bilden kann, nämlich durch Substitution und durch Adjunktion: Wenn α ein Spezifikator ist, dann projiziert β (vgl. 10a), und wir sprechen von **Substitution**; wenn α ein adjungiertes Element ist, dann wird β zu einer Kategorie, die aus zwei Segmenten besteht (vgl. 10b). Von Adjunktion spricht man, wenn eine Kategorie α und eine Kategorie β^n von einer weiteren Kategorie β^n dominiert werden. Man unterscheidet die Adjunktion von Köpfen und die von Phrasen, d. h. 'n' kann die Werte 'min' oder 'max' annehmen. Haegeman (1991: 353f.) vergleicht Strukturen, die durch Adjunktion entstanden sind, mit einem Balkon, auf dem man sich weder ganz außerhalb noch ganz innerhalb eines Raumes befindet. Aus der Abbildung (10b) wird deutlich, dass der durch Adjunktion gebildete sprachliche Ausdruck aus zwei Segmenten besteht; Chomsky (1995: 248) spricht auch von einer aus zwei Segmenten bestehenden Kategorie. Bei der Substitution entsteht im Gegensatz hierzu eine neue Kategorie:

---

[6] Hierzu werden die formal-grammatischen Merkmale des Objekts FF(*el examen*) nach *Spellout* an den komplexen Kopf V+v adjungiert, wobei das Kasusmerkmal des Objekts [Akk.] gegen das in v enthaltene überprüfende Merkmal [Akk.] abgeglichen und getilgt wird. Die Behandlung von Kasus im neueren Sonde-Ziel-Modell (Chomsky 2000, 2001) besprechen wir in 4.3.

(10) a. *Merge* (Substitution)   b. *Merge* (Adjunktion)

β^{max}
α^{max} β^{min}

β^{min}
α^{min} β^{min}

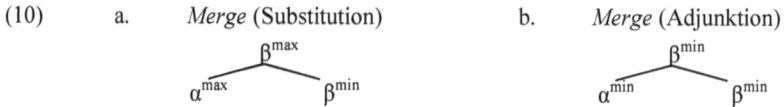

Wenn in der Syntax Elemente bewegt werden, dann liegt die komplexe Operation *Move* vor. Diese erfordert nach der Verkettung der bewegten Konstituente in der Basisposition eine erneute Anwendung von *Merge* in der Zielposition.[7] Hierbei kann es sich entweder um Substitution handeln (vgl. 10a; z. B. Bewegung des Subjekts nach Spec,IP bzw. Spec,TP) oder um Adjunktion (vgl. 10b; z. B. Verbverschiebung). Im Folgenden führen wir nun die weiteren Derivationsschritte auf:

– Verkettung der in (9) skizzierten *v*P-Struktur (*lexical layer*) mit T^{+finit}
– Bewegung von V+*v* nach T (ausgelöst durch V^{stark} in T), danach Tilgung von V^{stark} in T
– Bewegung des Subjekts [$_{DP}$ *este estudiante*] nach Spec,TP (ausgelöst durch D^{stark} in T), danach Tilgung von D^{stark} in T
– Abgleich der Tempusmerkmale in T und V sowie Tilgung des (erfolgreich abgeglichenen nicht-interpretierbaren überprüfenden) Tempusmerkmals in T
– Abgleich des überprüfenden Kasusmerkmals des T-Kopfes und der Subjekt-DP sowie Tilgung beider Merkmale (strukturelle Kasusmerkmale sind nicht-interpretierbar)
– Abgleich der Kongruenzmerkmale von Verb und Subjekt sowie Tilgung der erfolgreich abgeglichenen (nicht-interpretierbaren) überprüfenden Merkmale

Strukturbaum (11) repräsentiert die Ableitung zum Zeitpunkt von *Spellout*, also unmittelbar nach den eben skizzierten Derivationsschritten. Bereits getilgte nicht-interpretierbare Merkmale sind durchgestrichen; koverte *checking*-Vorgänge (die erst nach *Spellout* erfolgen) sind in der Darstellung nicht berücksichtigt. Hierzu zählen z. B. der Abgleich des Akkusativmerkmals der Objekt-DP mit dem entsprechenden *checking feature* in *v* (vgl. hierzu die Zusammenstellung der Merkmale in (8) sowie Fußnote 6) oder die Eliminierung nicht-interpretierbarer phi-Merkmale am Determinanten durch DP-internen Merkmalabgleich.

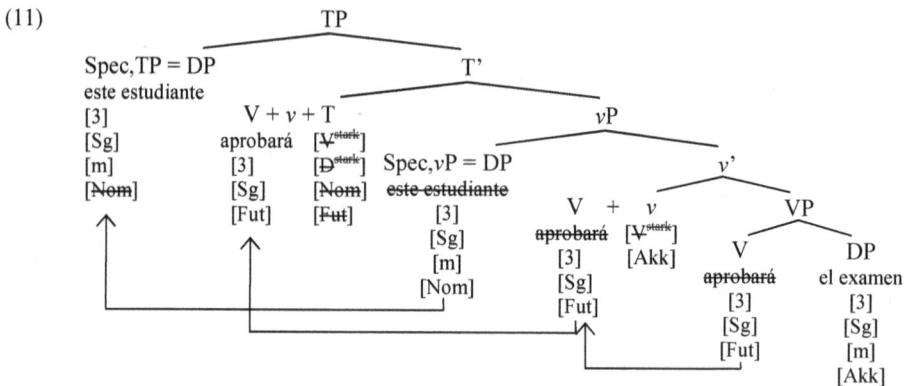

(11)

TP

Spec,TP = DP
este estudiante
[3]   V + *v* + T   *v*P
[Sg]   aprobará [~~V^{stark}~~]
[m]   [3]   [~~D^{stark}~~] Spec,*v*P = DP   *v*'
[~~Nom~~]   [Sg]   [~~Nom~~] ~~este estudiante~~
             [Fut]   [~~Fut~~]   [3]   V + *v*   VP
                                  [Sg]   ~~aprobará~~ [~~V^{stark}~~]
                                  [m]   [3]   [Akk]   V   DP
                                  [Nom]   [Sg]   ~~aprobará~~ el examen
                                          [Fut]   [3]   [3]
                                                         [Sg]   [Sg]
                                                         [Fut]   [m]
                                                                      [Akk]

---

[7] Da syntaktische Bewegungen durch Merkmale ausgelöst werden, die die zu bewegende Kategorie sozusagen 'anziehen', spricht man in Bezug auf die Operation *Move* auch von *Attract F(eature)*.

4.1.5   Ökonomieprinzipien

Eine zentrale Annahme des Minimalismus ist, dass sprachliche Ausdrücke optimal sind. Bezogen auf syntaktische Konstruktionen bedeutet dies, dass die Art und Weise, wie sie entstehen, nämlich der syntaktische Strukturaufbau, so simpel wie möglich beschaffen sein muss. Dies bedeutet zum einen, dass nur diejenigen funktionalen Kategorien beteiligt sein sollen, die unbedingt notwendig sind (vgl. 4.1.3), und zum anderen, dass die jeweiligen Derivationen keine unnötigen Zwischenschritte enthalten. Im letzten Abschnitt haben wir uns den Ablauf einer solchen Derivation genau vor Augen geführt und dabei gesehen, dass jeder einzelne Schritt explizit motiviert sein muss. Insbesondere erfolgen Bewegungsoperationen nur dann, wenn sie unbedingt erforderlich sind, denn Konstruktionen, die syntaktische Bewegungen beinhalten, sind aufwändiger und komplexer als solche, die ohne derartige Verschiebungen auskommen. Hält man sich vor Augen, dass jede Anwendung von *Move* zusätzlich zum *Merge* der betreffenden Kategorie in der Grundposition die Kopie und die Verkettung derselben in der Zielposition beinhaltet, ist unmittelbar einsichtig, dass Derivationen maßgeblich durch sprachliche Ökonomie bestimmt werden. Da dies prinzipiell unabhängig davon ist, aus welchem einzelsprachlichen Lexikon die miteinander verketteten Kategorien stammen, wurden bestimmte **Ökonomieprinzipien** formuliert, von denen angenommen wird, dass sie universale Gültigkeit haben, also Teil der UG sind. Einige dieser Prinzipien wollen wir im Folgenden kurz anführen.

Wir haben bereits gesagt, dass *Move* nur dann erfolgt, wenn die bewegte Kategorie von der Operation profitiert, z. B. durch die Überprüfung eigener Merkmale. In diesem Fall spricht man von **Greed**. Eine abgeschwächte Variante dieses 'Gier'-Prinzips ist das Prinzip des **Enlightened Self Interest** (Lasnik 1995; 1999: 2, 78ff.), welches besagt, dass eine Bewegung auch dann erfolgen kann, wenn entweder die Ziel- oder die bewegte Kategorie von der Operation profitieren. Ein weiteres Ökonomieprinzip, das als **Shortest Move** oder **Minimal Link Condition** bezeichnet wird, besagt, dass Bewegungen immer so kurz wie möglich sein sollten. Dies bedeutet, dass grundsätzlich der nächstmögliche Landeplatz genutzt wird. Das sog. 'Zauder'-Prinzip oder **Procrastinate** soll schließlich garantieren, dass eine Bewegung so spät wie möglich erfolgt und auch dann nur, wenn sie unvermeidbar ist.

Aus den genannten Prinzipien ergibt sich, dass reiner *Merge*, also die Verkettung eines Elements aus der Numeration mit der bereits aufgebauten Struktur, grundsätzlich 'besser' ist als eine Anwendung der Bewegungsoperation *Move*, die impliziert, dass das betreffende Element kopiert und dann in der Zielposition neu verkettet wird. Dies lässt sich anschaulich anhand von Konstruktionen mit unakkusativen Verben zeigen: Liegt in der Numeration ein Expletivum vor, dann verbleibt das bereits verkettete interne Argument in seiner Basisposition, und das Expletivum *il* wird direkt in der Subjektposition Spec,TP verkettet: *Merge over Move* (vgl. 12a). Enthält N hingegen kein Expletivum, muss die in der VP-internen Komplementposition basisgenerierte DP *un garçon* nach Spec,TP bewegt werden, um das starke D-Merkmal in T zu eliminieren (12b).

(12) a. fr. arrive   V   [3. Sg., Prs.] <THEMA>
           garçon   N   [3. Sg. m., Nom.]
           un   D^{-def} [3. Sg. m., Nom.]
           il   D^{Expl}
           ∅   T^{+fin} [D^{stark}, V^{stark}, Nom.]
           →   [$_{TP}$ [$_{Spec,TP = D^{Expl}}$ Il] arrive T^{+fin} [$_{VP}$ ~~arrive~~ [$_{DP}$ un garçon]]]

      b.   arrive   V   [3. Sg., Prs.] <THEMA>
           garçon   N   [3. Sg. m., Nom.]
           un   D^{-def} [3. Sg. m., Nom.]
           ∅   T^{+fin} [D^{stark}, V^{stark}, Nom.]
           →   [$_{TP}$ [$_{Spec,TP = DP}$ Un garçon] arrive T^{+fin} [$_{VP}$ ~~arrive~~ [$_{DP}$ ~~un garçon~~]]]

Die Herleitung des aus der Numeration (12b) resultierenden Satzes *Un garçon arrive* ist im Vergleich zur Derivation der Expletivkonstruktion mit postverbalem Subjekt *Il arrive un garçon* insofern 'kostspieliger', als sie mit der Subjektanhebung eine Operation beinhaltet, die komplexer ist als die Verkettung des expletiven Pronomens *il* in Spec,TP. In Bezug auf die Kasuslizenzierung ist (12a) jedoch problematisch, da unter den in 4.1.4 diskutierten Annahmen das Nominativmerkmal des Subjekts [$_{DP}$ *un garçon*] im T-Bereich überprüft werden muss: Erfolgt keine overte Subjektanhebung, muss man annehmen, dass die formalgrammatischen Merkmale des Subjekts FF(Subj) kovert in den T-Bereich bewegt werden, um nachträglich die Lizenzierung des Subjekts zu gewährleisten. Damit ist Kasus an (overte oder koverte) Bewegung gebunden. Diese Problematik wird im neueren minimalistischen Rahmen umgangen: In 4.3 werden wir die Operation *Agree* kennen lernen, die Kasuslizenzierung auch 'über Distanz' ermöglicht. Bevor wir uns mit dieser Weiterentwicklung des MP befassen, wollen wir jedoch die Linearisierung terminaler Kategorien problematisieren.

4.2   Probleme der Linearisierung: Kaynes Antisymmetrie-Hypothese

In 2.3.2 haben wir darauf hingewiesen, dass übereinzelsprachliche Wortstellungsvariation, wie sie sich etwa im Kontrast SVO vs. SOV oder in der Verwendung von Prä- bzw. Postpositionen manifestiert, im P&P-Modell mithilfe des Kopfparameters modelliert wird, der jeweils als kopf-initial oder kopf-final parametrisiert ist. Für die romanischen Sprachen, die sich durch SVO und Präpositionen auszeichnen, muss eine Parametrisierung aller Phrasentypen als kopf-initial angenommen werden (13a), während das Türkische, das SOV und Postpositionen aufweist, durchgehend kopf-final ist (13b). Für Sprachen wie Latein oder Deutsch bedeutet dies wiederum, dass die VP kopf-final, die PP hingegen kopf-initial parametrisiert ist (13c).

(13) a. fr.   [$_{VP}$ passer [$_{DP}$ l'examen]]   [$_{PP}$ avec [$_{DP}$ l'étudiant]]
          it.   [$_{VP}$ passare [$_{DP}$ l'esame]]   [$_{PP}$ con [$_{DP}$ lo studente]]
          sp.   [$_{VP}$ aprobar [$_{DP}$ el examen]]   [$_{PP}$ con [$_{DP}$ el estudiante]]
      b. türk. [$_{VP}$ [$_{DP}$ sınavı] başarmak]   [$_{PP}$ [$_{DP}$ öğrenci] ile]

c. dt.   [$_{VP}$ [$_{DP}$ das Examen] bestehen]   [$_{PP}$ mit [$_{DP}$ dem Studenten]]

   lat.   [$_{VP}$ [$_{DP}$ examen] superare]   [$_{PP}$ cum [$_{DP}$ discipulō]]

Problematisch ist nun, dass die herkömmliche X-bar-Syntax keine hierarchischen Strukturen bereitstellt, aus denen sich in eindeutiger Weise eine bestimmte lineare Abfolge der Terminalen ableiten ließe, denn die Schwesternrelation zwischen Kopf und Komplement ist qua Kopfparameter beliebig umkehrbar. Ebenso wenig besteht eine Korrelation zwischen positioneller Höhe zweier Knoten im Strukturbaum und der linearen Abfolge der entsprechenden Terminalen. So ist z. B. eine rechts adjungierte Konstituente wie die fakultative Ortsangabe in (14) strukturell höher positioniert als etwa das *v*P-interne Objekt *un cigarrillo* (vgl. 3.5.3), doch geht die PP *en la calle* dem direkten Objekt *un cigarrillo* in der linearen Abfolge nicht voraus.

(14)   sp.   [$_{vP}$ [$_{vP}$ María fuma un cigarrillo] en la calle]

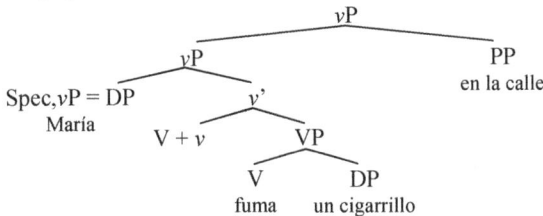

Vereinfacht gesagt bedeutet dies, dass Aussagen wie 'α ist im Strukturbaum höher als β' bzw. 'α ist im Strukturbaum tiefer als β' nicht unbedingt gleichzusetzen sind mit 'α geht β in der linearen Abfolge voraus' bzw. 'α folgt β in der linearen Abfolge'. Genau hier setzt Kayne (1994) mit seiner sog. Antisymmetriehypothese an. Sein Ziel ist es, einen Mechanismus zu entwickeln, mithilfe dessen sich die Wortstellung unmittelbar aus den hierarchischen Relationen in der Baumstruktur ableiten lässt. Hierzu postuliert er das sog. **Lineare Korrespondenzaxiom** (engl. *Linear Correspondence Axiom*, LCA), welches besagt, dass die lineare Abfolge von zwei Terminalen *a* und *b* unmittelbar der Relation der sie dominierenden Knoten α und β in der jeweiligen Baumstruktur entspricht.[8] Das LCA lässt sich informell wie folgt definieren:

> Lineares Korrespondenzaxiom (LCA): Wenn ein Knoten α einen Knoten β asymmetrisch c-kommandiert, geht jede Terminale *a*, die von α unmittelbar oder mittelbar dominiert wird, jeder Terminalen *b*, die von β unmittelbar oder mittelbar dominiert wird, in der linearen Abfolge voraus.

Den Begriff des asymmetrischen c-Kommandos haben wir in 3.3 eingeführt: C-kommandiert ein Knoten α einen anderen Knoten β asymmetrisch, dann c-kommandiert α β, nicht jedoch β α. Legt man das LCA zugrunde, das essenziell auf dieser Relation beruht, folgt aus 'α c-kommandiert β asymmetrisch' automatisch die Terminalabfolge *a b*. Damit verstoßen Rechtsadjunkte wie die in (14) gegen das LCA; die o. g. Struktur sollte also ausgeschlossen sein, da sie sich nicht eindeutig in eine bestimmte Wortstellung überführen lässt.

---

[8]   Wir können hier nur die zentralen Aspekte beleuchten; eine detaillierte Einführung in Kaynes Modell anhand französischer Daten gibt Gabriel (2002: 148–163). Auf die Herleitung des komplizierten Formalismus wird an dieser Stelle verzichtet (vgl. hierzu Kayne 1994: 3–12).

Interessanterweise ermöglicht das LCA die Herleitung einiger Prinzipien, die im Rahmen der traditionellen X-bar-Syntax stipuliert werden mussten, so z. B. die Vorschrift, keinen Kopf, sondern nur eine Phrase als Komplement zuzulassen: Wäre nämlich ein Kopf (z. B. N) das Komplement eines weiteren Kopfes (z. B. eines D), ergäbe sich mit (15a) eine Konfiguration, die mangels asymmetrischen c-Kommandos nicht eindeutig in eine lineare Abfolge überführt werden kann. LCA-kompatibel und somit eindeutig linearisierbar ist hingegen die in (15c) gegebene Repräsentation; das asymmetrische c-Kommando wird hier durch den gestrichelten Pfeil symbolisiert.

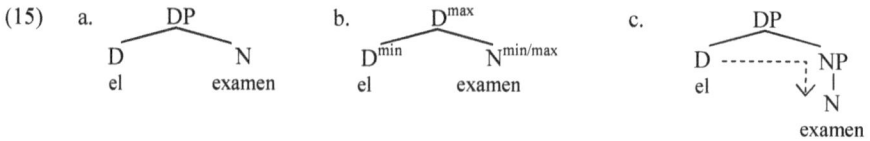

(15)   a.   DP   b. D^{max} c.   DP

      D   N D^{min} $N^{min/max}$ D - - - - - - - - NP

      el   examen   el   examen   el   N

                                                     examen

Wenn wir uns an dieser Stelle an das in 4.1.4 eingeführte minimalistische Konzept der BPS erinnern, wird deutlich, dass Minimalismus und Antisymmetriehypothese nicht ohne weiteres kompatibel sind: Laut BPS wird für eine DP wie *el examen* mit (15a) bzw. (15b; vgl. 6) eine Struktur angenommen, die nach Kayne (1994) ausgeschlossen werden muss. Bevor wir diese Problematik am Schluss dieses Abschnitts vertiefen, wollen wir uns zunächst klar machen, was es bedeutet, wenn man das LCA als ein universales Prinzip auffasst, das für alle Sprachen Gültigkeit hat. Betrachten wir hierzu den Kontrast zwischen den romanischen Sprachen, die die zugrunde liegende Wortstellung SVO aufweisen, und **SOV-Sprachen** wie Deutsch, Lateinisch oder Türkisch. Nehmen wir an, dass die DP sp. *el examen* aus (15) in einer VP als Komplement auftritt und im Spezifikator eine Subjekt-DP basisgeneriert wird.[9] Die hieraus resultierende Struktur [$_{VP}$ *el estudiante aprobará el examen*] ist insofern mit dem LCA kompatibel, als der Knoten Spec,VP (der die Terminalen *el* und *estudiante* dominiert) den Knoten V asymmetrisch c-kommandiert, der wiederum den das Objekt *el examen* dominierenden Komplement-Knoten asymmetrisch c-kommandiert (vgl. 16a). In einer SOV-Sprache wie dem Türkischen liegen die Dinge anders: Hier c-kommandiert das Verb sein Komplement asymmetrisch, doch es geht ihm in der linearen Abfolge nicht voraus, vgl. türk. [$_{DP}$ *sınavı*][$_{V}$ *başaracak*] 'er/sie wird das Examen bestehen'. In Bezug auf die Abfolge von Verb und Komplement könnte man hier das LCA sozusagen 'umdrehen' und stipulieren, dass die Relation 'α c-kommandiert β' nicht in lineare Präzedenz (Abfolge: *a b*), sondern umgekehrt in die Abfolge *b a* zu überführen sei. Kommt allerdings der Spezifikator hinzu, der im Türkischen ebenso wie in den romanischen Sprachen links von Verb und Objekt erscheint, dann kann dies nicht aufrecht erhalten werden, denn hier entspricht asymmetrisches c-Kommando wieder linearer Präzedenz. Die Repräsentation in (16b) ist also nicht mit dem LCA kompatibel.

---

[9]   Aus Gründen der Übersichtlichkeit abstrahieren wir hier von der in 4.1.3 über alle transitiven Strukturen generalisierten *v*P.

(16) a.

```
                    VP
         ┌──────────┴──────────┐
    Spec,VP ------┐          V'
         △        ↓    ┌──────┴──────┐
    el estudiante  Kopf V ------ Kompl.
                  aprobará        ↓
                              ┌───△───┐
                              el examen
```

b.

```
                    VP
         ┌──────────┴──────────┐
    Spec,VP ------┐          V'
         △        ↓    ┌──────┴──────┐
     öğrenci       Kompl. ┌------ Kopf V
                   ↓  △           başaracak
                  sınavı
```

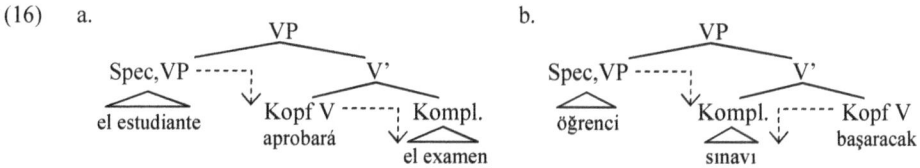

Kayne (1994: 35) schließt hieraus, dass auch SOV-Sprachen zugrunde liegend SVO sein müssen und dass die Oberflächenabfolge SOV das Resultat einer overten Bewegung des Objekts in eine strukturell höhere Position sei (vgl. Fußnote 5). Es wird also angenommen, dass alle Sprachen zugrunde liegend ausschließlich linksverzweigende Strukturen ausbilden (für eine auf das Lateinische bezogene Diskussion dieser Hypothese vgl. Rinke 2007: 102–116). Die Konsequenz ist, dass viele der herkömmlichen Analysen, die wir in Kapitel 3 vorgestellt haben, nicht mehr möglich sind. Neben der Wortstellung SOV betrifft dies u. a. alle adjungierten Konstituenten, die in der linearen Abfolge ihrem Bezugselement folgen, wie z. B. **adverbiale Nebensätze** (fr. *Il écoute un disque* [$_{CP}$ *pendant qu'il lave la vaisselle*]) oder auch *v*P-bezogene **PP-Adjunkte** wie *en la calle* in (14). Um hier eine LCA-konforme Derivation zu ermöglichen, kann mit Cinque (1999) eine zusätzliche funktionale Projektion FP über der *v*P angenommen werden, in deren Spezifikator das PP-Adjunkt basisgeneriert wird (17a).[10] Da die PP in der linearen Abfolge jedoch am rechten Satzrand platziert ist, müssen zusätzliche overte Bewegungen angenommen werden, um die jeweilige Wortstellung aus zugrunde liegend linksverzweigenden Strukturen herleiten zu können (17b).

(17) a. sp. [$_{FP}$ [$_{Spec,FP \,=\, PP}$ en la calle] F [$_{vP}$ María fuma un cigarrillo]]
     b.   María fuma un cigarrillo [$_{FP}$ en la calle F [$_{vP}$ ~~María fuma un cigarrillo~~]]

Ein weiteres Beispiel für Konstruktionen, die sich im P&P-Modell als Adjunktionsstrukturen auffassen lassen (Jones 1996: 500; vgl. auch Müller/Riemer 1998: 128) und für die eine neue Analyse gefunden werden muss, wenn man die Antisymmetriehypothese zugrunde legt, sind **Relativsätze**. Die in (18a) skizzierte Analyse ist nicht LCA-konform, da sie mit der an N' adjungierten CP eine rechtsverzweigende Struktur enthält.

(18) a. fr. [$_{DP}$ le [$_{NP}$ [$_{N'}$ [$_{N'}$ [$_{N}$ garçon]] [$_{CP}$ que je vois]]]]

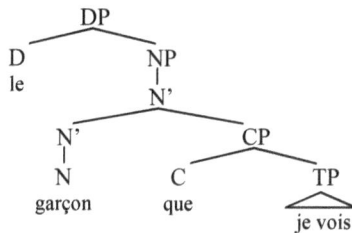

```
                    DP
          ┌──────────┴──────────┐
          D                     NP
          le                    │
                                N'
                      ┌─────────┴─────────┐
                     N'                   CP
                      │            ┌───────┴───────┐
                      N            C               TP
                    garçon        que              △
                                               je vois
```

---

[10] Eine solche zusätzliche funktionale Kategorie ist notwendig, da aus Gründen, die hier nicht weiter besprochen werden können, in Kaynes Ansatz der Spezifikator als Linksadjunkt uminterpretiert wird. Da zudem nur ein Adjunkt pro Phrase erlaubt ist und das im Spezifikator der *v*P generierte Subjekt als ein solches interpretiert wird, muss ein *v*P-Adjunkt wie [$_{PP}$ *en la calle*] im Spezifikator einer weiteren funktionalen Projektion generiert werden (vgl. Gabriel 2002: 153ff.). Im Ansatz von Cinque (1999) werden insgesamt 39 verschiedene funktionale Köpfe unterschieden, in deren Spezifikator semantisch unterschiedliche Adjunkte basisgeneriert werden.

Kayne (1994: 86-92) hat stattdessen vorgeschlagen, die CP nicht als Rechtsadjunkt zu N',
sondern als Komplement von D aufzufassen. Das Bezugswort des Relativsatzes (hier: *garçon*) wird als bloßes N bzw. unter der Annahme von BPS als $N^{min/max}$ in der VP-internen
Komplementposition basisgeneriert und dann overt in die Spezifikatorposition der CP bewegt, damit es in der linearen Abfolge unmittelbar auf den Determinanten folgt. Die entsprechende Bewegungsoperation veranschaulichen wir in (18b):

(18)   b.   fr. $[_{DP}$ le $[_{CP}$ que $[_{TP}$ je vois $[_{NP}$ garçon$]]]] \rightarrow$
              $[_{DP}$ le $[_{CP} [_{Spec,CP=NP}$ garçon$]$ que $[_{TP}$ je vois $[_{NP}$ ~~garçon~~$]]]]$

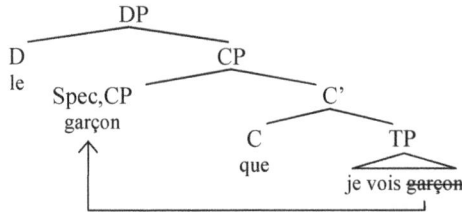

In 5.3 werden wir in Zusammenhang mit der Adjektivstellung in den romanischen Sprachen auf die von Kayne (1994) vorgeschlagene Relativsatzanalyse zurückkommen.

Kommen wir nun auf das Verhältnis von **Minimalismus und Antisymmetrie** zurück.
Wir haben gesagt, dass in Kaynes Modell zur Herleitung der Wortstellung oft zusätzliche
syntaktische Bewegungen angenommen werden müssen, die schlicht und einfach deswegen
erfolgen, weil anderweitig keine LCA-konforme Herleitung möglich ist. Als Beispiele haben wir die Herleitung der Wortstellung SOV aus der zugrunde liegenden Abfolge SVO
sowie Strukturen mit Rechtsadjunkten und Relativsätzen besprochen. Im Minimalismus
wird hingegen eine strikt merkmalgetriebene Syntaxkonzeption vertreten, in deren Rahmen
Bewegungen nur erfolgen, wenn sie durch entsprechende Merkmale ausgelöst werden
(*checking*-Modell, vgl. 4.1.4). Ein weiterer Aspekt betrifft den Umgang mit leeren Kategorien: Im MP werden leere Kategorien aus Gründen derivationeller Ökonomie (vgl. 4.1.3,
4.1.5) auf diejenigen funktionalen Projektionen beschränkt, die für die Lizenzierung syntaktischer Strukturen nötig sind. Demgegenüber muss Kayne eine Vielzahl zusätzlicher leerer
Köpfe annehmen, um für bestimmte Strukturen LCA-konforme Lösungen bereitzustellen.
Auch dies steht im Widerspruch zu den minimalistischen Ökonomieprinzipien. Der zentrale
Konfliktpunkt ist jedoch, dass im MP das Verhältnis von struktureller Hierarchie und linearer Abfolge nicht eindeutig geklärt ist: Zwar wird der Kopfparameter nicht explizit abge-
schafft, doch ist eine solche Annahme kaum noch sinnvoll, wenn man – wie Chomsky es ab
der 1993er Version des MP tut – unterschiedliche Wortstellung durch starke bzw. schwache
Merkmale in funktionalen Kategorien herleitet, die entsprechende Bewegungen auslösen.[11]
Allerdings sind die von *Merge* (vgl. 4.1.4) erstellten Schwesterrelationen nicht *per se* auf
eine bestimmte Terminalabfolge festgelegt, denn laut Chomsky (1995: 334) spielt die linea-

---

[11]   Die hiermit verbundene Abschaffung des Kopfparameters ist insofern stringent, als die Syntax an
      sich dann keine Variation mehr enthält und Variation allein über die Merkmale funktionaler Kate-
      gorien abgebildet wird.

re Abfolge der Elemente in der Redekette für LF keine Rolle. Anders ausgedrückt: Die Anwendung von *Merge* auf zwei Kategorien α und β kann sowohl der Wortstellung *a b* als auch der Abfolge *b a* entsprechen, d. h. die Notationen {α {α, β}} oder {α { β, α}} sind genau genommen identisch und beinhalten keinerlei Information über die lineare Abfolge der von α und β dominierten Terminalen (vgl. auch Ouhalla 1999: 454). Andererseits ist klar, dass spätestens dann, wenn die Informationen von PF an das artikulatorisch-perzeptuelle System übergeben werden, die lineare Abfolge in irgendeiner Weise determiniert werden muss. Chomsky löst das Problem, indem er das LCA als ein Prinzip auffasst, das nicht auf allen Strukturebenen, sondern nur auf PF operiert: „We take the LCA to be a principle of the phonological component" (1995: 340). Die Herleitung der Wortstellung wird damit auf PF verortet: „[O]rdering is part of the phonological component" (1995: 334). Der springende Punkt hierbei ist, dass Spuren bzw. nicht realisierte Kopien für das LCA unsichtbar sind, d. h. dass von *Merge* aufgebaute Konfigurationen wie sp. *para el examen* (19a), die nicht mit dem LCA kompatibel sind (vgl. 15a, b), kein Problem darstellen, wenn das Nomen aus seiner Basisposition herausbewegt wird und an seiner Stelle nur die (für das LCA) unsichtbare Spur bzw. Kopie verbleibt. Dies kann gewährleistet werden, wenn man beispielsweise mit Longobardi (1994) annimmt, dass nominale Köpfe generell nicht in ihrer Basisposition verbleiben, sondern nach D angehoben werden (19b).

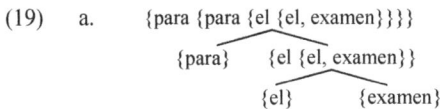

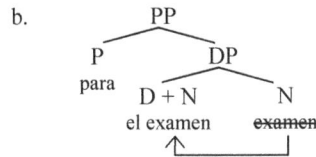

(19) a. {para {para {el {el, examen}}}}   b. PP

Zweifelsohne hat Kayne (1994) mit seiner Antisymmetriehypothese, die eine eindeutige Entsprechung von struktureller Hierarchie und linearer Abfolge vorsieht, ein zentrales Problem der generativen Syntaxtheorie gelöst. Die konkrete Umsetzung der theoretischen Vorgaben stößt allerdings auf Probleme, da LCA-konforme Ableitungen oft die Annahme von zusätzlichen funktionalen Projektionen und Bewegungsoperationen voraussetzen. Insbesondere bei OV-Sprachen ist dies problematisch, da hier zur Herleitung der unmarkierten Wortstellung SOV syntaktische Bewegungen erforderlich sind, wie man sie sonst nur für abgeleitete Sätze annehmen würde. So ist es kaum verwunderlich, dass es in letzter Zeit um Kaynes Modell wieder etwas stiller wurde, nachdem in den 1990er Jahren zahlreiche Arbeiten veröffentlicht wurden (z. B. Beerman et al. 1997), die LCA-konforme Analysevorschläge für diesbezüglich problematische Konstruktionen wie die oben genannten diskutieren.

4.3 Phrasenstruktur im neueren Minimalismus

In Zusammenhang mit der Analyse von Konstruktionen mit postverbalen Subjekten, wie sie u. a. bei unakkusativen Verben auftreten, haben wir auf die Problematik hingewiesen, dass die Kasuslizenzierung des Subjekts an dessen Bewegung in die Spezifikatorposition der TP (bzw. IP) gebunden ist (vgl. 3.6.3, 4.1.5). Wir werden im Folgenden die Operation *Agree* kennen lernen, die Kasuslizenzierung auch 'über Distanz' ermöglicht (4.3.1). Danach wenden wir uns dem Umgang mit Kopfbewegungen im neueren Minimalismus zu (4.3.2) und befassen uns mit der Idee, dass syntaktische Derivationen in Phasen ablaufen, d. h. dass die entsprechenden Informationen nicht auf einmal, sondern schrittweise an die Schnittstellen A-P und C-I übermittelt werden (4.3.3).

4.3.1   Das Sonde-Ziel-Modell und die Operation *Agree*

Um das Problem der Kasuslizenzierung postverbaler Subjekte und darüber hinaus Kongruenzphänomene im Allgemeinen besser in den Griff zu bekommen, hat Chomsky (2000, 2001) das *checking*-Modell durch die Operation *Agree* ersetzt, die man sich als Übereinstimmungsoperation zwischen einer sog. Sonde (engl. *probe*) und einem Ziel (engl. *target*) vorstellen kann. *Agree* erfolgt dabei jeweils zwischen den Mengen an phi-Merkmalen der beteiligten Kategorien. Potenziell kann somit jedes Element, das Merkmale für Person, Numerus und/oder Genus aufweist, Sonde und/oder Ziel sein. Dabei wird unterschieden zwischen den kompletten phi-Mengen von DPn und T-Köpfen (Person, Numerus und Genus) und defektiven phi-Mengen, wie sie etwa bei romanischen Partizipien vorkommen: So sind z. B. die Partizipien in fr. *Je les ai lavés (les ~ les torchons)* oder it. *Le ho lavate (le ~ le pezze)* für Numerus und Genus, nicht aber für Person spezifiziert.[12]

Im *Agree*-Modell ist Kongruenz nicht an Bewegung gebunden, sie wird vielmehr als Voraussetzung für eine mögliche Bewegung aufgefasst. Eine weitere grundlegende Änderung gegenüber dem *checking*-Modell (und letztlich eine Wiederannäherung an das Konzept der Kasuszuweisung des P&P-Modells) ist die Annahme, dass strukturelle Kasusmerkmale bei der Auswahl der Kategorien aus dem Lexikon noch nicht auf einen bestimmten Kasuswert festgelegt sind, sondern dass dessen Bestimmung ein Reflex einer erfolgreich durchgeführten Operation *Agree* ist. Welchen Kasuswert die betreffende DP erhält, ist wiederum von der beteiligten funktionalen Kategorie abhängig. Betrachten wir nun das Vorgehen im Einzelnen anhand der Subjekt-Verb-Kongruenz. Wir wissen bereits, dass T die i. d. R. am Verb morphologisch realisierten Subjektkongruenzmerkmale kodiert. Im Gegensatz zu den phi-Merkmalen der Subjekt-DP, die z. B. über die Interpretation als singularisches oder pluralisches Subjekt entscheiden, haben die in T kodierten phi-Merkmale keinen semantischen Gehalt ([-int]) und müssen deshalb im Verlauf der syntaktischen Ableitung getilgt werden (vgl. 4.1.2). Anders als im älteren Minimalismus (Chomsky 1995, vgl. Kap. 4.1.4) wird angenommen, dass die phi-Merkmale von T bei der Entnahme aus dem Lexikon noch nicht für bestimmte Merkmalwerte festgelegt sind. Eine Validierung erfolgt erst im

---

[12]   Im Spanischen tritt Kongruenz nur bei adjektivischem Gebrauch und im Passiv auf: *Los trapos están lavados* 'Die Lappen sind gewaschen (d. h. sauber)' bzw. *Los trapos son lavados ecológicamente* 'Die Lappen werden umweltschonend gewaschen', aber: *Los he lavado (los ~ los trapos)*.

Verlauf der Derivation, und zwar indem T die Merkmalbelegung der phi-Menge des grammatischen Subjekts übernimmt. Dies entspricht der Intuition, dass Kongruenz ein einseitiges Phänomen ist: Finite Verbformen passen sich in Person und Numerus dem Subjekt an und nicht etwa umgekehrt; ebenso richtet sich bei einem Passivsatz mit einer periphrastischen (zusammengesetzten) Verbform wie fr. *Les torchons ont été lavés* die Form des Partizips (hier: *lavés*) in Numerus und Genus nach dem internen Argument (hier: *les torchons*).

Die phi-Menge von T wird als Sonde aufgefasst, die den von ihr asymmetrisch c-kommandierten Teil des Strukturbaums nach einer Ziel-Kategorie (engl. *goal*) absucht, die ebenfalls eine phi-Menge aufweist, die als Ziel infrage kommt (engl. *target*). Ob zwischen diesem und der Sonde auch tatsächlich *Agree* erfolgt, hängt davon ab, ob die gefundene phi-Menge den Anforderungen der Sonde gerecht wird. Eine passende Ziel-Kategorie stellt z. B. eine in Spec,vP basisgenerierte (Subjekt-)DP dar, die über eine komplette phi-Menge verfügt. Nachdem sie die Merkmalwerte des Ziels übernommen hat, wird die Sonde getilgt, da sie, wie oben ausgeführt, eine Menge von [-int(erpretierbaren)] Merkmalen darstellt.

Wir haben bereits gesagt, dass struktureller Kasus nach Chomsky (2000) weder zugewiesen noch überprüft wird, sondern vielmehr einen Reflex von *Agree* darstellt. In Bezug auf den Subjektkasus lässt sich sagen, dass T lediglich eine Menge von (unspezifizierten) phi-Merkmalen aufweist (Sonde), aber kein kasusüberprüfendes Merkmal, wie im Vorgängermodell angenommen. Ebenso enthält die Ziel-DP kein spezifisches Kasusmerkmal, das es zu überprüfen gilt, sondern lediglich ein unvalidiertes. Ist der Kasuswert nach erfolgtem *Agree* festgelegt (beim Subjekt: Nominativ), wird die betreffende DP für eine potenzielle Bewegung 'freigeschaltet'. Damit ist Kasus ist nicht bewegungsauslösend: „[Syntactic] operations are not induced by Case-checking requirements" (Chomsky 2000: 127). Ob die Bewegung erfolgt, hängt davon ab, ob im entsprechenden Kopf (hier: T) ein sog. **EPP-Merkmal** kodiert ist, das die Eröffnung und Besetzung der Spezifikatorposition fordert und somit als 'Nachfolger' des starken D-Merkmals im *checking*-Modell aufzufassen ist.[13] Ist ein solches EPP-Merkmal in T vorhanden, erfolgt overte Subjektanhebung nach Spec,TP.

Tabelle (20) resümiert die für die Herleitung einfacher Sätze benötigten Sondentypen. Anders als im Vorgängermodell (4.1.3) wird angenommen, dass auch in passivischen und unakkusativen Konstruktionen eine vP projiziert wird; der jeweilige v-Kopf weist jedoch eine defektive phi-Menge auf und kann keinen Kasus instanziieren (20c).

(20)

		phi-Menge	Kasus	Beispiel
a.	T^{+fin}	komplett	NOM	sp. Los chicos T [$_{vP}$ ~~los chicos~~$_{NOM}$ v escriben cartas]
				it. Le lettere sono T [$_{vP}$ v scritte ~~le lettere~~$_{NOM}$]
b.	$v^{transitiv}$	komplett	AKK	fr. Les garçons T [$_{vP}$ ~~les g.~~ v écrivent des lettres$_{AKK}$]
c.	$v^{pass./unakk.}$	defektiv	–	sp. Las cartas fueron T [$_{vP}$ v escritas ~~las cartas~~$_{NOM}$]
				it. I ragazzi sono T [$_{vP}$ v arrivati ~~i ragazzi~~$_{NOM}$]

---

[13] Das Erweiterte Projektionsprinzip haben wir bereits in 3.5.4 besprochen. Im neueren Minimalismus wird das EPP-Merkmal als bewegungsauslösendes Merkmal aufgefasst, das nicht nur in T, sondern auch in v oder C situiert sein kann: Weist ein Kopf X ein EPP-Merkmal auf, ist die Besetzung von Spec,XP obligatorisch.

Inhärenter Kasus ist hingegen von *Agree* unabhängig und wird wie im traditionellen P&P-Modell vom Verb zugewiesen: „Where assigned by V, not *v*, Case‚ is inherent" (Chomsky 2001: 43, Anm. 8).[14] Wir betrachten im Folgenden das Zusammenspiel von *Agree*, Kasus-instanziierung und Bewegung anhand des it. Passivsatzes aus (20a) *Le lettere sono scritte*.[15] Dabei fassen wir das Hilfsverb *sono* als Instanziierung des finiten T-Kopfes auf und setzen es an der entsprechenden Stelle in den Strukturbaum ein.

Zunächst erfolgt die Anwendung der Operation *Merge* auf das Substantiv [$_N$ *lettere*] und den definiten Artikel; dann wird [$_{DP}$ *le lettere*] mit dem Partizip des Verbs *scrivere* verkettet. Das Verb weist der in Komplementposition befindlichen DP gemäß UTAH (vgl. 3.7.2) die Thetarolle THEMA zu. Dabei wird das Partizip noch ohne Festlegung von Merkmalwerten für Numerus und Genus in den V-Knoten eingesetzt; spezifische Werte wie [Num.:Pl] und [Gen.:f] sind das Ergebnis einer erfolgreich verlaufenen Übereinstimmungs-operation. Wir verdeutlichen dies, indem wir das Partizip zunächst ohne Endung als *scritt-* notieren (vgl. Strukturbaum 21c) und die für Numerus und Genus markierte Form *scritte* erst nach erfolgter Merkmalvalidierung verwenden (vgl. 22b). Demgegenüber sind die Merkmalwerte des Substantivs [$_N$ *lettere*] bereits in der Numeration *N* als [Num.:Pl] und [Gen.:f] spezifiziert: Das Genusmerkmal ist intrinsisch, also im Lexikon festgeschrieben (vgl. 4.1.2); die Belegung des Numerusmerkmals mit dem Wert [Pl] ist ein bewusster Akt des Sprechers, der zum Ausdruck bringen will, dass es sich nicht um einen, sondern um mehrere Briefe handelt. Der Aufbau der DP vollzieht sich wie in 4.1.4 beschrieben, jedoch wird hier der definite Artikel ohne Merkmalspezifizierung für Numerus und Genus aus dem Lexikon entnommen (das Personmerkmal [Pers.:3] ist intrinsisch). Die konkreten Merkmal-belegungen [Num.:Pl] und [Gen.:f] erhält der bestimmte Artikel dadurch, dass die in D enthaltene phi-Menge als Sonde den von D c-kommandierten Bereich nach einem passen-den Ziel absucht und nach Auffinden von [$_N$ *lettere*] die Merkmalbelegungen des Ziels auf die eigenen phi-Merkmale überträgt (vgl. 21a). Dies ist möglich, da [$_N$ *lettere*] Werte für al-le Merkmale aufweist, die in der Sonde noch nicht validiert sind (21b). Da nach Chomsky (2004) Merkmale, die im Verlauf der Derivation durch *Agree* ihre jeweilige Spezifizierung erhalten, grundsätzlich auf LF [-int] sind, müssen die phi-Merkmale von D getilgt werden (angezeigt mittels Durchstreichung). Allerdings muss auch ein nicht-interpretierbares Merkmal für die phonologische Komponente zugänglich sein, „since it may have a phonetic reflex" (2004: 116). Ein solcher 'PF-Reflex' liegt im Fall des definiten Artikels vor, der je nach Merkmalbelegung in unterschiedlicher Form realisiert wird (die Auswahl von *le* aus dem entsprechenden Paradigma wird in (21b) durch Fettdruck symbolisiert).[16] Wichtig ist zudem, dass D Träger des Kasusmerkmals ist. Der Wert des strukturellen Kasusmerkmals

---

[14] Für die Eigenschaften anderer Sondentypen, die z. B. in Anhebungs- und Kontrollkonstruktionen auftreten, vgl. Mensching (2005) und Gabriel (2007: 107).

[15] Für eine Anwendung auf das Portugiesische vgl. Gabriel (2012: 169–173).

[16] Chomsky (2001: 12f.) nimmt an, dass getilgte Merkmale präsent bleiben, bis sie im Rahmen des schrittweise vonstatten gehenden *Spellout* an die Schnittstelle A-P übermittelt werden. Diese Übergabe von eventuell overt zu realisierenden Merkmalen erfolgt jeweils nach Abschluss einer sog. 'starken Phase', d. h. nach dem Aufbau der *v*P bzw. CP (vgl. 4.3.3).

der DP ist zum Zeitpunkt der Verkettung mit der Verbform (Partizip *scritt-*) noch nicht spezifiziert; es liegt lediglich ein noch nicht validiertes Kasusmerkmal vor, dessen spezifischer Wert im weiteren Verlauf entsprechend den in (20) festgehaltenen Prinzipien bestimmt wird.[17] Der in (21c) gegebene Strukturbaum repräsentiert das Derivationsstadium nach der Verkettung der DP mit dem Partizip [$_V$ *scritt-*].

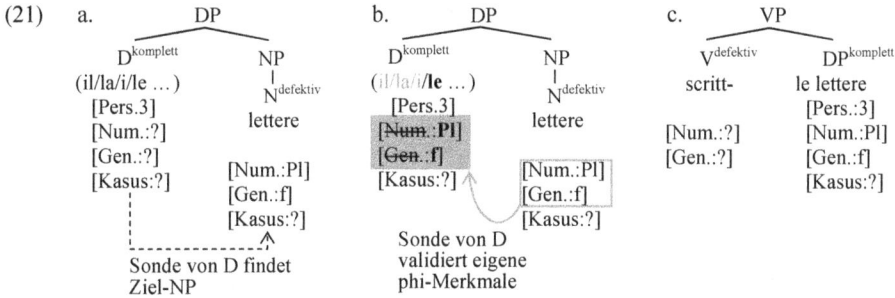

(21)

a.
```
            DP
         /      \
  D^komplett     NP
  (il/la/i/le …)  |
  [Pers.3]       N^defektiv
  [Num.:?]       lettere
  [Gen.:?]
  [Kasus:?]      [Num.:Pl]
      ¦          [Gen.:f]
      ¦          [Kasus:?]
      L - - - - - - - ∧
      Sonde von D findet
      Ziel-NP
```

b.
```
            DP
         /      \
  D^komplett     NP
  (il/la/i/le …)  |
  [Pers.3]       N^defektiv
  [Num.:Pl]      lettere
  [Gen.:f]
  [Kasus:?] ∧    [Num.:Pl]
               [Gen.:f]
               [Kasus:?]
      Sonde von D
      validiert eigene
      phi-Merkmale
```

c.
```
            VP
         /      \
  V^defektiv     DP^komplett
  scritt-        le lettere
                 [Pers.:3]
  [Num.:?]       [Num.:Pl]
  [Gen.:?]       [Gen.:f]
                 [Kasus:?]
```

Nach der Verkettung von V und DP (vgl. 21c) sucht die defektive Sonde des Partizips (das Merkmale für Numerus und Genus, nicht aber für Person aufweist) nach einem passenden Ziel und findet die DP *le lettere*, die über eine komplette phi-Menge verfügt (22a). Es erfolgt *Agree*, wobei die Sonde ihre bislang noch unspezifizierten Numerus- und Genusmerkmale mit den Werten [Pl] bzw. [f] belegt. Der entsprechende 'PF-Reflex' zeigt sich in der (morphologisch realisierten) Kongruenz zwischen Partizip *scritte* und DP (22b). Der Kasuswert der DP kann jedoch erst bestimmt werden, wenn ein funktionaler Kopf ins Spiel kommt, der das Potenzial zur Kasusbestimmung hat. Laut Tabelle (20) weist der *v*-Kopf in Passivsätzen eine defektive Sonde ($v^{defektiv}$) auf (Merkmale für Numerus und Genus, nicht aber für Person) und kann somit keinen Kasuswert festlegen. Die Sonde des *v*-Kopfes sucht nun nach einem Ziel und findet das Partizip V, dessen phi-Merkmale bereits validiert sind. Zwischen *v* (Sonde) und V (Ziel) erfolgt also *Agree*, wobei die Merkmalwerte [Pl] und [f] vom Ziel auf die Sonde übertragen werden. Die Tilgung der nicht-interpretierbaren phi-Merkmale von *v* und V wird durch Durchstreichung angezeigt (22b, c).

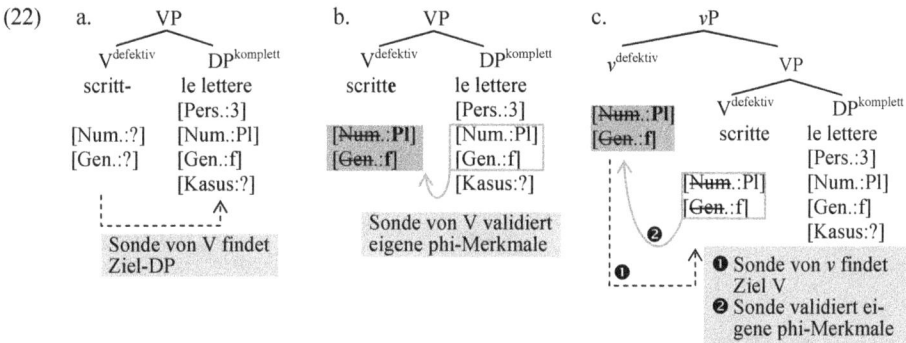

(22)

a.
```
            VP
         /      \
  V^defektiv     DP^komplett
  scritt-        le lettere
                 [Pers.:3]
  [Num.:?]       [Num.:Pl]
  [Gen.:?]       [Gen.:f]
                 [Kasus:?]
      ¦
      L - - - - - ∧
      Sonde von V findet
      Ziel-DP
```

b.
```
            VP
         /      \
  V^defektiv     DP^komplett
  scritte        le lettere
                 [Pers.:3]
  [Num.:Pl]      [Num.:Pl]
  [Gen.:f]       [Gen.:f]
            ∧    [Kasus:?]
      Sonde von V validiert
      eigene phi-Merkmale
```

c.
```
                 vP
              /       \
  v^defektiv             VP
            /         \
  [Num.:Pl]    V^defektiv    DP^komplett
  [Gen.:f]     scritte       le lettere
                             [Pers.:3]
               [Num.:Pl]     [Num.:Pl]
               [Gen.:f]      [Gen.:f]
      ❷ ∧                    [Kasus:?]
   ¦ ∧
   ❶
      ❶ Sonde von v findet
        Ziel V
      ❷ Sonde validiert ei-
        gene phi-Merkmale
```

---

[17] Auch Partizipien können ein Kasusmerkmal aufweisen, nämlich wenn sie als adjektivische Form des Verbs (vgl. Chomsky 2001: 18) verwendet werden und Bestandteil einer DP sind wie z. B. in it. *Non sa scrivere* [$_{DP (Akk.)}$ *lettere ben scritte*] *come le tue.* Dieser Fall ist aber hier nicht gegeben.

Da passivische *v*-Köpfe eine defektive Sonde aufweisen, wird der Kasuswert der [DP *le lettere*] nicht instanziiert (anders läge der Fall bei einem transitiven *v*-Kopf; vgl. 20b). Die Festlegung erfolgt erst nach *Merge* von *v*-VP mit dem finiten T-Kopf T^{+fin}, der über eine komplette Sonde verfügt und als dessen Realisierung wir das Hilfsverb *sono* auffassen. Die (komplette) Sonde des T-Kopfes sucht nach einem Ziel und findet zunächst den *v*-Kopf. Da dieser aber eine defektive phi-Menge aufweist und somit nicht für alle in der Sonde offenen Merkmale entsprechende Werte übermitteln kann, erfolgt *Agree* nicht. Ausgeschlossen wird dies durch das Maximierungsprinzip („Maximize matching effects", Chomsky 2001: 15), das besagt, dass Merkmalwerte nur dann auf die Sonde übertragen werden, wenn *alle* noch unbelegten Merkmale validiert werden. In einem zweiten Vorgang findet die Sonde das Partizip und kann wiederum ihre Merkmale nicht belegen (*scritte* ist zwar für Numerus und Genus, nicht aber für Person markiert). Der dritte Sondiervorgang führt schließlich zu dem Resultat, dass T^{+fin} seine Merkmale belegen kann; zugleich wird der Kasuswert Nominativ der [DP *le lettere*] instanziiert, die damit als grammatisches Subjekt lizenziert ist:

(23)

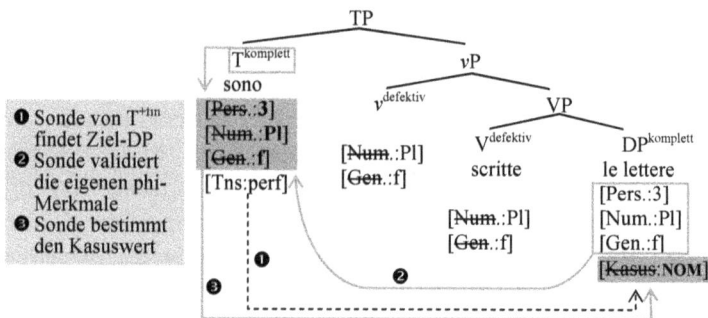

Wir haben gesagt, dass ein Vorteil des Sonde-Ziel-Modells darin besteht, dass die Kasuslizenzierung einer DP nicht an Bewegung gebunden ist und dass auf diese Weise Sätze mit postverbalen Subjekten plausibler modelliert werden können. Dabei kann das im T-Kopf anzunehmende EPP-Merkmal grundsätzlich auf zweierlei Art gelöscht werden: Entweder wird [DP *le lettere*] in die satzinitiale Subjektposition (Spec,TP) bewegt (24a) oder diese Position wird durch ein phonetisch leeres Expletivum (*pro*$_{Expl}$) besetzt (24b).

(24) a. it. [TP Le lettere sono T$^{[EPP]}$ [*v*P *v* [VP scritte [DP ~~le lettere~~]]]].
      b.   [TP *pro*$_{Expl}$ Sono T$^{[EPP]}$ [*v*P *v* [VP scritte [DP le lettere]]]].

Wir haben die Operation *Agree* anhand des Passivs erläutert und damit die Frage nach dem Umgang mit der Verbverschiebung und generell mit Kopfbewegungen im neueren Minimalismus zunächst ausgeblendet. Dies steht im Mittelpunkt des folgenden Abschnitts.

4.3.2   Kopfbewegung als PF-Syntax

Während das bewegungsauslösende starke D-Merkmal des *checking*-Modells im Sonde-Ziel-Modell durch das EPP-Merkmal ersetzt wurde, gibt es für die V-Merkmale, die z. B. in den romanischen Sprachen die Kopfbewegung des Verbs über *v* nach I bzw. T auslösen, keinen unmittelbaren 'Nachfolger'. Stattdessen wird angenommen, dass Kopf- und XP-Bewegung grundsätzlich unterschiedlich zu behandeln sind, und zwar dergestalt, dass es sich bei Kopfbewegung gar nicht um *syntaktische* Bewegung, also nicht um Strukturaufbau im eigentlichen Sinne handelt, sondern vielmehr um 'PF-Syntax', die für die Interpretation der Struktur auf LF irrelevant und lediglich durch Oberflächenbedingungen konditioniert ist: „V-raising is … not part of the narrow-syntactic computation but an operation of the phonological component" (Chomsky 2001: 37).

Hierfür sprechen zwei Gründe. Erstens lässt sich argumentieren, dass die overte Position des flektierten Verbs keinen Einfluss auf die semantische Interpretation hat: „[V]erbs are interpreted the same way whether they remain *in situ* or raise to T or C" (ibid.). In der Tat wird der Skopus von Adverbien wie in sp. *María* [$_V$ *come*] [$_{Adv}$ *a menudo*] *manzanas* oder engl. *Mary* [$_{Adv}$ *often*] [$_V$ *eats*] *apples* nicht davon beeinflusst, ob das finite Verb in der *v*P verbleibt (Englisch) oder bis nach I bzw. T angehoben wird (romanische Sprachen).

Ein zweiter Grund für die Verortung von Kopfbewegungen auf PF ist darin zu sehen, dass der Andersartigkeit von Kopf- und XP-Bewegung im *checking*-Modell nicht adäquat Rechnung getragen wird: Die Annahme prinzipiell gleichartiger bewegungsauslösender Merkmale D^{stark} bzw. V^{stark} erfordert nämlich eine stillschweigende Übereinkunft darüber, dass starke D-Merkmale auf maximale Projektionen (DP) Anwendung finden und nicht etwa nur die Anhebung des D-Kopfes auslösen und dass im Gegensatz hierzu ein starkes V-Merkmal nur die Kopfbewegung des Verbs und eben nicht die Anhebung der gesamten VP nach Spec,TP auslöst. Dies ist jedoch pure Stipulation und folgt nicht aus unabhängiger theoretischer Motivation. Gleiches zeigt sich auch im C-Bereich: Auch hier gibt es letztlich keinen Grund dafür, dass das in C angenommene verbale [wh]-Merkmal die Anhebung von V+*v*+T nach C auslöst (und nicht etwa die Bewegung der kompletten TP nach Spec,CP). Dieses Problem wird jedoch umgangen, wenn man annimmt, dass XP-Bewegungen EPP-induziert sind, Kopfbewegungen aber von PF-Bedingungen abhängen.

Wie ist dies genau zu verstehen? Die Idee ist, dass eine finite Verbform wie beispielsweise sp. *escriben* (3. Pl., Prs.) als Stamm *escrib-* (d. h. ohne die Affixe) dem Lexikon entnommen und in den V-Knoten eingesetzt wird. Die Verbform [ɛskriβen] ist dann das Ergebnis morpho-phonologischer Operationen, die nicht mit syntaktischen Mitteln, also z. B. durch Adjunktion an einen funktionalen Kopf wie T, zu beschreiben sind. Die Verbindung des lexikalischen Bestandteils der Verbform (V+*v*) mit dem (durch *Agree* mit entsprechenden Merkmalen versehenen) T-Kopf auf PF ist aber sozusagen von dem bestimmt, was die Kerngrammatik (engl. *narrow syntax*) als Grundlage liefert. Anders ausgedrückt: Die einzelnen Kopfpositionen in der erweiterten Projektion des Verbs (d. h. *v*, T und gegebenenfalls C) bilden zusammen mit V eine Kette (vgl. 3.6.4), deren einzelne Glieder die Positionen in der linearen Abfolge bestimmen, an denen die Verbform overt realisiert werden kann.[18] Ob es sich hierbei um die *v*P-interne Position handelt wie im Englischen oder die von T determinierte Position (romanisch), ist einzelsprachlich festgelegt. Betrachten wir zur Illustration die Herleitung des spanischen Satzes *Los chicos escriben (a menudo) cartas*.

(25)

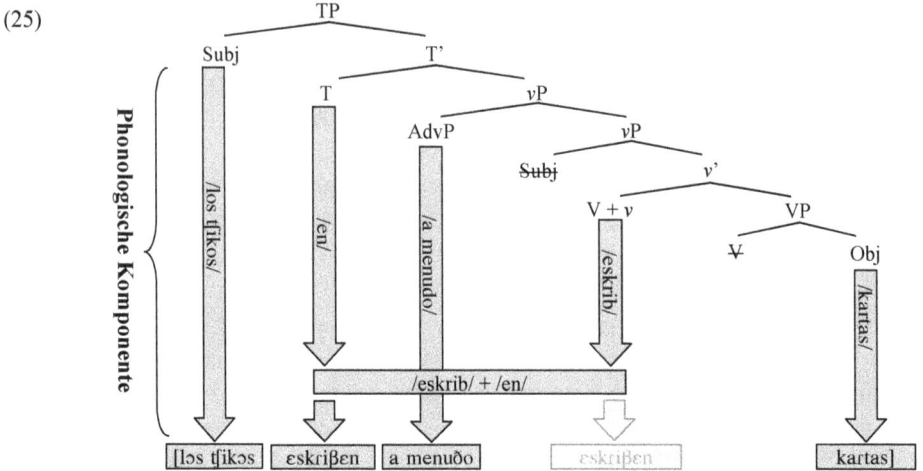

Aus der Grafik in (25) ist ersichtlich, dass die Verbform nicht an der vom V-Knoten determinierten Position realisiert werden kann: Unter der Annahme, dass das rollensemantische Potenzial erst durch das Zusammenfügen des 'lexikalischen Bestandteils' V mit dem 'Transitivierer' *v* aktiviert wird, ist für die Rollenzuweisung an das in Spec,*v*P basisgenerierte externe Argument (hier: *los chicos*) eine (syntaktische) Bewegung des V-Kopfes nach *v* nötig. Im Rahmen der Phasentheorie, die wir im folgenden Abschnitt besprechen, wird deutlich, dass die V-zu-*v*-Bewegung auch aus rein strukturellen Gründen zwingend ist.

Die mit Blick auf den oben besprochenen Kontrast zwischen spanischen und englischen Deklarativsätzen plausible Annnahme, dass Kopfbewegungen wie die des Verbs für LF irrelevant sind (vgl. sp. *Los chicos* ᵥ[*escriben*] ₐdᵥ[*a menudo*] *cartas* vs. engl. *The boys* ₐdᵥ[*often*] ᵥ[*write*] *letters*) erweist sich jedoch als problematisch, wenn man die in 3.2.3 besprochene Inversion von Verb und Subjektklitikon bei der Bildung von Fragesätzen im Französischen in Betracht zieht: Ein Fragesatz wie fr. [cₚ *Lit* [ₜₚ *il* ~~lit~~ *son journal* ?]] unterscheidet sich nämlich allein durch die Bewegung der finiten Verbform (hier: *lit*) in die C-Position von dem sonst identischen Aussagesatz [ₜₚ *Il lit son journal*]. Da die Verbverschiebung nach C den Satztyp (interrogativ) markiert, liegt hier eine Kopfbewegung vor, mit der durchaus ein semantischer Effekt verbunden ist. Wie schon Grewendorf (2002: 315) zu Recht angemerkt hat, ist es also problematisch, der in diesem Abschnitt dargestellten Auffassung Allgemeingültigkeit zuzusprechen. Diese Problematik zeigt jedoch nicht zuletzt, dass das Minimalistische Programm, wie es seit den frühen 90er Jahren als Vereinfa-

---

18   Mit Blick auf germanische Sprachen formuliert Zwart wie folgt: „Verb movement is the effect of spell-out of a chain of connected heads ..., which acknowledges the relevance of 'phonology' ..., but at the same time restricts spell-out to a set of syntactically defined positions" (2003: 13).

chung und Gegenentwurf zum klassischen P&P-Modell konzipiert wurde, (noch) kein umfassendes Analysemodell darstellt, das sich kohärent auf alle Untersuchungsfelder der romanischen Syntax anwenden ließe, sondern vielmehr stets in der Konfrontation mit sprachlichen Daten modifiziert und angepasst werden muss.

4.3.3   Phasen

Wir wollen zum Schluss dieses Kapitels mit der sog. Phasentheorie auf eine weitere Neuerung des jüngeren Minimalismus eingehen. Kommen wir hierzu auf unser italienisches Beispiel (24b) pro_{Expl} *Sono scritte le lettere* zurück, in dem das interne Argument in der Basisposition verbleibt und das EPP-Merkmal in T durch *Merge* des Expletivums in Spec,TP gelöscht wird. Aufgrund der minimalistischen Ökonomieprinzipien ist die Verkettung eines noch in der Numeration N befindlichen Elements (*Merge*) 'besser' als die Bewegung einer bereits verketteten Kategorie, da dann zusätzlich zur Bewegung die Verkettung in der Zielposition erfolgen muss (d. h. es liegen *Move* und *Merge* vor). Die in der VP-internen Komplementposition basisgenerierte [$_{DP}$ *le lettere*] wird demnach nur dann zur Löschung des EPP-Merkmals nach Spec,TP angehoben, wenn in der Numeration N keine weitere Kategorie vorliegt, die dies leisten kann (hier: pro_{Expl}). Die Annahme, dass die Bewegung des internen Arguments nach Spec,TP nur erfolgt, wenn in N kein Expletivum vorliegt, ist jedoch bei eingebetteten Passivsätzen problematisch. Betrachten wir hierzu ein Originalbeispiel von Chomsky und einige vergleichbare Konstruktionen aus den romanischen Sprachen:

(26)   a. engl.   There is a possibility that proofs will be discovered.   (Chomsky 2000: 103)
       b. fr.   Il est probable que les lettres ont été écrites par les garçons.
       c. it. pro_{Expl} È probabile che le lettere siano scritte dai ragazzi.
       d. sp. pro_{Expl} Es probable que las cartas hayan sido escritas por los chicos.

Unter den bisherigen Annahmen können die Sätze in (26) nicht korrekt abgeleitet werden: In der Subjektposition Spec,TP des eingebetteten Passivsatzes müsste jeweils ein Expletivum (engl. *there*, fr. *il* bzw. it./sp. pro_{Expl}) verkettet werden, was in allen Fällen zu einem problematischen Resultat führt:

(27)   a. engl.   *Is a possibility that [$_{TP}$ there will be discovered proofs].
       b. fr.   *Est probable que [$_{TP}$ il a été écrit les lettres (par les garçons)].
       c. it.   (?*) E' probabile che [$_{TP}$ pro_{Expl} siano scritte le lettere (dai ragazzi)].
       d. sp.   (?*) Es probable que [$_{TP}$ pro_{Expl} hayan sido escritas las cartas (por los chicos)].

Während (27a, b) eindeutig ungrammatisch sind, sind (27c, d) zwar oberflächensyntaktisch marginal akzeptabel, jedoch ist hierbei problematisch, dass das EPP-Merkmal von T des Matrixsatzes nicht gelöscht werden kann: Da in der Numeration kein weiteres Expletivum vorliegt, kann auch diese Variante unter den gegebenen Bedingungen nicht konvergieren. Zudem stellt sich grundsätzlich die Frage, wie die Sätze in (26) hergeleitet werden sollen. Um das Problem zu lösen, nimmt Chomsky (2000, 2001) an, dass für bestimmte Stadien der Derivation nur Teilbereiche der Numeration N zugänglich sind. Hierzu wird die Ableitung in einzelne Phasen aufgeteilt, und zwar dergestalt, dass jeweils bestimmte Elemente der Numeration entsprechenden Phasen zugeordnet sind. In dieser Sichtweise ist beispielsweise die Ableitung von (26d) unproblematisch, da die *narrow syntax* beim Aufbau des eingebetteten Satzes [$_{CP}$ *que las cartas hayan sido escritas*] keinen Zugriff auf das Expletivum *pro*$_{Expl}$ hat und somit gezwungen ist, die (unökonomischere) Bewegung des internen Arguments nach Spec,TP auszuführen. Das Expletivum steht dann erst für die Herleitung des Matrixsatzes zur Verfügung und löscht dort das EPP-Merkmal von T.

Eine weitere Annahme besteht darin, dass die Weitergabe der erzeugten Struktur an die Schnittstellen A-P und C-I (Operation *Transfer*) schrittweise erfolgt, und zwar jeweils nach dem Aufbau der sog. 'starken' Phasen *v*P und CP (TP stellt dagegen eine 'schwache' Phase dar). Dabei kann *v*P aber nur dann eine starke Phase bilden, wenn *v* einen kompletten Satz von phi-Merkmalen aufweist. Die maximale Projektion *v*P einer passivischen oder unakkusativen Konstruktion ist demnach keine starke Phase (vgl. Chomsky 2001: 12). Jede Phase teilt sich wiederum auf in eine sog. Phasendomäne (engl. *domain*) und einen Randbereich (engl. *edge*), wobei nur das in der Domäne befindliche Material von *Transfer* erfasst wird. Das an die Schnittstellen übermittelte Material ist für die *narrow syntax* dann nicht mehr zugänglich, d. h. es kann nicht mehr von einer Sonde als Ziel identifiziert und somit auch nicht mehr bewegt werden. Chomsky fasst dies in der sog. 'Phasenundurchlässigkeitsbedingung' (engl. *Phase Impenetrability Condition*, PIC) zusammen:

> The domain of H is not accessible to operations outside HP; only H and its *edge* are accessible to such operations, the *edge* being the residue of H', either specifiers (Specs) or elements adjoined to HP. (Chomsky 2001: 13; Hervorhebung im Original)

Machen wir uns nun anhand von sp. *los chicos escriben cartas* klar, wie die schrittweise Übergabe an die Schnittstellen vonstatten geht. Gemäß PIC ist das innerhalb der Domäne einer Phase befindliche Material nicht für weitere syntaktische Operationen zugänglich, d. h., dass dieses nach Übergabe an die Schnittstelle A-P an der entsprechenden linearen Position phonetisch realisiert wird (in 28 jeweils grau schattiert). Für das Objekt [$_{DP}$ *cartas*] ist dies unproblematisch, da es (zumindest bei unmarkierter Wortstellung) ohnehin *v*P-intern verbleibt; das Subjekt [$_{DP}$ *los chicos*], das für die weitere Anhebung nach Spec,TP zugänglich sein muss, wird bereits im Randbereich der *v*P basisgeneriert (28a).[19] Es ist also nach der Verkettung mit T für die Sondierung zugänglich und kann zur EPP-Löschung nach Spec,TP bewegt werden (28b). Ist die TP eingebettet, bildet die CP eine starke Phase aus; das gesamte in der Phasendomäne befindliche Material ist dann für weitere syntaktische Operationen nicht mehr zugänglich. Für einen Satz des Typs *María sabe* [$_{CP}$ *que los chicos escriben cartas*] wird damit korrekt vorausgesagt, dass die innerhalb der CP befindlichen Elemente nicht aus dem Bereich der TP hinausbewegt werden.

---

[19] In passivischen Konstruktionen wie (20a) it. *Le lettere sono scritte* (und ebenso in unakkusativen) verfügt der *v*-Kopf nur über eine unvollständige Menge von phi-Merkmalen, weshalb *v*P hier keine starke Phase ausbildet, d. h. nach dem Aufbau der *v*P erfolgt keine Übergabe an die Schnittstellen. Andernfalls wäre das interne Argument [$_{DP}$ *le lettere*] nicht für die Bewegung in die kanonische Subjektposition Spec,TP zugänglich.

(28) a.

$$[_{vP} \text{ Subj } \text{V}+v^{\text{komplett}}] \quad [_{VP} \text{ V } \text{Obj}]]$$
$$\qquad \text{los chicos } \text{escrib-} \qquad \text{escrib } \text{cartas}$$

Randbereich · Domäne

b.

$$[_{TP} \text{Subj } \text{T} \quad [_{vP} \text{Subj } \text{V}+v^{\text{komplett}}] \quad [_{VP} \text{ V } \text{Obj}]] \quad]$$
$$\quad \text{los chicos} \qquad \text{los chicos } \text{escrib-} \qquad \text{escrib } \text{cartas}$$

Randbereich · Domäne

c.

$$[_{CP}(\text{XP}) \text{ C} \quad [_{TP} \text{Subj } \text{T} \quad [_{vP} \text{Subj } \text{V}+v^{\text{komplett}}] \quad [_{VP} \text{ V } \text{Obj}]] \quad]]$$
$$\qquad \text{que} \qquad \text{los chicos} \qquad \text{los chicos } \text{escrib-} \qquad \text{escrib } \text{cartas}$$

Randbereich · Domäne

Randbereich · Domäne

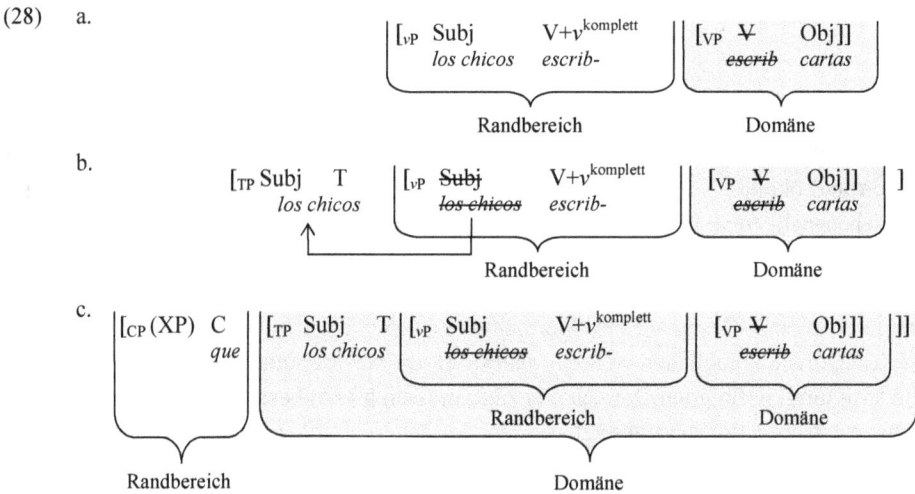

Das in (28) skizzierte Vorgehen ist jedoch nur bei unmarkierter Wortstellung, also bei der im neutralen Kontext auftretenden SVO-Abfolge, unproblematisch. Für andere Stellungsmuster wie z. B. VOS (vgl. sp. *Escribieron las cartas* [_F *los chicos*] als Antwort auf die Frage: 'Wer hat die Briefe geschrieben?') müssen neben den bereits behandelten Merkmalen weitere, pragmatisch bedingte Merkmale sowie weitere Bewegungsoperationen angesetzt werden. Dieser Problematik wenden wir uns in 5.1 zu.

Abschließend sei auf ein grundlegendes Problem des Phasenmodells hingewiesen: Unter der Annahme, dass das in der Domäne einer 'starken' Phase wie der CP befindliche Material unmittelbar nach deren Abschluss an die Schnittstellen übermittelt wird, kann ein übergeordnetes Verb keinen Einfluss auf die Beschaffenheit der eingebetteten Verbform nehmen. Dies ist aber etwa bei der Zuweisung von **Modusmerkmalen** der Fall:

(29) a. fr. Jean s'étonne [_CP que [_TP les garçons n'<u>aient</u> pas encore écrit les lettres]].
    c. it. È improbabile [_CP che [_TP i ragazzi <u>scrivano</u> le lettere]].
    d. sp. A Juan le parece bien [_CP que [_TP los chicos <u>hayan</u> escrito las cartas]].

Der Modus des Nebensatzes – in (29) jeweils unterstrichen – wird durch das übergeordnete Verb bzw. eine den Konjunktiv auslösende Wendung im Matrixsatz (fr. *s'étonner*, it. *è improbabile*, sp. *parecer*) bestimmt. Um zu gewährleisten, dass diese Ausdrücke Zugriff auf das untergeordnete Material haben und den Modus des subordinierten Satzes bestimmen können, nimmt man in der jüngeren Phasentheorie (vgl. Chomsky 2005: 18f) an, dass C und T ebenso wie *v* und V einen komplexen Kopf bilden. Auf diese Weise können Matrixprädikate wie die in (29) genannten mit den von ihnen dominierten Kategorien C und T eine *Agree*-Relation eingehen und im eingebetteten Satz den Konjunktiv zuweisen.

122

4.4 Zusammenfassung

In diesem Kapitel haben wir uns in das Minimalistische Programm (MP) eingearbeitet, dessen zentrales Anliegen darin besteht, überflüssige Strukturebenen und Kategorien zu eliminieren und ökonomische Ableitungen bereitzustellen. Ergebnis ist ein auf die Repräsentationsebenen LF und PF beschränktes Modell mit einem reduzierten Inventar funktionaler Kategorien. Im frühen MP (Chomsky 1995) wird davon ausgegangen, dass lexikalische Einheiten mit vollen Merkmalspezifikationen aus dem Lexikon entnommen und im Verlauf der Derivation in Bezug auf ihre Merkmalwerte gegen die entsprechenden Werte funktionaler Kategorien abgeglichen werden (*checking*). Da der Merkmalabgleich lokal in bestimmten strukturell definierten Domänen erfolgt, müssen hierzu bestimmte (overte oder koverte) Bewegungsoperationen angesetzt werden. Im neueren MP (Chomsky 2000, 2001) nimmt man dagegen an, dass sich die jeweiligen Merkmalkonstellationen erst im Verlauf des Strukturaufbaus durch die Übereinstimmungsoperation *Agree* ergeben und dass Phänomene wie Kongruenz und Kasus von syntaktischer Bewegung unabhängig sind. Auf diese Weise lassen sich z. B. Strukturen mit postverbalen Subjekten plausibler analysieren. Weiterhin haben wir den Umgang mit Kopfbewegungen und insbesondere mit der Verbverschiebung im neueren Minimalismus sowie das Phasenmodell (sukzessive Weitergabe der Informationen an die Schnittstellen C-I und A-P) besprochen und entsprechende Probleme benannt. Zudem wurde mit der Antisymmetriehypothese die von (Kayne 1994) propagierte Idee diskutiert, die overte Wortstellung eindeutig aus der hierarchischen Struktur abzuleiten. Eine schlüssige Integration dieses Ansatzes in das MP steht jedoch noch aus.

Aufgaben zu Kapitel 4

1. Im Französischen ist anstelle von *le livre que j'ai lu* die Struktur *le livre lequel j'ai lu* als seltener Archaismus möglich. Überlegen Sie hierfür eine LCA-kompatible Analyse in Anlehnung an die von Kayne (1994: 90) vorgeschlagene Herleitung von mit *which* eingeleiteten Relativsätzen im Englischen.
2. Skizzieren Sie die Ableitung der folgenden Sätze im Phasenmodell im Strukturbaum. Beachten Sie dabei die Möglichkeit multipler Spezifikatoren (vgl. 4.1.4, Fußnote 5).

(30)	a.	fr.	Il m'a expliqué quels films ont semblé intéresser le plus les étudiants.
	b.		Jean ne terminera jamais cette affaire.
	c.		Qui crois-tu invitera Jean ?
	d.		Charlotte parle mal l'allemand.
(31)	a.	it.	Gianni non concluderà mai quest'affare.
	b.		Chi pensi che inviterà Gianni?
	c.		Carlotta parla male il tedesco.
(32)	a.	sp.	Juan no terminará nunca este trabajo.
	b.		¿Quién crees que ganará las elecciones?
	c.		Carlota habla mal alemán.

5. Ausgewählte Bereiche der romanischen Syntax

In diesem Kapitel wenden wir das erworbene Wissen exemplarisch auf ausgewählte Teilbereiche der romanischen Syntax an. Wir behandeln zunächst die unterschiedlichen Wortstellungsvarianten in Aussagesätzen (5.1), gehen danach auf Konstruktionen mit pronominalen Objekten ein (5.2) und befassen uns schließlich mit der Adjektivstellung (5.3).

5.1 Wortstellung und Informationsstruktur

In Kapitel 3 sind wir bereits mehrfach darauf eingegangen, dass die Abfolge der Konstituenten u. a. maßgeblich durch die Informationsverteilung im Satz bestimmt ist: Wir haben gezeigt, dass die Anfangsposition in deutschen V2-Sätzen vorzugsweise durch bereits bekannte Information eingenommen wird, an die im Gespräch wieder angeknüpft wird (vgl. 3.2.3). Weiterhin haben wir bei der Besprechung der sog. Linken Peripherie nach Rizzi (1997) gesehen, dass solche Topik-Konstituenten in den romanischen Sprachen am linken Satzrand und zwar außerhalb des Satzrahmens platziert werden (sog. Dislokationsstrukturen, vgl. 3.4.5), und schließlich haben wir in Zusammenhang mit der Adverbstellung im Spanischen gesehen, dass sich neue Information, also der sog. Fokus, tendenziell am rechten Satzrand befindet (vgl. 3.5.3). Derartige Korrelationen zwischen Informationsstruktur und linearer Abfolge können dazu führen, dass die Sprecher gegebenenfalls von der unmarkierten, kanonischen Wortstellung abweichen müssen, nämlich z. B. dann, wenn eine Konstituente neue Information transportiert, die normalerweise nicht am rechten Satzrand steht. Dies betrifft insbesondere die Position des fokussierten Subjekts, mit der wir uns, zunächst vorwiegend mit Blick auf das Spanische (5.1.2) befassen wollen, nachdem wir in 5.1.1 grundlegende Begriffe der Informationsstruktur aufarbeiten. Im weiteren Verlauf gehen wir auf die unterschiedlichen Stellungsabfolgen ein, die von den Sprechern in Sätzen mit fokussierten Subjekten verwendet werden (5.1.3), und stellen dann das Gesagte durch den Vergleich mit dem Französischen und dem Italienischen in einen größeren Kontext.

5.1.1 Informationsstruktur

Denkt man an die auf der aristotelischen Logik beruhende grundlegende Aufteilung des Satzes in Satzgegenstand (Subjekt) und Satzaussage (Prädikat; vgl. 3.1), dann wird deutlich, dass bereits in der Antike ein Bewusstsein darüber bestand, dass Sätze eine informationsstrukturelle Gliederung aufweisen. Eine systematische Beschäftigung mit derartigen Fragen setzte allerdings erst im ersten Drittel des 20. Jh.s ein, wobei zunächst der von der strukturalistischen Prager Schule geprägte Terminus der **Funktionalen Satzperspektive** zu nennen ist, der bis heute in der strukturalistisch geprägten Linguistik maßgeblich ist (vgl. Daneš et al. 1974). Im Rahmen eines sog. Dreiebenenmodells wurde hier zusätzlich zur syntaktisch-strukturellen und semantischen Beschreibungsebene als dritte Ebene eine informationsvermittelnde Struktur postuliert, die durch den Kontrast von alter, gegebener Information, dem sog. **Thema**, und der im Satz neuen Information, dem sog. **Rhema**, charakterisiert ist. Ein zweites wichtiges Begriffspaar ist die Dichotomie **Topik** vs. **Kommentar**, wobei unter Topik (engl. *topic*) der Gegenstand einer Aussage zu verstehen ist, der den betreffenden Satz inhaltlich an den vorausgegangenen Diskurs anbindet („what the sentence is about"; Hocket 1958: 201) und der im Rahmen derselben satzwertigen Äußerung durch weitere Informationen ergänzt oder kommentiert wird (engl. *comment*). In neueren Arbeiten und insbesondere im generativen Rahmen wird die informationsstrukturelle Gliederung eines Satzes meist durch den Gegensatz von **Hintergrund** und **Fokus** beschrieben. Dabei bilden die mutmaßlich gemeinsamen Annahmen von Sprecher und Hörer zum Zeitpunkt der Äußerung eine Art 'Hintergrund' (sog. präsupponierte Information oder Präsupposition), von dem sich die neue Information, der Fokus, abhebt. Die drei Begriffspaare überschneiden sich inhaltlich zwar teilweise, jedoch sind sie nicht vollkommen austauschbar. Um die potenzielle Vielfalt von Sätzen zu erfassen, sind vielmehr zwei dieser Dichotomien notwendig. Betrachten wir hierzu das folgende französische Beispiel:

(1)   fr.   (Kontext: 'Was kauft Peter auf dem Markt?')
$[_{TopP}$ Pierre, $[_{TopP}$ au marché, $[_{TP}$ il y achète   des pommes]]].
Topik   Topik |————— Kommentar ————|
                          Hintergrund   Fokus

Der Kernsatz $[_{TP}$ *il y achète des pommes*] drückt hier einen Kommentar zu den beiden linksdislozierten topikalisierten XPn aus und ist selbst wiederum zweigeteilt: Der Hintergrundinformation (*il y achète*) steht mit dem Objekt $[_F$ *des pommes*] der Fokus gegenüber, der sozusagen die 'satzsemantische Leerstelle' in der Präsupposition 'Peter kauft x auf dem Markt' durch die neue Information 'x = Äpfel' auffüllt. Dieser 'Normalfall' des Fokus wird auch als neutraler oder Informationsfokus bezeichnet. Einen Sonderfall stellt der sog. **kontrastive Fokus** dar, der keine Variable auflöst, sondern vielmehr eine (mutmaßlich) falsche Information aufseiten des Hörers korrigiert, z. B. fr. *C'est des POMMES qu'il achète au marché (et pas des poires)* oder it. *Al mercato, Pietro compra MELE (e non pere)*.

5.1.2   Fokussierte Subjekte im Spanischen

Wie drücken Sprecher des Spanischen aus, dass das Subjekt die im Satz neue Information enthält? Die Sprachen der Welt haben gemein, dass der Fokus in irgendeiner Weise 'salienter' oder 'prominenter', d. h. sprachlich auffälliger ist als der Hintergrund. Dies lässt sich in Form der sog. **Fokusprominenzregel** (FPR; Chomsky 1971, Zubizarreta 1998) zusammenfassen. In den romanischen Sprachen wird die Hervorhebung des fokussierten Materials entweder durch besondere syntaktische Konstruktionen oder durch die Prosodie, genauer gesagt durch die Platzierung des Satz- oder Nuklearakzents, geleistet (vgl. 2 und 3).

(2)   (Kontext: 'Was hat Peter gegessen?')
   a. sp.   Pedro comió [F la MANZANA].   enger Fokus (Objekt)
            (Kontext: 'Was hat Peter gemacht?')
   b.   Pedro [F comió la MANZANA].   weiter Fokus
            (Kontext: 'Was ist passiert?')
   c.   [F Pedro comió la MANZANA].   weiter Fokus

(3)   (Kontext: 'Wer hat den Apfel gegessen?')
   a.   *[F Pedro] comió la MANZANA.
   b.   [F PEDRO] comió la manzana.   enger Fokus (Subjekt)

Die Beispiele in (2) zeigen, dass bei gleichbleibender Wortstellung und identischer (jeweils finaler) Position des Nuklearakzents unterschiedliche informationsstrukturelle Lesarten möglich sind: Während in (2a) nur das Objekt fokussiert wird (sog. enger Fokus), umfasst der Fokus in (2b, c) zusätzlich das Verb bzw. Subjekt und Verb (sog. weiter Fokus). In (2c) liegt eine sog. gesamtfokale Lesart vor; man sagt auch: Die Fokusdomäne umfasst den ganzen Satz. Im generativen Rahmen lässt sich dies modellieren, indem man annimmt, dass nach dem Aufbau der vP (sog. *lexical layer*, vgl. 3.5.3) den einzelnen Knoten informationsstrukturelle (und damit pragmatisch bedingte) Merkmale zugewiesen werden. Erhält die am tiefsten eingebetteten Konstituente (hier: das Objekt *la manzana*) das Merkmal [F], dann kann dieses projizieren, d. h. es wandert im Strukturbaum weiter nach oben. Selkirk (1984: 207) fasst die Regeln dieser sog. **Fokusprojektion** folgendermaßen; da die DP-Analyse noch nicht mit einbezogen wird, ergänzen wir einen entsprechenden Passus in Klausel (i).

Fokusprojektion: (i) Trägt ein Kopf X das Merkmal [F], dann kann die gesamte Phrase XP F-markiert werden. Dies schließt auch die erweiterte Projektion lexikalischer Köpfe mit ein. (ii) Ist das interne Argument eines Kopfes X F-markiert, dann kann dieser Kopf X F-markiert werden.

Betrachten wir hierzu die Strukturbäume in (4).[1] Projiziert das Fokusmerkmal nicht über die Objekt-DP hinaus, resultiert die enge Fokuslesart aus (2a). Wird aber das Merkmal [F] vom internen Argument an den verbalen Kopf *comió* weitergegeben (Klausel ii) und von diesem an den VP-Knoten (Klausel i), stehen Verb und Objekt im Fokus (weiter Fokus, vgl. 2b). Bei Projektion bis zum vP-Knoten (Klausel i) resultiert schließlich die in (2c) gegebene gesamtfokale Lesart. Ist jedoch das Subjekt fokussiert (vgl. 3), kann das Merkmal [F] vom Kopf N (hier: *Pedro*) nur bis zur erweiterten Projektion des Nomens (DP) weitergegeben werden (Klausel i). Eine weitere Projektion des [F]-Merkmals nach oben ist hier nicht möglich, da die Subjekt-DP *Pedro* kein internes Argument des Verbs ist (vgl. 4b).

(4)   a.

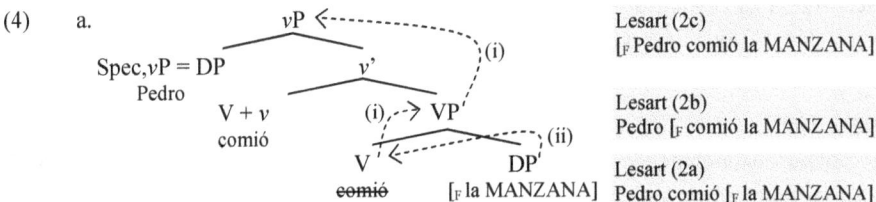

Lesart (2c)
[F Pedro comió la MANZANA]

Lesart (2b)
Pedro [F comió la MANZANA]

Lesart (2a)
Pedro comió [F la MANZANA]

---

[1] Zur besseren Lesbarkeit verwenden wir kategoriale Labels (VP, vP etc.); eine entsprechende Darstellung in minimalistischen Bäumen mit abstrakten Labels (α, β etc.) gibt Irurtzun (2006: 74).

b.

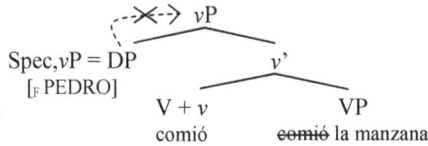

Wird nach dem Aufbau der funktionalen Schicht (TP) das fokussierte Subjekt nach Spec,TP bewegt, dann wird der Nuklearakzent nicht in der normalen Position am Schluss des Satzes realisiert, sondern er verlagert sich an den Satzanfang (3b). Es resultiert also eine prosodisch markierte Struktur. Interessant ist nun, dass in der generativen Literatur i. d. R. davon ausgegangen wird, dass die in (3b) gezeigte [$_F$ S]VO-Stellung nur bei kontrastivem, nicht aber bei neutralem Fokus möglich sei (u. a. Zubizarreta 1998, 1999, Ordóñez 2000). Ein Satz mit in Initialposition fokussiertem (und prosodisch hervorgehobenem) Subjekt wie [$_F$ *PEDRO*] *comió la manzana* sollte also nur möglich sein, wenn der Sprecher kontrastiv hervorheben will, dass Peter (und nicht etwa Maria) den Apfel gegessen hat. Als Antwort auf eine neutral gestellte Wh-Frage sollte [$_F$ S]VO hingegen ausgeschlossen sein, und (3b) müsste somit als unangemessen bewertet werden. Die einzige Möglichkeit, mit einem vollständigen Satz auf die Frage 'Wer hat den Apfel gegessen?' zu antworten, besteht nach Zubizarreta (1998) in der Nachstellung des neutral fokussierten Subjekts. Mit dieser VOS-Abfolge wird erreicht, dass eine prosodisch unmarkierte Struktur (mit finalem Nuklearakzent) realisiert werden kann.

(5)   (Kontext: 'Wer hat den Apfel gegessen?')
    a. sp.   *[$_F$ PEDRO] comió la manzana. (= 3b)   *[$_F$ S]VO
    b.   Comió la manzana [$_F$ PEDRO].   VO[$_F$ S]

Wir wollen die berechtigte Frage, ob die in (5) vorgenommenen Bewertungen angemessen sind, zunächst zurückstellen (vgl. 5.1.3) und uns stattdessen klar machen, wie sich die entsprechenden Daten im generativen Rahmen modellieren lassen. Hierzu fassen wir zunächst die für eine solche Modellierung relevanten Punkte zusammen:

– Der Nuklearakzent befindet sich im Spanischen normalerweise am rechten Satzrand.
– Fokus und Nuklearakzent korrelieren miteinander, insofern der Nuklearakzent innerhalb der Fokusdomäne realisiert werden muss.
– Wird das (normalerweise nicht satzfinal platzierte) Subjekt fokussiert, erfolgt eine Umordnung der Konstituenten, um eine prosodisch unmarkierte Struktur mit finalem Nuklearakzent zu gewährleisten.
– Nach dem Aufbau der *v*P werden die relevanten Knoten im Strukturbaum nach den Regeln der Fokusprojektion mit dem Merkmal [F] versehen.

Wie lässt sich nun die Abfolge VO[$_F$ S] aus der Grundwortstellung SVO ableiten? Da die entsprechend anzunehmende Bewegungsoperation erfolgt, um eine prosodisch markierte Struktur zu vermeiden, spricht Zubizarreta (1998) hier von einer **prosodisch motivierten Bewegung** (engl. *p-movement*). Die Idee ist hierbei, dass alle Konstituenten, die nicht [F]-markiert sind, in eine strukturell höhere Position bewegt werden müssen, damit die Fokuskonstituente (hier: das Subjekt) in der linearen Abfolge am rechten Satz erscheint. Zubizarreta, die im 1995er minimalistischen Rahmen arbeitet, nimmt an, dass sich hierbei zunächst das finite Verb bis nach T bewegt und in einem zweiten Schritt die gesamte VP (aus der das Verb bereits herausbewegt wurde) links an vP adjungiert wird (vgl. Zubizarreta 1998: 127). Dass die Subjekt-DP in der Basisposition Spec,vP verbleibt, ist unproblematisch, wenn man das in 4.3.1 vorgestellte Sonde-Ziel-Modell zugrunde legt, da hierbei Kasuslizenzierung über Distanz erfolgen kann: Die phi-Menge von T^{+fin} fungiert als Sonde, findet das Subjekt als passendes Ziel und instanziiert nach einem erfolgreichen *Agree*-Vorgang dessen Kasusmerkmal Nominativ. Die Löschung des in T anzunehmenden EPP-Merkmals kann allerdings nicht durch die Subjekt-DP erfolgen, wie es bei der Herleitung der kanonischen Wortstellung SVO durch Subjektanhebung nach Spec,TP der Fall wäre. Stattdessen wird ein phonetisch leeres Expletivum *pro*$_{Expl}$ in der Subjektposition Spec,TP verkettet, welches dann das EPP-Merkmal löscht.

(6)

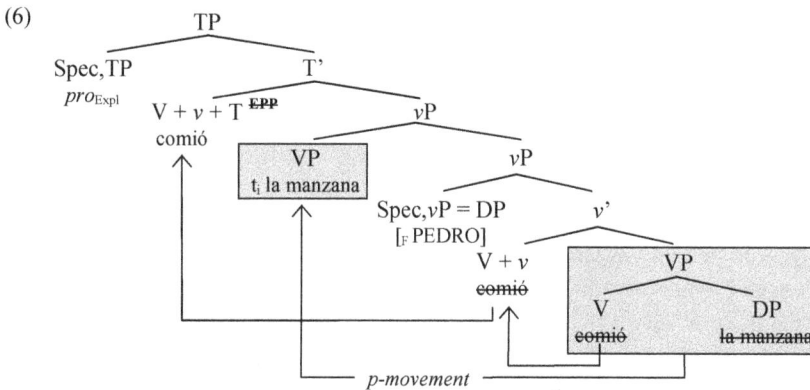

Eine weitere Möglichkeit, die Wortstellung VO[$_F$ S] herzuleiten, lehnt sich an einen Vorschlag an, den Erteschik-Shir/Strahov (2004) für die Herleitung vergleichbarer Konstruktionen in germanischen Sprachen gemacht haben: Die Idee ist hierbei, dass sich das nichtfokussierte Objekt mit dem Verb zu einer Einheit verbindet und dass diese an der von T determinierten Position realisiert wird (vgl. 4.3.2). Diesen Vorgang der Vereinigung von zwei Elementen, die normalerweise für die Syntax jeweils distinkte Kategorien darstellen, nennt man auch Inkorporation (in 7a durch einen gestrichelten Kasten gekennzeichnet). Anders ausdrückt könnte man auch sagen, dass sich nominale Objekte hier so verhalten, wie es ansonsten nur pronominale Objekte tun, die sich als klitische Elemente an das Verb anlehnen, mit ihm eine Einheit eingehen und gemeinsam mit V unter T realisiert werden. Im folgenden Strukturbaum (7b) haben wir die sog. Bewegungsanalyse der Klitika zugrunde gelegt, derzufolge ein pronominales Objekt als $D^{min/max}$ (vgl. 4.2) in der vP-internen Komplementposition generiert und dann zum Verb verschoben wird. Eine weitere Analyse für die romanischen Objektklitika besteht darin, dass diese nicht in der Syntax bewegt, sondern als Kongruenzmorpheme gemeinsam mit der Verbform basisgeneriert werden. Auf diese sog. Basisgenerierungsanalyse der Klitika kommen wir in 5.2.2 zurück.

(7)   a. TP   b. TP

Spec,TP   T'   Spec,TP   T'
pro_{Expl} pro_{Expl}

T **EPP**   vP   T **EPP**   vP

(Realisierung unter T')   (Realisierung unter T')

Spec,vP   v'   Spec,vP   v'
[F PEDRO]   [F PEDRO]
        V + v   VP   V + v   VP
        comió la manzana   la comió
                V   DP   V $D^{min/max}$
                comió la manzana   comió la

Comió la manzana   La comió

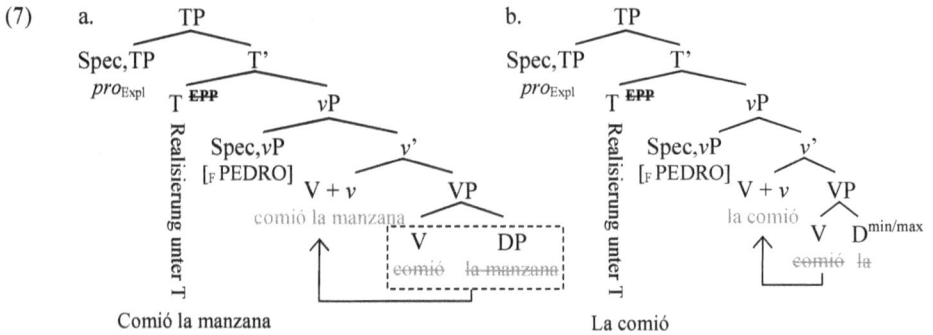

Unabhängig davon, ob man die in (6) oder die in (7a) skizzierte Variante vorzieht, lässt sich unter den hier besprochenen Annahmen festhalten, dass VOS immer dann resultiert, wenn das Subjekt eng fokussiert wird. Die von Zubizarreta als *p-movement* bezeichnete Bewegungsoperation erfolgt also obligatorisch; die in Abfolge (3b) [F S]VO *PEDRO comió la manzana* müsste als im gegebenen Kontext unangemessen ausgeschlossen werden.

5.1.3   Das Problem der Sprachvariation

In 5.1.2 haben wir anhand des fokussierten Subjekts gezeigt, wie sich informationsstrukturell bedingte Wortstellungsvariation im generativen Rahmen modellieren lässt: Steht das Subjekt im engen Fokus, so verbleibt es in seiner Basisposition Spec,vP, und das präsupponierte Material muss in eine höhere Position angehoben werden. Das Resultat ist eine prosodisch unmarkierte Struktur mit finalem Nuklearakzent. Wichtig ist, dass diese Bewegungsoperationen je nach informationsstruktureller Lesart obligatorisch erfolgen. Die unterschiedlichen Stellungsabfolgen SVO und VOS stellen somit zwar einen Fall von (pragmatisch motivierter) **Wortstellungsvariation** dar, jedoch keine **Optionalität** in dem Sinne, dass zwei unterschiedliche Abfolgen (hier: SVO und VOS) in ein und demselben Kontext, etwa als Antwort auf die Frage nach dem Subjekt, gleichermaßen auftreten können. Optionalität im eben skizzierten Sinne ist im generativen Rahmen konzeptuell auch gar nicht möglich, da syntaktische Operationen durch Merkmale bestimmt werden. Will man nicht auf den Taschenspielertrick eines optionalen Merkmals zurückgreifen, dann muss Optionalität von vornherein ausgeschlossen werden. Betrachtet man jedoch konkrete Sprachdaten und Grammatikalitätsurteile von Muttersprachlern, wird deutlich, dass die Verhältnisse weniger eindeutig sind, als man zunächst annehmen könnte. Bevor wir in 5.1.4 mit der Optimalitätstheorie (OT) eine Herangehensweise besprechen, die es erlaubt, Optionalität in das Grammatikmodell zu integrieren, werfen wir einen Blick auf das Vorkommen verschiedener Stellungsabfolgen bei Konstruktionen mit fokussiertem Subjekt in empirisch erhobenen Daten und fassen hierzu die entsprechenden Ergebnisse aus einer Studie mit 18 spanischen Muttersprachlern zusammen (vgl. Gabriel 2007: 289ff.).[2]

---

[2] In Gabriel (2010) wurden die hier genannten Tendenzen auf breiterer Datenbasis bestätigt.

– Die präverbale Position des fokussierten Subjekts [$_F$ S]VO ist nicht auf die kontrastive Fokuslesart beschränkt; auch neutral fokussierte Subjekte treten präverbal auf.

– Bei Konstruktionen mit transitiven Verben besteht eine starke Tendenz zur präverbalen Platzierung fokussierter Subjekte, wenn das Objekt als volle Nominalphrase realisiert wird: In den Produktionsdaten wird von den Versuchspersonen zu 100 % [$_F$ S]VO produziert, während kein Fall von VO[$_F$ S] vorliegt. Strukturen mit Subjektendstellung werden beim Bewertungstest jedoch fast einhellig als möglich, aber auch nicht als optimal klassifiziert; nur eine Versuchsperson stuft VO$_F$[S]$_F$ als inakzeptabel ein (5,5 %).

– Wird das Objekt pronominal realisiert, besteht eine deutliche Tendenz zur postverbalen Stellung des fokussierten Subjekts: In den Produktionsdaten weist die Abfolge CL$_{dO}$+V[$_F$ S] eine Frequenz von 67 % auf, die alternative Wortstellung [$_F$ S]CL$_{dO}$+V wird von 33 % der Sprecher realisiert. Im Bewertungstest bevorzugen alle Informanten die Endstellung des fokussierten Subjekts; drei davon klassifizieren [$_F$ S]CL$_{dO}$+V wiederum als nicht akzeptabel (16,7 %).

– Einzelne Sprecher verhalten sich bezüglich der Position des fokussierten Subjekts nicht konsistent und realisieren bei informationsstrukturell identischer Lesart unterschiedliche Stellungsvarianten.

Die Verfahren der syntaktischen Fokusmarkierung sind also deutlich weniger von eindeutigen Regularitäten geprägt, als in der (generativen) Literatur transportiert wird, doch lässt sich als deutliche Tendenz erkennen, dass fokussierte Subjekte nur dann postverbal sind, wenn die Objektposition nicht durch eine volle Nominalphrase besetzt ist. Anders ausgedrückt lässt sich sagen, dass zusätzliche Operationen wie die Adjunktion der VP an vP (vgl. 6) oder die Inkorporation des Objekts (vgl. 7), die für die Herleitung der Wortstellung VO[$_F$ S] erforderlich sind, von den Sprechern offensichtlich zugunsten der Realisierung einer prosodisch markierten Struktur mit satzinitialem Nuklearakzent ([$_F$ S]VO) vermieden werden. Wird das Objekt hingegen als klitisches Pronomen realisiert, dann ist keine zusätzliche Operation nötig, da Klitika sich ohnehin an das Verb anlehnen und mit diesem zusammen unter T realisiert werden (vgl. 5.1.2, Strukturbaum 7b). Wie lässt sich nun im Rahmen eines formalen Modells darstellen, dass die Sprecher in einem Fall das Subjekt *tendenziell* präverbal, im anderen jedoch *tendenziell* postverbal platzieren? Wir haben bereits gesagt, dass die Optimalitätstheorie hier eine Möglichkeit bietet. Dies wollen wir nun präzisieren.

5.1.4   Eine alternative Analyse: Optimalitätstheoretische Syntax

Mit der Optimalitätstheorie (OT), die zunächst im Bereich der Phonologie entwickelt und dann auf die Syntax übertragen wurde (vgl. Müller 2000, Prince/Smolensky 2004), kam Anfang der 1990er Jahre ein Ansatz auf, der in Abkehr von der modularen Konzeption von einer engen Verzahnung der grammatischen Komponenten (Syntax, Morphologie, Phonologie etc.) ausgeht. Wir führen zunächst in das Modell ein (5.1.4.1) und schlagen eine Analyse für Konstruktionen mit fokussierten Subjekten im Spanischen vor (5.1.4.2), bevor wir die drei romanischen Sprachen Französisch, Italienisch und Spanisch kontrastiv betrachten.

5.1.4.1   Grundlagen der OT

Anders als in den bisher besprochenen generativen Ansätzen wird in der OT die Vermittlung zwischen den zugrunde liegenden Formen und den entsprechenden Oberflächenrealisierungen nicht durch Regeln, sondern mithilfe von sog. **Constraints** modelliert. Dabei wird angenommen, dass eine Generatorfunktion (GEN) ein Set von potenziell möglichen **Output**formen zu einer als **Input**[3] bezeichneten zugrunde liegenden Repräsentation erzeugt und dass aus diesen Kandidaten in einem **Evaluation**sprozess (EVAL) die beste ('optimale') Form ausgewählt wird. Dieser Auswahlprozess wird durch übereinzelsprachlich gültige Beschränkungen (engl. *constraints*) gesteuert, die **hierarchisch** angeordnet sind und wie ein Filter wirken. Die hierarchische Anordnung kann dabei von Sprache zu Sprache (bzw. von Dialekt zu Dialekt) unterschiedlich sein; eine einzelsprachliche Grammatik wird also in Form einer Beschränkungshierarchie ausgedrückt. Der optimale Kandidat ist derjenige, der als letzter einen der Constraints verletzt und damit im Evaluationsprozess 'am weitesten kommt'.

In der OT unterscheidet man unterschiedliche Arten von Beschränkungen. Zunächst sorgen die sog. **Treueconstraints** dafür, dass der Abstand zwischen Input und Output bzw. zwischen der Basisstruktur und der linearen Oberflächenabfolge gering bleibt. Hierzu zählen z. B. die Beschränkung MAX-IO (engl. *maximal representation of input segments in the output*), die besagt, dass keine in der zugrunde liegenden Form vertretenen Elemente weggelassen werden dürfen, oder der Constraint DEP-IO (engl. *dependency between input and output*), der das Hinzufügen von Elementen unterbindet. Ein syntaktischer Treueconstraint ist etwa STAY, der in Übereinstimmung mit den minimalistischen Ökonomieprinzipien (vgl. 4.1.5) Bewegungen in der Syntax verbietet. Zum anderen gibt es **Markiertheitsconstraints**, die für sog. unmarkierte Strukturen sorgen, also für solche, die übereinzelsprachlich gesehen häufig vorkommen und deswegen als 'natürlich' oder 'normal' gelten. Die klassischen Markiertheitsbeschränkungen betreffen u. a. die Silbenstruktur und verbieten beispielsweise Silben ohne Anfangsrand (Onset) oder solche, die ein silbenabschließendes Segment (Coda) aufweisen; die entsprechenden Constraints ONSET und NOCODA werden z. B. von einer Silbe wie fr. *air* [εʁ] verletzt. Auch die für uns in diesem Abschnitt relevante Übereinstimmung von Nuklearakzent und Fokus (vgl. Fokusprominenzregel) lässt sich in Form einer solchen Markiertheitsbeschränkung formulieren: STRESSFOCUS. Eine dritte Art von Constraints betrifft die Übereinstimmung (engl. *alignment*) zwischen unterschiedlichen sprachlichen Ebenen. Einer dieser sog. **Alignmentconstraints** ist z. B. die Forderung, dass der Anfang eines Wortes (d. h. dessen linker Rand) mit einem Silbenanfang übereinstimmen soll (ALING-LEFT) – eine Beschränkung, die durch die in den romanischen Sprachen regelmäßig auftretende Resyllabierung (Realisierung eines auslautenden Konsonanten im Onset eines vokalisch anlautenden Folgewortes) verletzt werden: So entsprechen etwa in fr. *avec‿elle* [a.vɛ.k|ɛl] oder in sp. *Vienen‿estudiantes* [bje.ne.n|es.tu.ðjan.tes] die in der pho-

---

[3]   Es ist wichtig, die optimalitätstheoretische Verwendung des Begriffs 'Input' nicht mit dem Input zu verwechseln, den das Kind beim Erstspracherwerb erhält (vgl. Kap.2).

netischen Umschrift mit Punkten markierten Silbengrenzen nicht den Wortgrenzen (hier angezeigt durch senkrechte Striche). Ein Nachteil davon ist, dass in der gesprochenen Sprache der Wortanfang durch einen anderen Anlautkonsonanten 'maskiert' wird und Wortgrenzen dadurch schwerer zu erkennen sind als etwa im Deutschen, wo aufeinander folgende Wörter nicht in dieser Weise miteinander verbunden werden. Ein Vorteil ist hingegen, dass unmarkierte Silbenstrukturen erzeugt werden, d. h. solche, die einen Anfangsrand aufweisen und damit Constraint ONSET nicht verletzen. Optimalitätstheoretisch gesprochen lässt sich sagen, dass in den romanischen Sprachen ALIGN-LEFT weniger wichtig (und damit in der Beschränkungshierarchie tiefer angesiedelt) ist als ONSET (Ranking: ONSET » ALIGN-LEFT), während dies im Deutschen umgekehrt ist (Ranking: ALIGN-LEFT » ONSET). Als ein weiterer Alignmentconstraint lässt sich die Beschränkung ALIGNFOCUS nennen, gegen die alle Sätze verstoßen, die eine nicht-final platzierte Fokus-Konstituente enthalten. Auch dieser Constraint kann in unterschiedlichen Sprachen hierarchisch unterschiedlich positioniert sein (vgl. 5.1.4.3). In der folgenden Grafik stellen wir das optimalitätstheoretische Modell zunächst schematisch dar (C = Constraint, Kand. = Kandidat).

(8)

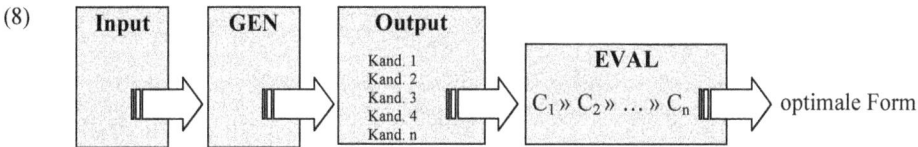

5.1.4.2   Eine OT-Analyse für die Position von [_F S] in spanischen Aussagesätzen

Wie lässt sich nun das Modell auf die unterschiedlichen Positionen des fokussierten Subjekts ([_F S]) in spanischen Aussagesätzen anwenden? Als Input dient hier die in (6) skizzierte TP (vgl. 5.1.2), und zwar bevor mögliche syntaktische Bewegungen erfolgt sind. Auf der Basis dieser Grundstruktur erzeugt GEN durch die Anwendung von Bewegungsoperationen alle potenziell hieraus ableitbaren Stellungsmuster, die wiederum mit im Spanischen möglichen Tonkonturen versehen werden, d. h. der Satzakzent kann prinzipiell auf jedem akzentogenen Wort liegen.[4] Aus der Kombination von potenziell möglichen Stellungsabfolgen und Tonkonturen ergibt sich eine Vielfalt an Varianten. Bezogen auf den in 5.1.2 besprochenen Deklarativsatz mit fokussiertem Subjekt und voller Objekt-DP bedeutet dies, dass u. a. die Kandidaten [_F PEDRO] comió la manzana und Comió la manzana [_F PEDRO], aber auch [_F Pedro] comió la MANZANA oder [_F Pedro] COMIÓ la manzana als Kandidaten zur Auswahl der optimalen Form durch EVAL zur Verfügung stehen. Zunächst definieren wir die für unsere Analyse benötigten Constraints:

---

[4]   Die Zuweisung von Tonkonturen betrifft neben der für uns hier relevanten satzprosodischen Gestaltung (Position des Nuklearakzents) auch die Art und Weise, wie betonte Silben durch die Tonkontur markiert werden (z. B. steigend, fallend oder steigend-fallend). Für eine Einführung in die Intonationsphonologie vgl. Gabriel et al. (2013: Kap. 5.5.); einen Überblick zur den Tonkonturen verschiedener spanischer Varietäten findet sich in Prieto/Roseano (2010).

STAYOBJECT (SO):	Keine Bewegung (hier bezogen auf eine volle Objekt-DP).
STRESSFOCUS (SF):	Eine fokussierte Konstituente ist prosodisch prominenter als prä-supponiertes Material.
ALIGNFOCUS (AF):	Eine fokussierte Konstituente befindet sich am rechten Satzrand.

Zum besseren Verständnis konkretisieren wir das in (8) gegebene Modell, indem wir die Grundstruktur des Deklarativsatzes (TP) als Input einsetzen und EVAL durch die entsprechende Constrainthierarchie spezifizieren. Wir haben bereits gesagt, dass Fokus und Nuklearakzent übereinstimmen müssen, um die neue Information (hier das Subjekt) hervorzuheben. Entsprechend nimmt SF in der Hierarchie einen hohen Platz ein.

(9)

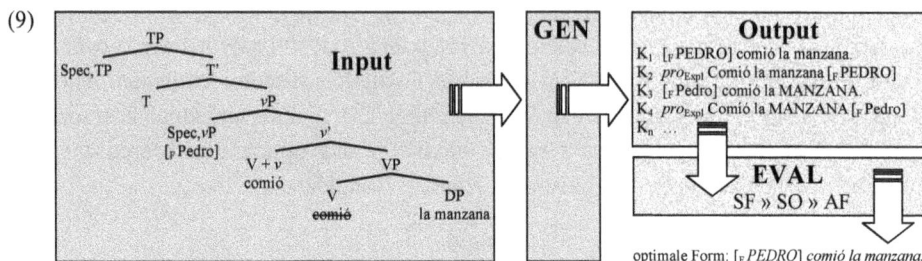

optimale Form: [$_F$PEDRO] comió la manzana.

Gemäß der in (9) angenommenen Constrainthierarchie SF » SO » AF werden K$_3$ und K$_4$ durch die hierarchisch hoch stehende Beschränkung SF ausgeschlossen: Bei K$_3$ wird der Nuklearakzent satzfinal auf dem Objekt realisiert – fokussiert ist jedoch das Subjekt. K$_4$ verstößt ebenfalls gegen SF, da Satzakzent und Fokus nicht übereinstimmen. Da diese beiden Kandidaten gegen die in der dargestellten Teilhierarchie am höchsten stehende Beschränkung verstoßen, handelt es sich um eine sog. 'fatale' Verletzung, und die entsprechenden Formen werden für die weitere Evaluation gar nicht mehr beachtet. Es verbleiben also noch zwei Kandidaten: Von diesen verletzt K$_2$ das auf volle Objekt-DPn bezogene 'Bewegungsverbot' SO und scheidet ebenfalls aus; als optimale Form resultiert also die Abfolge SVO mit prosodisch markiertem Subjekt, also K$_1$ [$_F$ PEDRO] comió la manzana.

Der Evaluationsprozess wird in OT üblicherweise in Form eines Tableaus dargestellt. In der nachfolgenden Darstellung nehmen wir ein von der in (9) angesetzten Hierarchie geringfügig abweichendes Ranking ab, und zwar insofern als die Constraints SO und AF gleichwertig sind: SF » SO, AF (angezeigt durch die gestrichelte Linie).

(10) a.		SF	SO	AF
K$_1$	☞ [$_F$ PEDRO] comió la manzana.			*(!)
K$_2$	☞ pro_{Expl} Comió la manzana [$_F$ PEDRO].		*(!)	
K$_3$	[$_F$ Pedro] comió la MANZANA.	*!		

Wie in der Grafik (9) scheidet auch hier K$_3$ wegen der Verletzung von SF als erster aus; das Ausrufezeichen markiert diese fatale Verletzung, die zum Ausschluss des betreffenden Kandidaten führt. K$_1$ und K$_2$ hingegen werden wegen der Gleichordnung von SO und AF als gleichermaßen korrekte Formen bewertet (angezeigt durch das Handzeichen '☞'). Dies entspricht der Realität empirischer Daten insofern, als beide Formen im Sprachgebrauch vorkommen und von den meisten Sprechern als akzeptabel bewertet werden. Jedoch lässt sich auf diese Weise nicht ausdrücken, dass K_1 die von den Sprechern präferierte Variante ist, während K_2 zwar als akzeptabel gilt, aber nur sehr selten produziert wird. Insofern stellen K_1 und K_2 zwar einen Fall von Optionalität (vgl. Müller 2003) dar, da sie in ein und demselben Kontext vorkommen können, jedoch sind die beiden Abfolgen nicht vollkommen gleichwertig, da eine der beiden im Sprachgebrauch bevorzugt wird und somit auch häufiger als die optimale Form bewertet werden sollte.

Mit dem Modell der **überlappenden Beschränkungen** (engl. *overlapping constraints*) nach Boersma/Hayes (2001) liegt eine optimalitätstheoretische Herangehensweise vor, die solchen Häufigkeitsverteilungen Rechnung trägt und die wir im Folgenden grob skizzieren wollen. Der entscheidende Vorteil liegt darin, dass anstelle einer strikten Hierarchie eine kontinuierliche Skala angesetzt wird, auf der jeder Constraint einen bestimmten Bereich einnimmt (in Grafik 11 dargestellt durch graue Flächen), und aus der für jeden einzelnen Evaluationsvorgang eine aktuelle Hierarchie abgeleitet wird. Die geschieht per Zufallsprinzip, d. h. der konkrete Wert für jeden einzelnen Constraint kann an jedem Punkt liegen, der sich innerhalb der Fläche befindet. Für unseren Fall lässt sich sagen, dass die Beschränkungen SO und AF 'näher beieinander' liegen als etwa SF und SO. Liegen SO und AF nun so dicht beieinander, dass sich ihre Bereiche auf der Skala überlappen, kann sich die Dominanzrelation der beiden Constraints in der abgeleiteten Hierarchie umkehren, d. h. es resultiert nicht SO » AF, sondern AF » SO. Die Wahrscheinlichkeit hiervon steigt, je größer der Überlappungsbereich der beiden Constraints auf der Skala ist. Wir skizzieren nun, wie aus der Skala zwei unterschiedliche Hierarchien abgeleitet werden: Resultiert SF(a) » SO(b) » AF(c), wird die häufigere Wortstellung K_1 [$_F$ *PEDRO*] *comió la manzana* als optimale Form bewertet. Wird hingegen die Hierarchie SF(a) » AF(c) » SO(b) aus der Skala abgeleitet, geht die (seltenere) Abfolge K_2 *Comió la manzana* [$_F$ *PEDRO*] als 'Sieger' hervor.

(11)

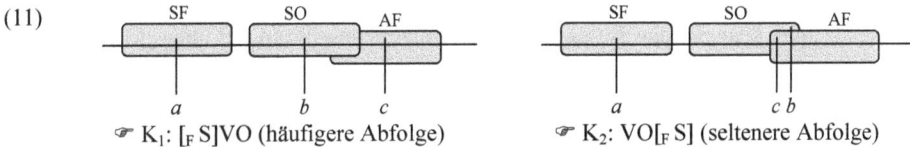

☞ K_1: [$_F$ S]VO (häufigere Abfolge)   ☞ K_2: VO[$_F$ S] (seltenere Abfolge)

Als ein wichtiger Vorzug des Modells ist hervorzuheben, dass Optionalität als integraler Bestandteil der Grammatik aufgefasst wird und dass sich zudem Vorkommenstendenzen, wie sie aus der Analyse empirischer Daten resultieren, mit diesem Ansatz abbilden lassen.

5.1.4.3   Französisch, Italienisch und Spanisch kontrastiv

Wie wird die Fokussierung des Subjekts im Französischen und im Italienischen angezeigt? Anders als das Spanische ist das Französische eine Null-Subjekt-Sprache, weshalb das Auftreten postverbaler Subjekte stark eingeschränkt und nur bei unakkusativen Verben und im Passiv möglich ist (z. B. fr. *il arrive un garçon* oder *il a été trouvé un livre*, vgl. 4.1.5). Fokussierte Subjekte können also normalerweise nicht nachgestellt werden (12a, b), sondern werden *in situ* (12c) oder im sog. Spaltsatz prosodisch hervorgehoben (12d):

(12)   (Kontext: 'Wer hat den Apfel gegessen?')
  a. fr. *A mangé la pomme [F Pierre].
  b. *IlExpl a mangé la pomme [F Pierre].
  c. [F Pierre] a mangé la pomme.
  d. C'est [F Pierre] qui a mangé la pomme.

Die Null-Subjekt-Sprache Italienisch steht dem Spanischen zwar strukturell näher als das Französische, doch sind postverbale Subjekte hier stärker eingeschränkt als im Spanischen. Betrachten wir die folgenden Beispiele:

(13)   (Kontext: 'Wer hat den Apfel gegessen?')
  a. it. *? Ha mangiato la mela [F Pietro].
  b. L'ha mangiata [F Pietro].
  c. Mette la palla sul dischetto del rigore [F Ronaldo].   (Belletti 2001: 71)

Wie auch im Spanischen stellt die Endstellung des fokussierten Subjekts den Normalfall dar, wenn das Objekt als klitisches Pronomen realisiert wird (13b). Ist die Objektposition dagegen durch eine volle DP besetzt, dann ist die Nachstellung des Subjekts bestenfalls marginal grammatisch. Allerdings gibt es auch im Italienischen durchaus Beispiele für die Abfolge VO[F S], wie das einer Fußballreportage entnommene Beispiel (13c) zeigt. Belletti (2001) betont hierzu, dass die Abfolge VOS im Italienischen zwar potenziell möglich, im Normalfall aber stark markiert sei. VOS sei vielmehr nur dann vollkommen akzeptabel, wenn die dem fokussierten Subjekt vorausgehende Abfolge aus Verb und Objekt eine für den jeweiligen sprachlichen Kontext prototypische Situation ausdrückt – beispielsweise wie im Fall von (13c) das Legen des Fußballs auf die Elfmetermarke. Will man den Unterschied zwischen dem Spanischen und dem Italienischen mithilfe des OT-Modells der überlappenden Beschränkungen fassen, müsste man zunächst einen noch geringeren Überlappungsbereich der Constraints STAYOBJECT (SO) und ALIGNFOCUS (AF) annehmen. Zusätzlich hierzu könnte man semantische Beschränkungen hinzunehmen, um die oben genannte inhaltliche Zusammengehörigkeit von Verb und Objekt festzuschreiben.

5.1.5 Zusammenfassung

Wir haben uns zunächst allgemein mit dem Zusammenhang von Informationsstruktur und Wortstellung befasst, sind dann auf die Position des fokussierten Subjekts im Spanischen eingegangen und haben zwei Vorschläge für die syntaktische Herleitung der Abfolge VO[F S] diskutiert. Dann sind wir auf die Problematik der in empirischen Daten zu konstatierenden Optionalität eingegangen und haben mit dem Modell der überlappenden Beschränkungen einen optimalitätstheoretischen Ansatz eingeführt, der es ermöglicht, variablen Sprachgebrauch im Rahmen eines formalen Grammatikmodells abzubilden. Wir haben zudem gesehen, dass in der aus dem klassischen generativen Rahmen hervorgegangenen OT eine stärkere Verzahnung der unterschiedlichen Komponenten des sprachlichen Wissens angenommen wird als in derivationellen Ansätzen. Deutlich wurde dies u. a. anhand der Alignmentconstraints, die verschiedenen Ebenen zueinander in Bezug setzen. Schließlich haben wir unsere drei romanischen Sprachen Spanisch, Französisch und Italienisch in Bezug auf den Ausdruck des fokussierten Subjekts miteinander kontrastiert.

5.2   Konstruktionen mit klitischen Pronomina

Die romanischen Sprachen haben zwei Serien von Pronomina entwickelt, wobei die sog. starken von den klitischen Formen zu unterscheiden sind; vgl. die folgende Tabelle.[5]

(14)

Person/ Numerus	Französisch						
	stark			klitisch			
	S	dO	iO	S	dO	iO	refl.
1. Sg.	moi	moi	à moi	je	me	me	me
2. Sg.	toi	toi	à toi	tu	te	te	te
3. Sg. m./f.	lui/elle	lui/elle	à lui/elle	il/elle	le/la	lui	se
1. Pl.	nous	nous	à nous	nous	nous	nous	nous
2. Pl.	vous	vous	à vous	vous	vous	vous	vous
3. Pl. m./f.	eux/elles	eux/elles	à eux/elles	ils/elles	les	leur	se

Person/ Numerus	Italienisch						
	stark			klitisch			
	S	dO	iO	S	dO	iO	refl.
1. Sg.	io	me	a me	∅	mi	mi	mi
2. Sg.	tu	te	a te	∅	ti	ti	ti
3. Sg. m./f.	lui/lei[6]	lui/lei	a lui/lei	∅	lo/la	gli/le	si
1. Pl.	noi	noi	a noi	∅	ci	ci	ci
2. Pl.	voi	voi	a voi	∅	vi	vi	vi
3. Pl. m./f.	loro	loro	a loro	∅	li/le	gli	si

Person/ Numerus	Spanisch						
	stark			klitisch			
	S	dO	iO	S	dO	iO	refl.
1. Sg.	yo	a mí	a mí	∅	me	me	me
2. Sg.	tú/vos[7]	a ti/vos	a ti/vos	∅	te	te	te
3. Sg. m./f.	él/ella	a él/ella	a él/ella	∅	lo/la	le	te
1. Pl.	nosotros	a nosotros	a nosotros	∅	nos	nos	nos
2. Pl.	(vosotros)[8]	(a vosotros)	(a vosotros)	∅	(os)	(os)	(os)
3. Pl. m./f.	ellos/ellas	a ellos/ellas	a ellos/ellas	∅	los/las	les	se

---

[5]   Die adverbialen Klitika fr. *y/en* bzw. it. *ci/ne* sind hier nicht verzeichnet.

[6]   Neben *lui* (3. Sg. m.) und *lei* (3. Sg. f.) gibt es in Subjektfunktion auch die Formen *egli* und *ella*.

[7]   In zahlreichen amerikanischen Varietäten, u. a. im sog. *rioplatense*-Spanischen (Argentinien, Uruguay, Paraguay), wird anstelle von *tú* für die informelle Anrede das Pronomen *vos* verwendet.

[8]   Die Formen der 2. Person Pl. sind eingeklammert, da sie nur im europäischen Spanisch verwendet werden; amerikanische Varietäten machen im Plural keinen Unterschied zwischen 'geduzter' und 'gesiezter' Anrede und verwenden durchgehend die Pluralform der höflichen Anrede *ustedes*.

Betrachtet man Konstruktionen mit klitischen Pronomina, fällt auf, dass diese eine andere Position einnehmen als starke Pronominalformen: Während letztere in der Regel in denselben syntaktischen Positionen erscheinen wie volle nominale DP-Objekte (im Deklarativsatz also postverbal), stehen die entsprechenden Objektklitika links vom Verb:

> (15) a. fr.   Jean vend [$_{DP}$ le livre]. Jean vend cela. Jean <u>le</u> vend.
>   b. it.   Gianni vende [$_{DP}$ il libro]. Gianni vende questo. Gianni <u>lo</u> vende.
>   c. sp.   Juan vio [$_{DP}$ a su hermano]. Juan <u>lo</u> vio a él. Juan <u>lo</u> vio.

Bevor wir uns mit der syntaktischen Herleitung dieser Konstruktionen befassen, beleuchten wir zunächst den Unterscheid zwischen den beiden Serien von Pronomina und stellen wichtigste Besonderheiten klitischer Formen heraus (5.2.1). In 5.2.2 diskutieren wir erst das Französische und das Italienische und behandeln dann das Spanische, das mit der klitischen Dopplung eine Besonderheit aufweist, die in Bezug auf den kategorialen Status der Objektklitika und die syntaktische Herleitung von Konstruktionen mit solchen Elementen eine andere Herangehensweise nahe legt (vgl. u. a. Camacho Taboada 2006: 266f.).

5.2.1   Klitische vs. starke Pronomina

Wie bereits gesagt, steht den starken Pronomina eine Serie sog. klitischer Formen gegenüber. Von den hier betrachteten Sprachen weist das Französische klitische Subjektpronomina auf (IL)[9]; die Null-Subjekt-Sprachen Italienisch und Spanisch verwenden stattdessen das leere Subjektpronomen *pro*. Klitische Objektpronomina finden sich dagegen in allen drei romanischen Sprachen (LE/LO/LO); mit fr. *en* und *y* bzw. it. *ne* liegen weitere klitische Formen vor, die präpositional markierte Konstituenten ersetzen wie z. B. in fr. *Il habite* [$_{PP}$ *à Lille*] → *Il y habite* oder it. *Tutti parlano* [$_{PP}$ *di questo libro*] → *Tutti ne parlano*.

    Im Folgenden befassen wir uns mit den Besonderheiten klitischer Pronomina und gehen zunächst auf deren **Semantik** ein. Wie (16) zeigt, sind Klitika bei der Referenznahme weniger eingeschränkt als starke Pronomina, die in der Regel auf menschliche Referenten Bezug nehmen:

> (16) a. fr.   [Son nouvel ordinateur]$_i$ / [Son meilleur ami]$_j$ ... Il$_{i/j}$ me plaît.
>   b.   *Depuis que j'ai acheté **cet ordinateur**, je parle de lui.
>   c.   Depuis que j'ai rencontré **Pierre**, je parle de **lui**.
>   d. it.   [Quest'articolo]$_i$ / [Questo ragazzo]$_j$ ... Lo$_{i/j}$ conosco.
>   e.   *Ecco, **la casa di Piero**. Gianni vede lei con piacere.
>   f.   Ecco, **Silvia**. Gianni vede lei con piacere.
>   g. sp.   [Su nueva computadora]$_i$ / [Su mejor amiga]$_j$ ... Siempre habla de ella$_{*i/j}$.

Auch bezüglich ihres Argumentstatus sind Klitika weniger restriktiv, da sie sowohl Argumente (17a) als auch Prädikate vertreten können (17b, c). Wenn Klitika Prädikate vertreten, dann wird die die maskuline Form fr. *le* bzw. it./sp. *lo* verwendet:

---

[9]   Das maskuline Pronomen der 3. Person in Großschreibung steht jeweils für das gesamte Paradigma, z. B. fr. IL = *je, tu, il, elle, nous, vous, ils, elles*.

(17)	a.	fr.	[Marie]ᵢ ... Jeanne laᵢ regarde.	Argument
	b.	it.	Maria è un'avvocatessa e Silvia lo/*la sarà anche.	Prädikat
	c.	sp.	María es [abogada]ᵢ y su hija {loᵢ/*laᵢ} será también.	Prädikat

Semantisch gesehen sind klitische Pronomina also weniger eingeschränkt als die entsprechenden starken Formen, da sie zum einen sowohl menschliche als auch nicht-menschliche Referenten und zum anderen sowohl Argumente als auch Prädikate vertreten können. In Bezug auf die **Syntax** sind Klitika jedoch stärkeren Einschränkungen unterworfen als die korrespondierenden starken Pronomina, weshalb sie auch als defizitäre Elemente charakterisiert werden (vgl. Cardinaletti/Starke 1999). Die syntaktische Defizität zeigt sich u. a. darin, dass IL im Gegensatz zu den starken Pronomina nicht koordiniert werden kann (18a) und dass LE/LO in Argumentpositionen, also beispielsweise als Komplement in der PP, ausgeschlossen ist (18b, c).

(18)	a.	fr.	{*Il/Lui} et Jean partiront bientôt.	(Kayne 1975 : 85)
	b.	it.	Guarda! Questo libro è per {te/*ti}.	
	c.	sp.	Este regalo es para {ellos/*los}. ¿Se acuerda de {ellos/*los}?	

Auch mit Blick auf die **Phonologie** lässt sich sagen, dass Klitika defizitär sind, da sie normalerweise nicht betont werden können; es handelt sich also um sog. nicht-akzentogene Einheiten (19a).[10] Weiterhin ist die für das Französische typische Erscheinung der *liaison* (Syllabierung eines latenten Auslautkonsonanten in den Anfangsrand der Folgesilbe; vgl. 3.3) dann möglich, wenn ein defizitäres Pronomen vorliegt wie in (19b), jedoch ausgeschlossen, wenn die prosodische Hervorhebung wie in (19c) oder eine bestimmte syntaktische Konstruktion wie etwa die komplexe Inversion in (19d) die Interpretation der betreffenden Einheit als starkes Pronomen erzwingt. Dass *elles* in (19d) ein starkes und kein klitisches Pronomen ist, wird anhand von (19e) deutlich, wo wir sehen, dass Klitika im Gegensatz zu nominalen DPn und starken Pronomina bei Wh-Fragen (vgl. 3.2.3) grundsätzlich nicht in Spec,CP stehen können.

(19)	a.	fr.	Qui a mangé le gâteau ? *⁄ʔ JE l'ai mangé. → C'est moi qui l'ai mangé.	
	b.		Elles‿ont dit [ɛlzɔ̃di] la vérité.	(Cardinaletti/Starke 1999: 159)
	c.		ELLES ont [ɛl⁽ə⁾ɔ̃di]/*[ɛlzɔ̃di] dit la vérité.	
	d.		Quand elles ont-elles dit la vérité ?	(Cardinaletti/Starke 1999: 159)
	e.		{Pierre/lui/*il} a-t-il dit la vérité ?	

Eine Zweiteilung der personalen Proformen in starke und klitische Formen erweist sich jedoch als unzureichend: Während fr. IL Skopus über koordinierte VPn hat und damit im zweiten Konjunkt ausgelassen werden kann (20a), ist beim Objektpronomen die Realisie-

---

[10] Allerdings besteht im Französischen zunehmend die Tendenz, auch Subjektklitika prosodisch hervorzuheben: „On entend souvent « *Je sais* » au lieu de : *Moi, je sais.* »" (Léon 1992: 110). Nach Kayne (1975: 85) gilt die grundsätzliche Nicht-Akzentuierbarkeit klitischer Formen gleichfalls für den kontrastiven Fokusakzent. Dagegen führen Cardinaletti/Starke Belege mit kontrastiv fokussierten Objektklitika an, z. B. fr. *Je te casserai la gueule ! – Ah ouais ? Tu veux dire que je TE casserai la gueule !* (1999: 153). Dies scheint allerdings auf den 'korrigierenden' Fokus in Kontexten mit wörtlich wiederholten Strukturen beschränkt zu sein.

rung in den beiden mit *et* verbundenen Teilsätzen obligatorisch (20b). Eine Ausnahme bildet hier lediglich die Koordinierung von unmittelbar voneinander abgeleiteten Verben wie z. B. fr. *lire et relire* (21a), was allerdings wiederum nicht auf den Imperativ zutrifft (21b):

(20) a. fr. {Il / L'étudiant} travaille à son article et pense à ses problèmes.
      b.   Paul la déteste et *(la) considère comme fort bête. (Kayne 1975: 97)
(21) a. fr. [Les livres]$_i$ ... Il les$_i$ a lus et relus.
      b.   *Lis et relis-les$_i$!

Es gibt offensichtlich Unterschiede zwischen Subjekt- und Objektklitika, auf die wir in diesem Kapitel jedoch nicht weiter eingehen können (vgl. im Einzelnen Gabriel/Müller 2005). Wir wollen jedoch festhalten, dass Subjektklitika mit nominalen DPn die Eigenschaft teilen, dass sie Skopus über koordinierte VPn haben können, während Objektklitika bei der Koordination wiederholt werden müssen. Intuitiv bietet es sich an, das hier konstatierte Verhalten von IL durch die Annahme zu erklären, dass die französischen Subjektklitika im Gegensatz zu LE vollen Argument-DPn ähneln.

5.2.2   Zur syntaktischen Ableitung

Zwei konträre Analysen bestimmen die Diskussion um die Ableitung von Konstruktionen mit klitischen Objektpronomina: Im Rahmen der sog. **Bewegungsanalyse** werden klitische Pronomina als vollwertige syntaktische Einheiten aufgefasst, die wie starke Pronomina und nominale DPn kasus- und thetatheoretischen Erfordernissen unterworfen sind und die in Argumentpositionen basisgeneriert und im Verlauf der syntaktischen Ableitung in ihre jeweilige Oberflächenposition bewegt werden (u. a. Kayne 1975, Uriagereka 1995, Belletti 1999). Weiterhin wurde im Rahmen der sog. **Basisgenerierungsanalyse** vorgeschlagen, klitische (Objekt-)Pronomina gemeinsam mit der Verbform unter dem V-Knoten basiszugenerieren und damit als Kongruenzmorpheme aufzufassen (u. a. Strozer 1976, Roberge 1990, Kaiser 1992).

Schauen wir uns zunächst die Bewegungsanalyse etwas genauer anhand des französischen Beispiels *Jean le publiera* an. Das Objektklitikon *le* wird in der *v*P-internen Komplementposition basisgeneriert und erhält dort vom verbalen Kopf seine thematische Rolle (hier: THEMA). Zudem instanziiert es, wie auch nominale Objekt-DPn, im Zuge der Übereinstimmungsrelation *Agree* (vgl. 4.3.1) sein Kasusmerkmal (hier: Akkusativ). Um die lineare Abfolge herzuleiten, in der das Pronomen nicht in der postverbalen Basisposition verbleibt, sondern links vom Verb steht, muss eine Bewegungsoperation erfolgen: Eine mögliche Analyse besteht darin, dass das pronominale Objekt *le* (als DP) aus der Grundposition zunächst in den Randbereich der starken Phasen *v*P verschoben wird; als Zwischenlandeplatz bietet sich hier der in der Literatur angenommene zweite Spezifikator (Spec,*v*P) an.[11]

---

[11]   Dieser Zwischenschritt ist notwendig, da nur das im Randbereich einer Phase befindliche Material für weitere syntaktische Operationen wie beispielsweise Bewegungen zugänglich ist (vgl. 4.3.3); zur prinzipiellen Möglichkeit mehrfacher Spezifikatoren vgl. Doron/Heycock (1999).

In einem weiteren Schritt wird *le* dann (als D-Kopf) nach T bewegt, wo es an das (bereits nach T angehobene) Verb klitisiert. Nach erfolgter syntaktischer Ableitung hat *le* dann den phrasenstrukturellen Status eines Kopfes. Damit sind derartige pronominale Objekte maximale Projektion (DP) und Kopf (D) zugleich, also $D^{min/max}$ (vgl. 4.2). Dies wollen wir an der folgenden Struktur verdeutlichen.

(22)

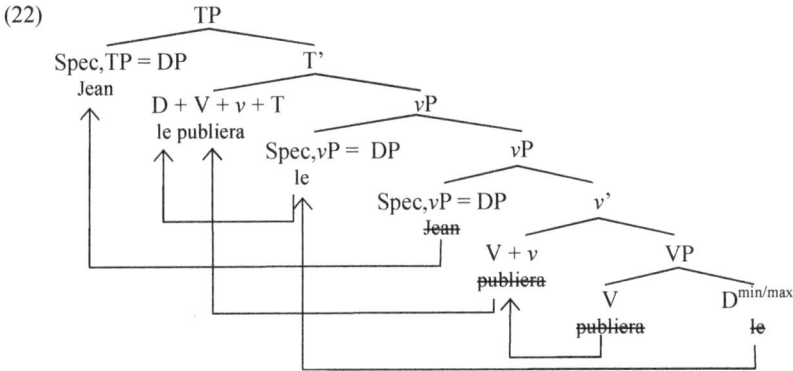

Wir setzen nun in unserem Beispielsatz *Jean le publiera* anstelle des Subjekts das entsprechende klitische Pronomen (*il*), tauschen das Objektpronomen *le* gegen eine nominale DP (*l'article*) ein und betrachten die Herleitung des resultierenden Satzes *Il publiera l'article*. Für die französischen Subjektklitika könnten wir annehmen, dass sie ebenfalls DPn darstellen. Hier wären aufgrund der Tatsache, dass Subjektklitika im deklarativen Hauptsatz die kanonische Subjektposition einnehmen, zunächst auch keine zusätzlichen Annahmen nötig. Außerdem könnten wir die in Zusammenhang mit (20) gemachte Beobachtung damit gut fassen: Wenn Subjektklitika wie 'normale' DPn in deklarativen Hauptsätzen nicht an das Verb klitisieren, dann können sie auch im VP-Konjunkt wie in (18) weggelassen werden. Betrachten wir hierzu den Strukturbaum:

(23)

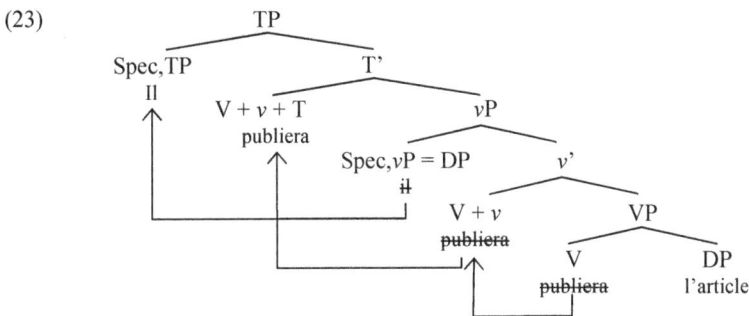

Eine solche Analyse ist jedoch nicht unproblematisch: Zunächst einmal kann die Struktur in (23) nicht erklären, weshalb auch Subjektklitika, genauso wie Objektklitika, weder betonbar noch koordinierbar sind (vgl. 18a, 19a). Um diese Gemeinsamkeit von Subjekt- und Objektklitika hervorzuheben, könnte man annehmen, dass auch Subjektklitika als D-Köpfe an das Verb klitisieren und zu diesem Zwecke an T adjungieren. Damit würde man Subjekt-klitika syntaktisch wie Objektklitika behandeln (vgl. Strukturbaum 24). Problematisch ist daran allerdings wiederum, dass die in Zusammenhang mit (20) und (21) gemachten Beob-achtungen und somit auch das unterschiedliche Verhalten von Subjekt- und Objektklitika bei der VP-Koordination nicht ohne weitere Zusatzannahmen erklärt werden könnten.

(24)

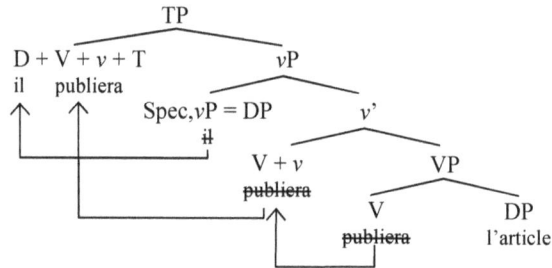

Eine grundsätzliche Frage, die wir noch nicht geklärt haben, betrifft das Auslösen der Kli-tikanhebung. In der Literatur ist vorgeschlagen worden, die obligatorische Bewegung von klitischen Pronomina am Kasusmerkmal des Klitikons festzumachen (vgl. Belletti 1999: 546). Gabriel (2002: 168f.) hat dies dahingehend uminterpretiert, dass Klitika sich sozusa-gen eigenständig auf die Suche nach dem kasusüberprüfenden Kopf begeben. Dieses Kon-zept einer kasusmotivierten Klitikanhebung haben Gabriel/Müller (2005) in das in 4.3.1 vorgestellte Sonde-Ziel-Modell integriert. In diesem Rahmen kann Kasus nicht als unmit-telbar bewegungsauslösend aufgefasst werden, wie es im P&P-Modell und in früheren Ver-sionen des Minimalistischen Programms der Fall war, da die Bestimmung des Kasuswertes hier lediglich einen Reflex der Übereinstimmungsoperation *Agree* darstellt. Die Bewegung einer DP kann dann erfolgen, wenn diese von einer Sonde als Ziel identifiziert wird und nach erfolgter Operation *Agree* einen von der Beschaffenheit der Sonde abhängigen Kasus-wert erhält. Ob die Bewegung in eine andere strukturelle Position (z. B. die Subjektanhe-bung nach Spec,TP) tatsächlich erfolgen *muss*, hängt wiederum von der Präsenz eines EPP-Merkmals im jeweiligen funktionalen Kopf ab. Das unterschiedliche Stellungsverhalten no-minaler und klitischer Objekte (postverbale Position vs. obligatorische Bewegung in die Position links vom Verb) lässt sich also auch in diesem Modell nur an den Klitika selbst festmachen. Dies lässt sich wie folgt präzisieren: Starke Pronominalformen wie z. B. in fr. *Marie pense à elle* oder *Elle pense à son amie* können, ebenso wie nicht-pronominale DPn, grundsätzlich in ihrer jeweiligen (*v*P-internen) Basisposition verbleiben.[12] Falls sie bewegt werden, wird dies durch das EPP-Merkmal in T (Subjektanhebung) oder durch das EPP-

---

[12] Dass starke Pronominalformen prinzipiell in ihrer jeweiligen Basisposition verbleiben können, lässt sich auch anhand der *Small Clause*-Konstruktionen zeigen (vgl. 3.5.2, Beispiele 68): Ersetzt man in *Pierre croyait* [SC = PP [Spec,PP *Paul*][P' *contre* [DP *la peine de mort*]]] das Subjekt der *Small Clause* durch ein starkes Pronomen, kann dieses in der Basisposition Spec,PP verbleiben (*Pierre croyait LUI contre la peine de mort*), während sich das entsprechende Klitikon *le* zum Verb be-wegen muss: *Pierre croyait [SC = PP [Spec,PP *le*][P' *contre* [DP *la peine de mort*]]] → *Pierre le croyait* [PP *le contre la peine de mort*].

Merkmal in einem funktionalen Kopf des C-Bereichs ausgelöst (Bewegung in eine links-periphere Position wie z. B. Spec,TopP, vgl. 3.4.5). Anders hingegen ist die Situation bei den Klitika, die nicht in ihrer Basisposition verbleiben können. Es lässt sich nun dafür argu-mentieren, dass Klitika, da sie phonologisch und syntaktisch defizitäre Elemente darstellen, in der Syntax bewegt werden müssen (vgl. Gabriel/Müller 2005).

Für Strukturen, bei denen das Objektklitikon eine koreferenzielle XP doppelt, haben Uriagereka (1995, 2005) und Grewendorf (2002: 84) die sog. *Big DP*-Analyse vorgeschla-gen, die wir nachfolgend darstellen. Dabei wird die gedoppelte XP im Spezifikator der dop-pelnden Kategorie, also des Klitikons (D), basisgeneriert.[13] Die Bedingungen für die Dopp-lung (und damit die Faktoren, die die Auswahl eines solchen doppelnden D-Kopfes bei der Entnahme der Elemente aus dem Lexikon bedingen) können pragmatisch bedingt sein. So ist etwa bei Linksdislokationen die Auswahl eines doppelnden Klitikons von der Informa-tionsstruktur abhängig: Das klitische Objektpronomen wird hier benötigt, um die an den linken Satzrand verschobene Konstituente wieder aufzunehmen. Bei Sätzen wie (25) wird für die jeweils unterstrichenen Elemente (also die DP *und* das doppelnde Klitikon) als Basis eine solche *Big DP* angesetzt, die in der *v*P-internen Objektposition basisgeneriert wird:

(25) a. fr. Le garçon, Marie le voit.   Basis: [$_{DP}$ [$_{Spec,DP}$ le garçon] le]
      b. it. Il ragazzo, Maria lo vede.   Basis: [$_{DP}$ [$_{Spec,DP}$ il ragazzo] lo]
      c. sp. El chico, María lo ve.   Basis: [$_{DP}$ [$_{Spec,DP}$ el chico] lo]

Die lineare Abfolge wird dann durch zwei Bewegungsoperationen hergeleitet, nämlich zum einen durch die Anhebung des Klitikons zum Verb und zum anderen durch die Bewegung der nominalen DP in eine linksperiphere Position. Die Bewegung der Objekt-DP *le garçon* (bzw. it. *il ragazzo* oder sp. *el chico*) aus ihrer *v*P-internen Basisposition in die linksperi-phere Position Spec,TopP wird durch ein in der funktionalen Kategorie Top anzunehmen-des EPP-Merkmal ausgelöst. Wir skizzieren dies zunächst in Form eines reduzierten Strukturbaums; da sich unsere drei romanischen Sprachen in Bezug auf die in der Linken Peripherie anzunehmenden funktionalen Projektionen unterscheiden (vgl. 3.4.5), beschrän-ken wir uns auf die Darstellung der *v*P-internen Basispositionen.

(26)

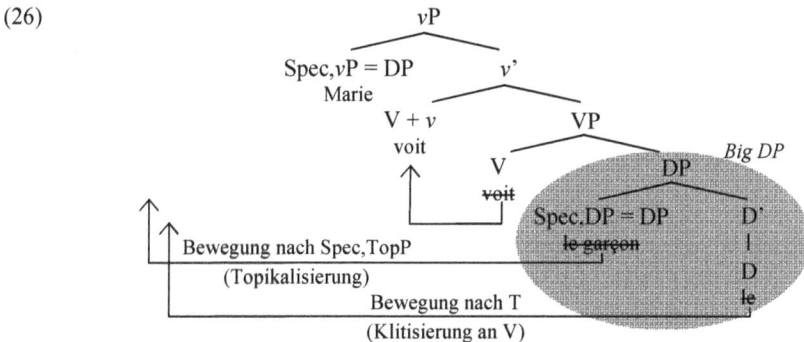

---

[13] Oberflächenevidenz für *Big DP* bieten komplexe DP-Strukturen des Deutschen wie z. B. *ich hab* [$_{DP}$ *den Depp* [$_{D}$ *den*]] *hinausgeworfen* (Grewendorf 2002: 86).

Betrachten wir nun für (25a) den vollständigen Strukturbaum: Zunächst wird die gesamte *Big DP* [$_{DP}$ *le garçon le*] in den äußeren Spezifikator der *v*P bewegt. Dann wird das Objektklitikon *le* bis nach T angehoben, wo sich mit *v* bereits derjenige Kopf befindet, der die Sonde beinhaltet, die den Kasuswert (Akkusativ) von *le* bestimmen kann (vgl. Tabelle 20 in 4.3.1). In einem letzten Schritt erfolgt die Bewegung der DP *le garçon* in die linksperiphere Position Spec,TopP (ausgelöst durch ein in Top anzunehmendes EPP-Merkmal).

(27)

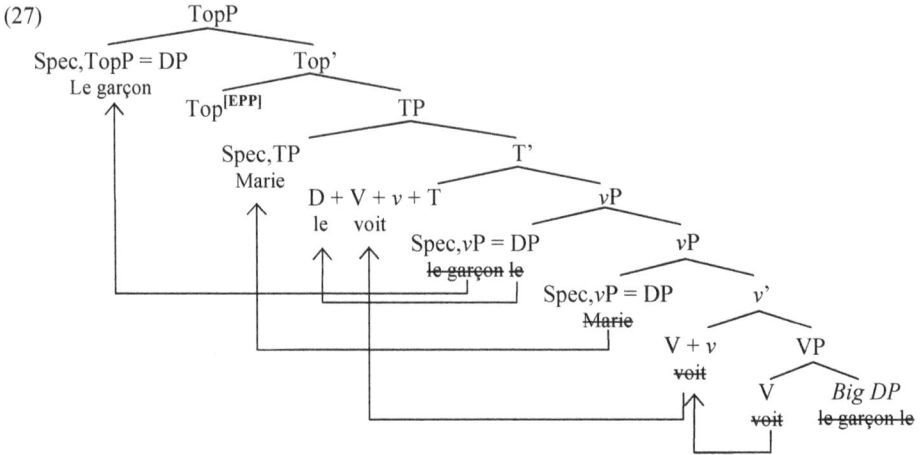

Wir können die syntaktische Analyse von Klitika und Dislokationsstrukturen wie folgt zusammenfassen: Klitika sind Elemente des Typs D, die einer obligatorischen Bewegung unterliegen. Bewegungsziel ist derjenige (komplexe) Kopf, der die Sonde beinhaltet, die den Kasuswert des Klitikons bestimmen kann: Im Fall der Objektklitika ist dies *v* (Akkusativ bzw. inhärenter Kasus); beim Subjektklitikon ist dies T (Nominativ).

Wir wollen nun mit der **Basisgenerierungsanalyse** auf den zweiten der anfangs genannten Ansätze zur Herleitung von Konstruktionen mit klitischen Pronomina zu sprechen kommen. Hierbei wird davon ausgegangen, dass klitische (Objekt-)Pronomina in Adjazenz zum Verb basisgeneriert werden und nicht als syntaktisch eigenständige Elemente, sondern vielmehr als Kongruenzmorpheme aufzufassen sind. Diese Analyse ist insbesondere für das Spanische plausibel, da hier bestimmte Typen von Objekten regelmäßig durch klitische Pronomina gedoppelt werden.[14] Das Spanische ist daher auch oft zu Recht als Sprache mit Objektkongruenzeigenschaften charakterisiert worden. Um die Interpretation des Klitikons als Objektkongruenzmorphem hervorzuheben, setzen wir dieses nicht innerhalb der VP,

---

[14] Die obligatorische Dopplung betrifft u. a. starke Pronomina (*Juan lo vio a él*) und bestimmte Thetarollen wie z. B. EXPERIENCER (*Le gusta la ópera a mi hermano*). Bei indirekten Objekten wird die klitische Dopplung stark bevorzugt, vgl. *Juan le dio un libro a su hermano*, aber: ?*Juan dio un libro a su hermano*. Im argentinischen Spanisch ist die Dopplung deutlich weiter verbreitet als in europäischen Varietäten und tritt u. a. auch bei unbelebten direkten Objekten auf (z. B. *Y al final me lo compré al auto*); vgl. Belloro (2007) und Rinke (2011). Zur Herausbildung der klitischen Doppung (sp. *duplicación/doblado de clíticos* oder *redundancia pronominal*) im europäischen Spanisch vgl. Gabriel/Rinke (2010).

sondern erst in der *v*P in die Struktur ein. Im Folgenden skizzieren wir anhand des spanischen Satzes *Juan lo vio a él* die Herleitung im Strukturbaum:

(28)

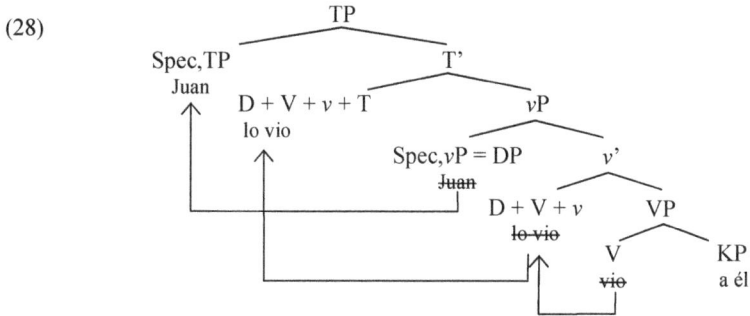

Bevor wir abschließend auf einige Schwierigkeiten der beiden vorgestellten Ansätze zu sprechen kommen, sei hervorgehoben, dass im Rahmen der Basisgenerierungsanalyse ein leeres Objektpronomen *pro* angenommen werden muss, wenn die Objektposition weder durch ein nominales noch durch ein starkes pronominales Objekt besetzt ist. Dies ist notwendig, da andernfalls in einem Satz wie *Juan lo vio* kein Element vorhanden wäre, dem die Objektthetarolle zugewiesen werden könnte (Verstoß gegen das Theta-Kriterium, vgl. 3.5.1). Betrachten wir auch hierzu die Skizze im Strukturbaum:

(29)

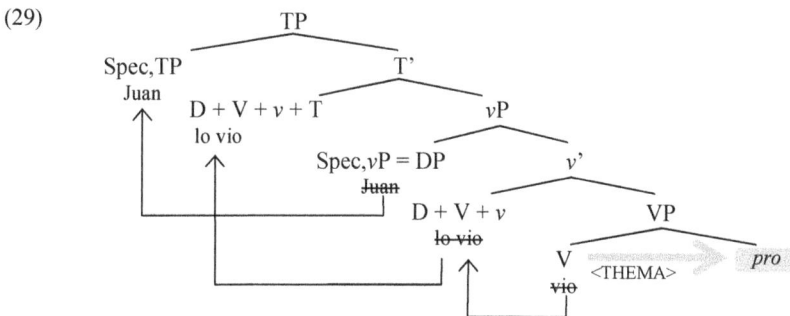

Kommen wir nun auf die Problematik der beiden Anätze zu sprechen: Weder die Bewegungs- noch die Basisgenerierungsanalyse sind in der Lage, die besonderen Positionen der Klitika in allen drei Sprachen zu erklären, sobald mehr als ein Klitikon auftritt oder kein deklarativer Hauptsatz vorliegt. Diese problematischen Daten wollen wir im Folgenden kurz anführen.

(30) a. fr. Il le lui a présenté. Il la lui a présentée.
     b.   *Il {me/te} lui a présenté. → Il {m'a / t'a} présenté à {lui/elle}.
     c.   *Il lui {m'a / t'a} présenté. → Il {m'a / t'a} présenté à {lui/elle}.

Die französischen Daten in (30a) zeigen, dass das direkte Objektklitikon der 3. Person mit einem Dativklitikon einen *clitic cluster* bilden kann; mit der 1. und 2. Person ist dies hingegen ausgeschlossen, und zwar unabhängig von der Abfolge der beiden Pronominalformen (30b, c). Legt man die Bewegungsanalyse zugrunde, sollte man annehmen, dass die einzelnen Klitika nacheinander an den verbalen Kopf adjungieren, und man müsste entsprechende Beschränkungen stipulieren, die bestimmte Kombination verbieten. Auch ist es für einen syntaktischen Ansatz problematisch, die Abfolge der Klitika in fr. *Il me*$_{DAT}$ *le*$_{AKK}$ *donne* bzw. *Il le*$_{AKK}$ *lui*$_{DAT}$ *donne* abzuleiten, da das Dativpronomen im ersten Fall vor, im zweiten Fall nach dem Akkusativpronomen steht.

Klitika zeigen ferner sog. Idiosynkrasien, also Besonderheiten, die sich nur auf die Kombination mit bestimmten Wortformen beziehen. Dies lässt sich im Rahmen einer Bewegungsanalyse kaum erklären. So ist z. B. das lokative Klitikon *y* nicht mit dem Futurstamm von *aller* kompatibel (*on y ira, sondern: *on ira*), obwohl es mit allen anderen Stämmen desselben Verbs auftreten kann (*on y va, nous y allons*) und auch mit anderen Verben im Futur kombinierbar ist (*L'exposition y illustrera ce thème*). Als eine weitere Idiosynchrasie sind die sog. opaken ('undurchsichtigen') Formen in sog. *clitic clusters* (Kombinationen zweier oder mehrere Klitika) im Italienischen und im Spanischen zu nennen: So lautet im Italienischen die Kombination aus Dativ- und Akkusativklitikon der 3. Person maskulinum nicht − wie man erwarten könnte − *gli lo, sondern *glie lo*, und im Spanischen wird die Kombination Cl$_{DAT.3Sg}$ und Cl$_{AKK3Sg.m}$ nicht als *le lo*, sondern als *se lo* realisiert, d. h. anstelle der Dativform *le* wird hier die reflexive Form *se* verwendet. Da sich dies grammatisch kaum erklären lässt, müssen anderen Faktoren wie z. B. phonologische in die Analyse mit einbezogen werden (vgl. 5.2.3).

Anhand der französischen Imperativ- und Fragesätze wird ein Problem für die Basisgenerierungsanalyse deutlich, derzufolge Klitika als Kongruenzmorpheme aufgefasst werden: So steht das Subjektklitikon im Fragesatz und das Objektklitikon im Imperativsatz postverbal (*Veux-tu*$_{Subj}$ *venir à la fête ? Donne-le*$_{Obj}$*-moi*$_{Obj}$ *!*) und nicht wie im Deklarativsatz präverbal. Ist der Imperativsatz negiert, so stehen die Klitika wie im Deklarativsatz vor der Verbform (*Ne le*$_{Obj}$ *donne pas a moi ! Ne me*$_{Obj}$ *le*$_{Obj}$ *donne pas !*).

Weder die Bewegungs- noch die Basisgenerierungsanalyse können die komplexen romanischen Daten also hinreichend erklären. Vor allem zeigt sich, dass neben dem rein syntaktischen Aspekt der Abfolge auch weitere Bereiche des sprachlichen Wissens mit einbezogen werden müssen, um kombinatorisch bedingte Oberflächenformen oder die Position einzelner Klitika in *clitic clusters* erklären zu können. Aus diesem Grunde skizzieren wir im folgenden Abschnitt exemplarisch eine mögliche optimalitätstheoretische Analyse.

5.2.3   Klitische Pronomina in OT

In 5.1.4 haben wir mit der Optimalitätstheorie einen Ansatz eingeführt, der aus dem generativen Modell entwickelt wurde und der neben syntaktischen explizit auch andere Faktoren berücksichtigt. Bei der Analyse von informationsstrukturell bedingten Wortstellungsvarianten in den romanischen Sprachen hat es sich als fruchtbar erwiesen, pragmatisch-informationsstrukturelle, syntaktische und prosodische Kategorien in ihrem Wechselspiel zu betrachten. Wir haben bereits darauf hingewiesen, dass sich auch bestimmte Besonderheiten klitischer Pronomina (opaken Formen, Abfolge in *clitic clusters*) nicht rein syntaktisch erklären lassen, sondern dass u. a. phonologische Faktoren berücksichtigt werden müssen.

Beginnen wir mit dem **Französischen** und halten uns erneut vor Augen, dass bei der Kombination von zwei pronominalen Klitika der 3. Person die Abfolge le_{AKK} lui_{DAT} resultiert, wohingegen bei Beteiligung eines Elements der 1. oder 2. Person die Reihenfolge umgekehrt ist (me_{DAT} le_{AKK}, te_{DAT} le_{AKK}). Mit Gerlach (1998), an deren Analyse sich die folgenden Ausführungen orientieren, [15] nehmen wir einen Constraint an, der die im romanischen *clitic cluster* häufigere Abfolge DAT>AKK zugrunde legt:

ALINGLEFT($_{CC}$ DAT): In einem *clitic cluster* (CC) steht der Dativ am linken Rand.

Um der hiervon abweichenden Abfolge *le lui* Rechnung zu tragen, wird auf eine phonologische Beschränkung zurückgegriffen, die das Aufeinanderfolgen von Lautsegmenten verbietet, die sich in Bezug auf ihre Schallfülle (Sonorität) zu ähnlich sind. Grundlegend hierfür ist die Beobachtung, dass sich die unterschiedlichen Laute entsprechend ihrem Sonoritätsgrad auf einer Skala anordnen lassen, wobei offene Vokale die höchste und Verschlusslaute (Plosive) die tiefste Position einnehmen (vgl. Gabriel/Meisenburg 2007: 117).

Sonoritätshierarchie (absteigend): Offene Vokale [a ɑ] > geschlossene Vokale [i y u …] > Liquide [l ʎ …] > Nasale [m n ɲ …] > Frikative [f s ç ʃ …] > Plosive [p t k …]

Übereinzelsprachlich lässt sich als Tendenz feststellen, dass bei der lautlichen Kombinatorik Kontraste bevorzugt werden, weil diese sich besser voneinander unterscheiden lassen als Sequenzen aus gleichen oder ähnlichen Lauten. Gerade bei der Kombination mehrerer Klitika, wo auf engstem Raum wichtige grammatische Informationen ausgedrückt werden, ist es von Vorteil, dass der Hörer Unterschiede zwischen den einzelnen Elementen gut wahrnehmen kann. Die Bevorzugung lautlicher Kontraste lässt sich wie folgt als optimalitätstheoretische Beschränkung fassen:

($_{CC}$ *SON-ADJ): In einem *clitic cluster* (CC) sind adjazente Segmente auf der Sonoritätsskala nicht benachbart.

Geht man davon aus, dass dieser Constraint im Französischen hierarchisch höher steht als ALINGLEFT($_{CC}$ DAT), [16] wird bei der Kombination aus zwei Klitika der 3. Person die Form *lui le* [lɥilə] ausgeschlossen, da die adjazenten Segmente [i] (geschlossener Vokal) und [l] (Liquid) auf der Sonoritätsskala benachbart sind. Die Abfolge *le lui* wird hingegen als optimale Form bewertet, obwohl sie gegen ALINGLEFT($_{CC}$ DAT) verstößt.

Auch für das **Italienische** ist anzunehmen, dass ($_{CC}$ *SON-ADJ) in der Constrainthierarchie hoch angesiedelt ist. Auf diese Weise lässt sich modellieren, dass die Kombination aus zwei Klitika der 3. Person maskulinum nicht *gli lo, sondern *glielo* lautet. Der Verstoß gegen das Adjazenzverbot von auf der Sonoritätsskala benachbarten Segmenten wird hier allerdings nicht wie im Französischen durch die Umkehrung der Reihenfolge 'behoben', sondern durch Absenkung des Vokals [i] zu [e] in der Alternativform *glielo* [ʎelo].

---

[15] Für weitere optimalitätstheoretische Analysen romanischer Klitika vgl. Grimshaw (1997, 2001).

[16] Es ist wichtig, dass ALINGLEFT($_{CC}$ DAT) auf *clitic cluster* beschränkt ist, um den fälschlichen Ausschluss von im Französischen möglichen Wörtern wie *île* [il] oder *lys* [lis] bzw. Wortkombinationen wie *belle image* [bɛlimaʒ] zu verhindern.

Etwas anders sind die Dinge im **Spanischen** gelagert, wo anstelle von **le lo* die Form *se lo* resultiert: Hier wird in der Abfolge von zwei identisch anlautenden Klitika (*le* und *lo*) das erste durch die – in Bezug auf die grammatische Funktion hier eigentlich 'unangebrachte' – reflexive Form *se* ersetzt. Anders als im Französischen und im Italienischen ist hier also nicht der Sonoritätsgrad der beteiligten Elemente relevant, sondern wir benötigen eine Constraint, der das Aufeinanderfolgen von gleich anlautenden Elementen (Alliteration) verbietet:

($_{CC}$ *ALLITERATION):   Ein *clitic cluster* (CC) enthält keine gleich anlautenden Elemente.

Diese Beschränkung muss im Spanischen hierarchisch hoch angesiedelt sein, während er beispielsweise im Französischen in der Constrainthierarchie tiefer angesiedelt ist.

5.2.4   Zusammenfassung

Wir haben zunächst die starken und klitischen Pronomina der romanischen Sprachen in Bezug auf ihre phonologischen, semantischen und syntaktischen Eigenschaften charakterisiert und dann mit der Bewegungs- und der Basisgenerierungsanalyse zwei Vorschläge für die Derivation von Konstruktionen mit klitischen Objektpronomina diskutiert. Dabei hat sich gezeigt, dass sich einige Besonderheiten romanischer Klitika nicht rein syntaktisch erklären lassen. Schließlich haben wir gezeigt, wie die bei den Klitika zentrale Interaktion syntaktischer Faktoren mit phonologischen Beschränkungen im OT-Rahmen erfasst werden kann.

5.3   Zur Adjektivstellung in den romanischen Sprachen

In unseren drei romanischen Sprachen Französisch, Italienisch und Spanisch können attributive Adjektive prä- wie postnominal auftreten, also vor oder nach dem Bezugsnomen stehen. Deskriptive Grammatiken unterscheiden oft zwischen determinierer-ähnlichen Adjektiven (oft zählen hierzu auch die Zahlwörter), die pränominal stehen, und sog. qualitativen Adjektiven, die prä- und postnominal platziert werden und eine Qualität oder Eigenschaft des Nomens bezeichnen (vgl. Guasti 1991, Klein/Kleineidam 1994, Schwarze 1995, Rainer 1999, D'Achille 2003, Grevisse/Goose 2007). Bouchard (1998), Cinque (2010) und Ticio (2010) beschäftigen sich mit der Gruppe von Adjektiven, welche beide Stellungen zulassen. Sie arbeiten heraus, dass die Adjektivstellung mit unterschiedlichen Bedeutungen einhergeht, wobei zwischen einer intensionalen und einer extensionalen Lesart zu unterscheiden ist. Während pränominale Adjektive allein mit der intensionalen Lesart kompatibel sind, sind postnominale Adjektive ambig und können beide Lesarten aufweisen; vgl. die folgenden italienischen Beispiele:

(31) a. it. Le noiose lezioni di Ferri se le ricordano tutti.   (nicht ambig)
              'Jeder erinnert sich an Ferris Unterricht, der durchweg langweilig war.'
              (nicht restriktiv, intensional)
      b.   Le lezioni noiose di Ferri se le ricordano tutti.   (ambig)
              'Jeder erinnert sich an Ferris Unterricht, der durchweg langweilig war.'
              (Lesart 1: nicht restriktiv)
              'Jeder erinnert sich genau an die Unterrichtsstunden von Ferri, die langweilig
              waren.' (Lesart 2: restriktiv, extensional)   (Cinque, 2010: 8)

Im Italienischen ist die Adjektivstellung ein syntaktisches Mittel, um die unterschiedlichen Lesarten auszudrücken. Das Spanische verfügt zudem mit den beiden Kopulaverben *ser* und *estar* über ein morphologisches Mittel, um die verschiedenen Prädikate zu markieren. Dabei wird *ser* als Individuenprädikat verwendet (engl. *individual level predicate*), das sich auf eine permanente Eigenschaft des Individuums bezieht (z. B. sp. *Pablo es inteligente ahora y siempre*); *estar* hingegen steht in sog. *stage level predicate*-Kontexten (z. B. *Laura está contenta ahora/*siempre*). Demonte (1999) argumentiert, dass pränominale Adjektive den intensionalen Adjektiven entsprechen (vgl. Kamp 1975), da sie nicht die Extension des Nomens beeinflussen; dies gilt auch für das Stadienprädikat *estar*, das einem Individuum eine temporäre Eigenschaft zuweist. Postnominale Adjektive entsprechen den extensionalen Adjektiven (vgl. Kamp 1975), die die Extension des Nomens verändern können, was auch für das Individuenprädikat *ser* gilt, das aus einer Menge von Individuen dasjenige auswählt, für das die ausgedrückte Eigenschaft immer gilt. Mit Hinblick auf die Adjektivstellung wird deutlich, dass es nicht nur Bedeutungsunterschiede zwischen prä- und postnominalen Adjektiven gibt, sondern dass die Bedeutung von pränominalen Adjektiven durch die Position spezifiziert ist, wohingegen die Bedeutung von postnominalen Adjektiven durch den Kontext disambiguiert werden muss. Die restriktive Bedeutung kann nur durch die postnominale Stellung ausgedrückt werden. Um eine nicht-restriktive Bedeutung auszudrücken, kann der Sprecher frei zwischen der prä- und der postnominalen Adjektivstellung auswählen: Nur in diesen Fällen kann man also von einer freien Variation zwischen prä- und postnominaler Stellung sprechen. Die Ausführungen erlauben Aussagen über eine Unterklasse von Adjektiven (sog. relationale Adjektiven, vgl. Schwarze 1995), die in den drei romanischen Sprachen nur postnominal auftreten können:

(32) a. fr. une maladie *pulmonaire*   a.'   *une *pulmonaire* maladie
      b. it. il calore *solare*   b.'   *il *solare* calore (Ramaglia 2008: 37)
      c. sp. una red *eléctrica*   c.'   *una *eléctrica* red

Ramaglia (2008) zufolge sind relationale Adjektive intrinsisch restriktiv. Zusammen mit dem Nomen tragen sie zur Identifizierung der Entität bei, auf die sie referieren. Da sie immer eine restriktive Bedeutung haben, müssen sie postnominal auftreten.

Im Unterschied zu den romanischen Sprachen ist das Deutsche durch eine ausnahmslose pränominale Adjektivstellung charakterisiert. Nichtsdestotrotz drücken vorangestellte Adjektive im Deutschen ähnliche Bedeutungen aus wie die romanischen prä- vs. postnominalen Adjektive. So hängt die Interpretation des Adjektivs in (33) davon ab, in welchem Kontext es gebraucht wird.

(33)   dt.   ein armer Schauspieler
        Lesart 1: 'der kein Geld hat', Lesart 2: 'der Mitleid oder Sympathie verdient'

Die Frage nach der syntaktischen Herleitung von Adjektivkonstruktionen ist bis heute nicht eindeutig geklärt. Grob lassen sich zwei Ansätze unterscheiden: Einer der beiden modelliert die Adjektivstellung in der Phrasenstruktur, d. h. die prä- oder postnominale Position des Adjektivs rührt daher, dass die AP rechts bzw. links an N' adjungiert wird (vgl. 3.2.2):

(34)   a. [$_{DP}$ D [$_{NP}$ [$_{N'}$ [$_{AP}$ A] [$_{N'}$ N]]]]

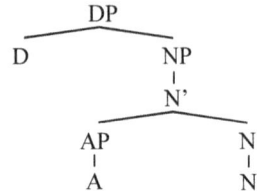

        b. [$_{DP}$ D [$_{NP}$ [$_{N'}$ N [$_{AP}$ A]]]]

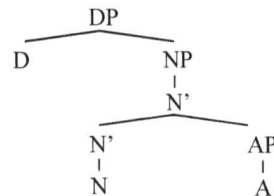

Ein neuerer Ansatz bezieht sich auf die von Kayne (1994) vorgeschlagene Relativsatzanalyse, die wir in Abschnitt 4.2 kennen gelernt haben und die wir nachfolgend wiederholen:

(35)   b. fr.   [$_{DP}$ le [$_{CP}$ que [$_{TP}$ je vois [$_{NP}$ garçon]]]] →
                [$_{DP}$ le [$_{CP}$ [$_{Spec,CP=NP}$ garçon] que [$_{TP}$ je vois [$_{NP}$ ~~garçon~~]]]]

Hier wurde das Nomen *garçon* in die Spezifikatorposition der CP verschoben, damit es in der linearen Abfolge unmittelbar nach dem definiten Artikel *le* steht. Übertragen auf die Adjektivstellung bedeutet dies, dass beide Positionen aus ein und derselben Grundstruktur abgeleitet werden; die Oberflächenabfolge ist dann das Resultat zusätzlicher Bewegungen des Nomens und/oder des Adjektivs. Da dieser Ansatz für beide Stellungsvarianten dieselbe syntaktische Struktur zugrunde legt, wird er in der Literatur auch *Universal Base Approach* genannt. Kayne (1994) schlägt vor, attributive Adjektive auf einen prädikativen Gebrauch zurückzuführen, und legt deshalb einen verkürzten Relativsatz zugrunde. Grundlegende Idee ist hierbei, dass [$_{DP}$ *la manzana* [$_{Adjektiv}$ *verde*]] nichts anderes bedeutet als [$_{DP}$ *la manzana* [$_{Relativsatz}$ *que es verde*]]. Konkret bedeutet dies für die syntaktische Ableitung, dass attributive Adjektive in einem Relativsatz ihren Ursprung haben, d. h. im CP-Komplement von D, das ein Subjekt (hier das Nomen, auf das sich das Adjektiv bezieht) in der Spezifikatorposition der TP beherbergt. Im Falle eines pränominalen Adjektivs bewegt sich die AP über das Subjekt hinweg nach Spec,CP (vgl. 36a). Erscheint das Adjektiv postnominal, muss neben der AP auch das Nomen bewegt werden (vgl. 36b). Wir veranschaulichen diese Analyse anhand eines aus Arnaus Gil et al. (2012: 245) übernommenen Beispiels. Für die interne Struktur des Relativsatzes legen wir die in 3.5.2 (vgl. dort Beispiele 66 und 67) angenommene Analyse von Kopulakonstruktionen zugrunde, mit dem Unterschied, dass die Position Aux ('Hilfsverb') nicht durch eine Hilfsverbform gefüllt, sondern phonetisch leer ist.

(36)   a.   sp. $[_{DP} [_D la][_{CP} [_{Spec,CP} pálida] C [_{TP} [_{Spec,TP} luz] T [_{AuxP} Aux [_{AP} \text{pálida}]]]]]$

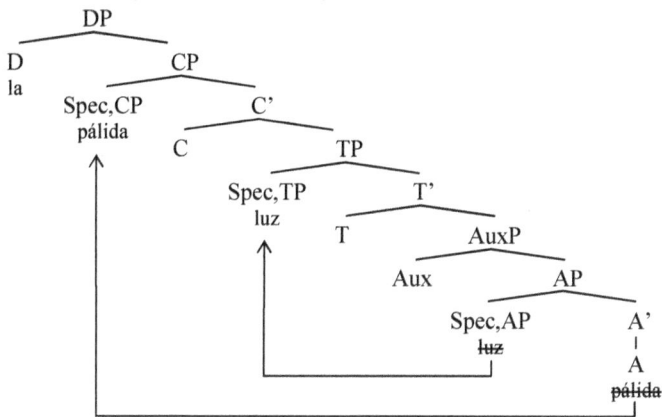

b. $[_{DP} [_D la][_{FP} [_N \text{luz}] F [_{CP} [_{Spec,CP} pálida][_C [_N \text{luz}] C][_{TP} [_{Spec,TP} \text{luz}] T [_{AuxP} Aux [_{AP} \text{pálida}]]]]]]$

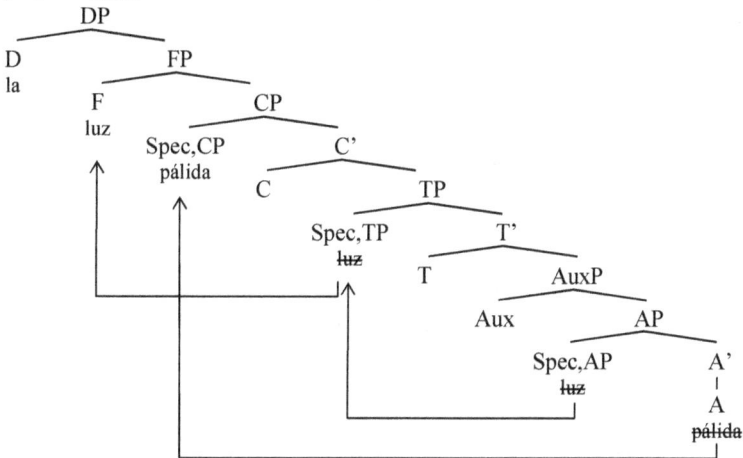

In (36b) bewegt sich die AP zunächst nach Spec,CP wie im Falle eines pränominalen Adjektivs (36a). Zusätzlich wird der N-Kopf in die C-Position verschoben und weiter in den Kopf F einer zwischen DP und CP angesetzten funktionalen Projektion FP. Kayne lässt offen, um welchen Typ von funktionaler Kategorie es sich handelt; in jedem Fall sollte diese funktionale Kategorie die restriktive Bedeutung wie in (32) erlauben.[17]

Wir sind bisher noch nicht auf eine Besonderheit der romanischen Sprachen eingegangen, nämlich dass sie bei manchen Adjektiven eine Formvariation zeigen. Das Adjektiv hat die herkömmliche bzw. für die jeweilige romanische Sprache typische Form, wenn es postnominal steht. Steht es pränominal, so kann die Form von der herkömmlichen abweichen:

---

[17]   Da die restriktive Bedeutung die Extension des Nomens verändert, könte man FP als NumP (Numerusphrase) deuten; dies können wir im gegebenen Rahmen jedoch nicht weiter diskutieren.

(37) a. sp.   un gran pintor   'ein großartiger Maler'
      a.'   un(os) pintor(es) grande(es)   'ein(ige) groß(gewachsen)e(r) Maler'
      b.   una gran/grande mujer   'eine großartige Frau'
      b.'   una(s) mujer(es) grande(s)   'ein(ig)e groß(gewachsen)e Frau(en)'

Die Formvariation hat offensichtlich mit der Stellung des Adjektivs zu tun. Das pränominale Adjektiv ist auf die Tonsilbe *gran* verkürzt und morphologisch weder genus- noch numerusmarkiert, während es in postnominaler Position (und alternativ auch im Singular der femininen Form) als Vollform auftritt und overte Numeruskongruenz aufweist (*grande*, *grandes*). Auch das Französische weist positionsbedingte Formalternanzen auf:

(38) a. fr.   une maman grande   'eine groß(gewachsen)e Mutter'
      a.'   une grand-maman   'eine Großmutter'
      b.   une tante grande   'eine groß(gewachsen)e Tante'
      b.'   une grand-tante   'eine Großtante'

Die feminine Form des Adjektivs ist nicht obligatorisch, wenn das Adjektiv mit einem Bindestrich mit dem nachfolgenden Nomen verbunden ist. Fehlt dieser, verzeichnen wir bei der Voranstellung bei femininen Nomen auch die feminine Form des Adjektivs, d. h. das pränominale Adjektiv ist mit dem postnominal gebrauchten formidentisch:

(39) a. fr.   une grande ville   'Großstadt'
      b.   un gros capitaliste (m.) / une grosse capitaliste (f.) 'Großkapitalist/in'

Die Bindestrich-Formen in (38) lassen sich als zusammengesetzte Wörter (Komposita) auffassen, womit die Frage der Analyse eine morphologische und keine syntaktische ist. *Grand-maman* und *grand-tante* sind demnach Nominalkomposita mit der Struktur Adj+N. Fakt ist jedoch, dass die unterschiedlichen Adjektivformen schwer mit einem Ansatz kompatibel sind, der die unterschiedliche Stellung über Phrasenstrukturregeln abbildet.

Abschließend wollen wir die von Kayne vorgeschlagene Analyse der Adjektivstellung über mehrere romanische Sprachen hinweg betrachten und hierzu Daten aus dem Spracherwerb heranziehen. Laut Kayne erfordert die postnominale Stellung mehr Derivationsschritte als die pränominale. Zuckerman (2001) stellt die in der Spracherwerbsforschung vielfach bestätigte Hypothese auf, dass Kinder die weniger komplexe Analyse übergeneralisieren, wenn sie von der Zielsprache abweichende Äußerungen produzieren. Für den Bereich der Adjektivstellung können wir entsprechend vermuten, dass die pränominale Position übergeneralisiert werden sollte, da sie die weniger aufwändige syntaktische Analyse darstellt. Rizzi et al. (2012) analysieren 2962 romanische DPn, die ein Adjektiv enthalten (Französisch, Italienisch, Spanisch), und 2486 deutsche. Wir konzentrieren uns hier nur auf die romanischen DPn. Abbildung (40) ist auf der Basis der Daten von 15 bilingualen Kindern erstellt worden, die entweder Deutsch und eine romanische Sprache oder zwei romanische Sprachen simultan erwerben. Die in der Grafik jeweils abgebildete Sprache ist in Großbuchstaben angegeben. Der obere Teil der Grafik zeigt die pränominale Adjektivstellung. Es wird deutlich, dass die Kinder die pränominale Stellung häufig in ihren nicht-zielsprachlichen DPn verwendet haben. Der untere Teil der Grafik bildet die postnominale Adjektivstellung ab. Es wird deutlich – auch im Vergleich zur pränominalen Stellung –, dass die

Kinder die postnominale Stellung zum Teil schon sehr häufig zielsprachlich gebrauchen. Illustriert wird auch, dass die postnominale Stellung fast niemals in den nicht-zielsprachlichen DPn auftritt. Wenn − wie Zuckerman (2001) vermutet − die Anzahl der Derivationsschritte für den Komplexitätsgrad einer syntaktischen Analyse verantwortlich ist, dann ist die pränominale Stellung des Adjektivs weniger komplex und sollte demzufolge von Kindern im Spracherwerb auch übergeneralisiert werden.

(40)   Zielsprachliche und nicht-zielsprachliche Verwendung prä- und postnominaler Adjektive in den romanischen Sprachen bei bilingualen Kindern (Rizzi et al. 2012).

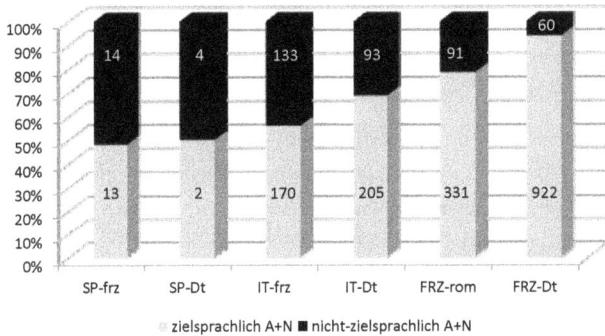

zielsprachlich A+N   nicht-zielsprachlich A+N

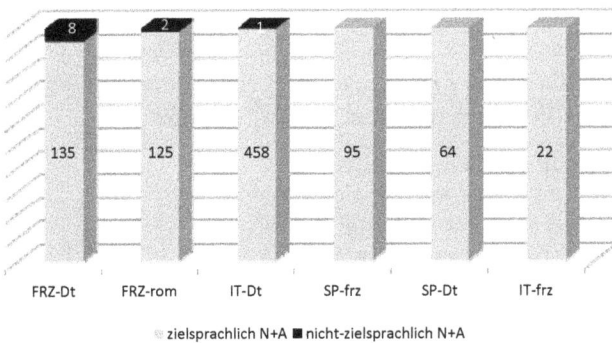

zielsprachlich N+A   nicht-zielsprachlich N+A

In diesem Abschnitt haben wir uns mit zwei syntaktischen Analysen der Adjektivstellung in den romanischen Sprachen befasst. Die Erwerbsdaten bilingualer Kinder weisen darauf hin, dass Konstruktionen mit prä- und postnominalen Adjekten unterschiedlichen syntaktischen Ableitungen unterliegen, wobei die Herleitung der postnominalen Stellung komplexer ist.

Aufgaben zu Kapitel 5

1. Am Schluss von Abschnitt 5.2.2 haben wir anhand von französischen Daten gezeigt, dass sich bestimmte Besonderheiten von Konstruktionen mit klitischen Pronomina wie z. B. die Abfolge von direktem und indirektem Objektklitikon oder bestimmte Idiosynkrasien kaum syntaktisch erklären lassen. Suchen Sie vergleichbare Beispiele aus dem

Italienischen und Spanischen und denken Sie hierbei insbesondere an die Kombination mehrerer klitischer Formen.

2. Im Friaulischen ist der Gebrauch von Subjektklitika obligatorisch. Betrachten Sie die folgenden Beispiele aus Gregor (1975: 107), für die wir jeweils eine wörtliche Übertragung ins Französische angeben, da das Standarditalienische keine klitischen Subjektpronomina aufweist.

(41) a. friaul. Tu tu ti viodis
     b. fr. Toi tu te vois.
     c. friaul. *Tu ti viodis.
     d. Dunce lui al è un fregul dificilot cu lis feminis.
     e. fr. Donc lui il est un peu difficile avec les femmes.
     f. friaul. *Dunce al è un fregul dificilot cu lis feminis.

Vergleichen Sie die Beispiele mit dem Standarditalienischen. Welcher Unterschied fällt Ihnen auf? Erarbeiten Sie einen Vorschlag für die syntaktische Ableitung der friaulischen Sätze und skizzieren Sie diesen im Strukturbaum.

3. In Kapitel 5.1 haben wir anhand des fokussierten Subjekts gesehen, dass aus informationsstrukturellen Gründen von der sog. kanonischen (unmarkierten) Wortstellung abgewichen werden kann. Betrachten Sie vor diesem Hintergrund die folgenden Beispiele. Welche Abweichung von der Grundwortstellung ist hier zu verzeichnen? Geben Sie jeweils einen adäquaten Kontext sowie die informationsstrukturelle Lesart an. Erarbeiten Sie dann unter Bezugnahme auf das in 5.1.2 vorgestellte Konzept der prosodisch motivierten Bewegung (*p-movement*, Zubizarreta 1998) einen Vorschlag für die Herleitung der Konstruktionen und skizzieren Sie diesen im Strukturbaum.

(42) a. fr. Marie offre à son frère un livre.
     b. it. Maria mette sulla tavola un giornale.
     c. sp. María le ofreció a su hermano un libro.

4. Betrachten Sie die beiden folgenden Frage-Antwort-Paare:

(43) a. fr. Et Marie, qu'est-ce qu'elle a offert à son frère ?
          Marie, elle a offert à son frère ce beau livre qu'elle avait acheté à la Fnac.
     b. sp. ¿Hay noticias de tu hermano?
          Mi hermano, bueno, acaba de comprar en Buenos Aires un departamento de más de 150 metros cuadrado con dos baños y tres habitaciones alfombradas.

Geben Sie jeweils die informationsstrukturelle Lesart an. Inwiefern weichen die Sätze von der kanonischen Wortstellung ab? Wie lässt sich hier die Abfolge der Konstituenten erklären?

5. Analysieren Sie die folgenden Sätze. Warum ist hier im Gegensatz zu den in den Aufgaben 3 und 4 behandelten Beispielen keine Abweichung von der Grundwortstellung möglich?

(44) a. fr. Jean a donné mal à la tête à Marie.
     b. *Jean a donné à Marie mal à la tête.
     c. it. Gianni ha messo le carte in tavola.
     d. *Gianni ha messo in tavola le carte.

Bibliografie

Abney, S. P. 1987. *The English Noun Phrase in its Sentential Aspect.* Dissertation, Cambridge, MA: MIT.

Adams, M. 1987. From Old French to the Theory of pro-drop. *Natural Language and Linguistic Theory* 5, 1–32.

Adli, A. 2004. *Grammatische Variation und Sozialstruktur.* Berlin: Akademie-Verlag.

Albert, R. / Koster, C. J. 2002. *Empirie in Linguistik und Sprachlehrforschung. Ein methodologisches Arbeitsbuch.* Tübingen: Narr.

Alexiadou, A. / Anagnostopoulou, E. / Everaert, M. 2004. Introduction. In *The Unaccusativity Puzzle.* Alexiadou, A. / Anagnostopoulou, E. / Everaert, M. eds. Oxford: Oxford University Press, 1–21.

Arnaus Gil, L. / Eichler, N. / Jansen, V. / Patuto, M. / Müller, N. 2012. The Syntax of Mixed DPs Containing an Adjective. Evidence from Bilingual German-Romance (French, Italian, Spanish) Children. In *Selected Proceedings of the 14th Hispanic Linguistics Symposium.* Geeslin, K. / Díaz-Campos, M. eds. Somerville: Cascadilla Proceedings Project, 242–257.

Arteaga, D. 1994. Impersonal Constructions in Old French. In *Issues and Theory in Romance Linguistics.* Mazzola, M. L. ed. Washington: Georgetown University Press, 141–157.

Ausín, A. / Depiante, M. 2000. On the Syntax of *Parecer* ('To Seem') with and without an Experiencer. In *Hispanic Linguistics at the Turn of the Millennium. Papers from the 3rd Linguistic Symposium.* Campos, H. / Herburger, E. / Morales-Front, A. / Walsh, T. J. eds. Somerville: Cascadilla, 155–170.

Baker, M. C. 1988. *Incorporation. A Theory of Grammatical Function Changing.* Chicago: University of Chicago Press.

Baker, M. C. 1996. *The Polysynthesis Parameter.* Oxford: Oxford University Press.

Beerman, D. / Leblanc, D. / Van Riemsdijk, H. eds. 1997. *Rightward Movement.* Amsterdam: Benjamins.

Belletti, A. 1999. Italian/Romance Clitics. Structure and Derivation. In *Clitics in the Languages of Europe.* Van Riemsdijk, H. ed. Berlin: De Gruyter, 543–580.

Belletti, A. 2001. Inversion as Focalization. In *Subject Inversion and the Theory of Universal Grammar.* Hulk, A. / Pollock, J.-Y. eds. Oxford: Oxford University Press, 60–90.

Bello, A. 1847. *Gramática de la lengua castellana.* Madrid: Ed. EDAF, 1996.

Belloro, V. 2007. *Spanish Clitic Doubling. A Study of the Syntax-Pragmatics Interface.* Dissertation, Buffalo: State University of New York at Buffalo. [http://linguistics.buffalo.edu/people/faculty/vanvalin/rrg/Belloro-Spanish_Clitic_Doubling.pdf] (16.10.2012).

Boersma, P. / Hayes, B. 2001. Empirical Tests of the Gradual Learning Algorithm. *Linguistic Inquiry* 32, 45–86.

Bosque, I. 2009. *Nueva Gramática de la lengua española.* Madrid: Espasa.

Bosque, I. / Gutiérrez-Rexach, J. 2009. *Fundamentos de sintaxis formal.* Madrid: Akal.

Bouchard, D. 1998. The Distribution and Interpretation of Adjectives in French. A Consequence of Bare Phrase Structure. *Probus* 10, 139–183.

Brugè, L. / Brugger, G. 1996. On the Accusative *a* in Spanish. *Probus* 8, 1–51.

Büring, D. 2005. *Binding Theory.* Cambridge: Cambridge University Press.

Burzio, L. 1986. *Italian Syntax. A Government-Binding Approach.* Dordrecht: Reidel.

Busse, W. / Dubost, J.-P. 1983. *Französisches Verblexikon. Die Konstruktion der Verben im Französischen.* 2., überarbeitete Auflage. Stuttgart: Klett, [1]1977.

Camacho Taboada, M. V. 2006. *La arquitectura de la gramática. Los clíticos pronominales románicos y eslavos.* Sevilla: Secretariado de Publicaciones de la Universidad de Sevilla.

Cardinaletti, A. 1998. On the Deficient/Strong Opposition in Possessive Systems. In *Possessors, Predicates and Movement in the Determiner Phrase.* Alexiadou, A. / Wilder, C. eds. Amsterdam: Benjamins, 17–54.

Cardinaletti, A. / Guasti, M. T. eds. 1995. *Small Clauses.* San Diego: Academic Press.

Cardinaletti, A. / Starke, M. 1999. The Typology of Structural Deficiency. A Case Study of the three Classes of Pronouns. In *Clitics in the Languages of Europe.* Van Riemsdijk, H. ed. Berlin: De Gruyter, 145–233.

Casielles Suárez, E. 2004. *The Syntax-Information Structure Interface. Evidence from Spanish and English.* London: Routledge.

Cecchetto, C. 2002. *Introduzione alla sintassi. La teoria dei principi e dei parametri.* Milano: Edizioni Universitarie di Lettere Economia Diritto.

Chomsky, N. 1970. Remarks on Nominalization. In *Readings in English Transformational Grammar.* Jacobs, R. A. / Rosenbaum, P. S. eds. Waltham: Ginn, 184–221.

Chomsky, N. 1971. Deep Structure, Surface Structure and Semantic Interpretation. In *Semantics. An Interdisciplinary Reader in Philosophy, Linguistics and Psychology.* Steinberg, D. D. / Jakubovits, L. A. eds. Cambridge: Cambridge University Press, 183–216.

Chomsky, N. 1981. *Lectures on Government and Binding.* Berlin: De Gruyter, 1993 (Dordrecht: Foris, [1]1981).

Chomsky, N. 1982. *Some Concepts and Consequences of the Theory of Government and Binding.* Cambridge, MA: MIT Press.

Chomsky, N. 1986. *Knowledge of Language. Its Nature, Origin, and Use.* New York: Praeger.

Chomsky, N. 1991. Some Notes on Economy of Derivation and Representation. In *Principles and Parameters in Comparative Grammar.* Freidin, R. ed. Cambridge, MA: MIT Press, 417–454.

Chomsky, N. 1993. A Minimalist Program for Linguistic Theory. In *The View from Building 20. Essays in Linguistics in Honor of Sylvain Bromberger.* Hale, K. / Keyser, S. J. eds. Cambridge, MA: MIT Press, 1–52.

Chomsky, N. 1994. Bare Phrase Structure. In *Government and Binding Theory and the Minimalist Program.* Webelhuth, G. ed. Cambridge, MA: Blackwell, 383–439.

Chomsky, N. 1995. Categories and Transformations. In *The Minimalist Program.* Cambridge, MA: MIT Press, 219–394.

Chomsky, N. 2000. Minimalist Inquiries. The Framework. In *Step by Step. Essays on Minimalist Syntax in Honor of Howard Lasnik.* Martin, R. / Michaels, D. / Uriagereka, J. eds. Cambridge, MA: MIT Press, 89–155.

Chomsky, N. 2001. Derivation by Phase. In *Ken Hale. A Life in Language.* Kenstowicz, M. ed. Cambridge, MA: MIT Press, 1–52.

Chomsky, N. 2004. Beyond Explanatory Adequacy. In *Structures and Beyond. The Cartography of Syntactic Structures.* Band 3. Belletti, A. ed. Oxford: Oxford University Press, 104–131.

Chomsky, N. 2005. Three Factors in Language Design. *Linguistic Inquiry* 36, 1–22.

Cinque, G. 1999. *Adverbs and Functional Heads.* Oxford: Oxford University Press.

Cinque, G. 2010. *The Syntax of Adjectives.* Cambridge, MA: MIT Press.

Contreras, H. 1999. Relaciones entre las construcciones interrogativas, exclamativas y relativas. In *Gramática descriptiva de la lengua española.* Band 2. Bosque, I. / Demonte, V. eds. Madrid: Espasa, 1931–1963.

Culicover, P. W. 1997. *Principles and Parameters. An Introduction to Syntactic Theory.* Oxford: Oxford University Press.

D'Achille, P. 2003. *L'italiano contemporaneo.* Bologna: Mulino.

D'Introno, F. 2001. *Sintaxis generativa del español. Evolución y análisis.* Madrid: Cátedra.

Dąbrowska, E. 2012. Different Speakers, Different Grammars. Individual Differences in Native Language Attainment. *Linguistic Approaches to Bilingualism* 2, 219–253.

Daneš, F. et al. 1974. Zur Terminologie der FSP. In *Papers on Functional Sentence Perspective.* Daneš, F. ed. Prag: Academia, 217–222.

De Cat, C. 2007. *French Dislocation. Interpretation, Syntax, Acquisition.* Oxford: Oxford University Press.

Delattre, P. 1947. La liaison en français. Tendances et classification. *The French Review* 21, 148–157.

Demonte, V. 1999. A Minimalist Account of Spanish Adjective Position and Interpretation. In *Grammatical Analyses in Basque and Romance Linguistics.* Franco, J. / Landa, A. / Martín, J. eds. Amsterdam: Benjamins, 45–74.

Dittmann, J. 2002. *Der Spracherwerb des Kindes. Verlauf und Störungen.* München: Beck.

Doron, E. / Heycock, C. 1999. Filling and Licensing Multiple Specifiers. In *Specifiers. Minimalist Approaches.* Adger, D. / Pintzuk, S. / Plunkett, B. / Tsoulas, G. eds. Oxford: Oxford University Press, 69–89.

Dowty, D. R. 1979. *Word Meaning and Montague Grammar.* Dordrecht: Reidel.

Eguren, L. / Fernández Soriano, O. 2004. *Introducción a una sintaxis minimista.* Madrid: Gredos.

Eichler, N. / Jansen, V. / Müller, N. 2012. Gender Acquisition in Bilingual Children. French-German, Italian-German, Spanish-German and Italian-French. *International Journal of Bilingualism*, DOI: 10.1177/1367006911435719, 1–23.

Erteschik-Shir, N. / Strahov, N. 2004. Focus Structure Architecture and P-Syntax. *Lingua* 114, 301–323.

Fava, E. 1995. Tipi di frasi principali. Il tipo interrogativo. In *Grande grammatica italiana di consultazione.* Band 3. Renzi, L. / Salvi, G. / Cardinaletti, A. eds. Bologna: Mulino, 70–127.

Fodor, J. D. 1998. Unambiguous Triggers. *Linguistic Inquiry* 29, 1–36.

Friedemann, M.-A. 1997. *Sujets syntaxiques. Positions, inversions et* pro. Bern: Lang.

Friedemann, M.-A. / Siloni, T. 1997. Agr_{object} is not $Agr_{participle}$. *The Linguistic Review* 14, 69–96.

Fukui, N. / Speas, M. 1986. Specifiers and Projection. *MIT Working Papers in Linguistics* 8, 128–172.

Gabriel, C. 2002. *Französische Präpositionen aus generativer Sicht.* Tübingen: Niemeyer.

Gabriel, C. 2003. Relational Elements in French. A Minimalist Approach to Grammaticalization. *Linguistische Berichte* 193, 3–32.

Gabriel, C. 2007. *Fokus im Spannungsfeld von Phonologie und Syntax. Eine Studie zum Spanischen.* Frankfurt: Vervuert.

Gabriel, C. 2010. On Focus, Prosody, and Word Order in Argentinean Spanish. A Minimalist OT Account. *Revista Virtual de Estudos da Linguagem*, Special Issue 4 "Optimality-Theoretic Syntax" 183–222.

Gabriel, C. 2011. Wortklassen. In *Handbuch Spanisch.* Born, J. / Folger, R. / Laferl, C. F. / Pöll, B. eds. Berlin: Erich Schmitt, 276–281.

Gabriel, C. 2012. Questões recentes da Teoria Minimalista. In *Abordagens computacionais da teoria da gramática.* De Alencar, L. F. / Othero de Ávila, G. eds. Campinas: Mercado de Letras, 153–218.

Gabriel, C. / Meisenburg, T. 2007. *Romanische Sprachwissenschaft.* Paderborn: Fink.

Gabriel, C. / Meisenburg, T. / Selig, M. 2013. *Spanisch: Phonetik und Phonologie. Eine Einführung.* Tübingen: Narr.

Gabriel, C. / Müller, N. 2005. Zu den romanischen Pronominalklitika. Kategorialer Status und syntaktische Derivation. In *Deutsche Romanistik – generativ.* Kaiser, G. ed. Tübingen: Narr, 161–180.

Gabriel, C. / Rinke, E. 2010. Information Packaging and the Rise of Clitic-Doubling in the History of Spanish. In *Diachronic Studies on Information Structure. Language Acquisition and Change.* Ferraresi, G. / Lühr, R. eds. Berlin: De Gruyter, 63–86.

Gerlach, B. 1998. Optimale Klitiksequenzen. *Zeitschrift für Sprachwissenschaft* 17, 35–91.

Goodall, G. 2010. Experimenting with wh-Movement in Spanish. In *Romance Linguistics 2008. Interactions in Romance.* Arregi, K. / Fagyal, Z. / Montrul, S. A. / Tremblay, A. eds. Amsterdam: Benjamins, 233–248.

Gregor, D. B. 1975. *Friulan. Language and Literature.* New York: The Oleander Press.

Grevisse, M. / Goose, A. 2007. *Le bon usage. Grammaire française.* 14ᵉ édition. Bruxelles: De Boeck Duculot.

Grewendorf, G. 1986. *Ergativity in German.* Dordrecht: Foris.

Grewendorf, G. 2002. *Minimalistische Syntax.* Basel: Francke.

Grimshaw, J. 1990. *Argument Structure.* Cambridge, MA: MIT Press.

Grimshaw, J. 1991. *Extended Projection.* Manuskript, Waltham: Brandeis University.

Grimshaw, J. 1997. The Best Clitic. Constraint Interaction in Morphosyntax. In *Elements of Grammar. Handbook in Generative Syntax.* Haegeman, L. ed. Dordrecht: Kluwer, 169–196.

Grimshaw, J. 2001. Optimal Clitic Positions and the Lexicon in Romance Clitic Systems. In *Optimality-Theoretic Syntax.* Legendre, G. / Grimshaw, J. / Vikner, S. eds. Cambridge, MA: MIT Press, 205–240.

Guasti, M. T. 1991. La struttura interna del sintagma aggettivale. In *Grande grammatica italiana di consultazione.* Band 2. Renzi, L. / Salvi, G. / Cardinaletti, A. eds. Bologna: Mulino, 321–337.

Guasti, M. T. / Nespor, M. / Christophe, A. / Van Ooyen, B. 2001. Pre-Lexical Setting of the Head Complement Parameter through Prosody. In *Approaches to Bootstrapping. Phonological, Lexical, Syntactic and Neurophysiological Aspects of Early Language Acquisition.* Band 1. Weissenborn, J. / Höhle, B. eds. Amsterdam: Benjamins, 231–248.

Haegeman, L. 1991. *Introduction to Government and Binding Theory.* Oxford: Blackwell.

Haegeman, L. 2006. *Thinking Syntactically. A Guide to Argumentation and Analysis.* Malden: Blackwell.

Haider H. 1993. Principled Variability. Parametrization without Parameter Fixing. In *The Parametrization of Universal Grammar.* Fanselow, G. ed. Amsterdam: Benjamins, 1–16.

Haiman, J. 1974. *Targets and Syntactic Change.* The Hague: Mouton.

Higginbotham, J. 1985. On Semantics. *Linguistic Inquiry* 16, 547–593.

Hocket, C. F. 1958. *A Course in Modern Linguistics.* New York: Macmillan.

Hornstein, N. / Lightfoot, D. 1981. Introduction. In *Explanations in Linguistics. The Logical Problem of Language Acquisition.* Hornstein, N. / Lightfoot, D. eds. London: Longman, 9–31.

Hualde, J. I. 2005. *The Sounds of Spanish.* Cambridge: Cambridge University Press.

Irurtzun, A. 2006. Focus and Clause Structuration in the Minimalist Program. In *Minimalist Essays.* Boeckx, C. eds. Amsterdam: Benjamins, 68–96.

Jaeggli, O. 1982. *Topics in Romance Syntax.* Dordrecht: Foris.

Jaeggli, O. / Safir, K. J. 1989. The Null Subject Parameter and Parametric Theory. In *The Null Subject Parameter.* Jaeggli, O. / Safir, K. J. eds. Dordrecht: Kluwer, 1–44.

Jansen, V. 2009. *Determiners in First Language Acquisition of Monolingual English and German Children. A Corpus-Based Investigation.* Unveröffentlichte Magisterarbeit, Wuppertal: Bergische Universität Wuppertal.

Jones, M. A. 1996. *Foundations of French Syntax.* Cambridge: Cambridge University Press.

Kaiser, G. A. 1992. *Die klitischen Personalpronomina im Französischen und Portugiesischen. Eine synchronische und diachronische Analyse.* Frankfurt: Vervuert.

Kaiser, G. A. 2002. *Verbstellung und Verbstellungswandel in den romanischen Sprachen.* Tübingen: Niemeyer.

Kamp, H. 1975. Two Theories about Adjectives. In *Formal Semantics of Natural Language.* Keenan, E. ed. Cambridge: Cambridge University Press, 123–155.

Kayne, R. S. 1975. *French Syntax. The Transformational Cycle.* Cambridge, MA: MIT Press.

Kayne, R. S. 1994. *The Antisymmetry of Syntax.* Cambridge, MA: MIT Press.

Kayne, R. S. 2000. Toward a Modular Theory of Auxiliary Selection. In *Parameters and Universals.* Oxford: Oxford University Press, 107–130. Zuerst: *Studia Linguistica* 47, 3–31 (1993).

Kielhöfer, B. 1997. *Französische Kindersprache.* Tübingen: Stauffenburg.

Klein, H. W. / Kleineidam, H. 1994. *Grammatik des heutigen Französisch.* Stuttgart: Klett.

Klenk, U. 2003. *Generative Syntax.* Tübingen: Narr.

Knobloch, C. / Schaeder, B. 2000. Kriterien für die Definition von Wortarten. In *Morphologie. Ein internationales Handbuch zur Flexion und Wortbildung.* Booij, G. / Lehman, C. / Mugdan J. eds. Berlin: De Gruyter, 674–692.

Krassin, G. 1994. *Neuere Entwicklungen in der französischen Grammatik und Grammatikforschung.* Tübingen: Niemeyer.

Laenzlinger, C. 2003. *Initiation à la syntaxe formelle du français. Le modèle* Principes et Paramètres *de la Grammaire Générative Transformationelle.* Bern: Lang.

Larson, R. K. 1988. On the Double Object Construction. *Linguistic Inquiry* 19, 335–391.

Lasnik, H. 1995. Case and Expletives Revisited. On Greed and Other Human Failings. *Linguistic Inquiry* 26, 615–633.

Lasnik, H. 1999. *Minimalist Analysis.* Malden: Blackwell.

Lehmann, C. 2002. *Thoughts on Grammaticalization.* 2., überarbeitete Auflage. Erfurt: Seminar für Sprachwissenschaft. [http://www.db-thueringen.de/servlets/DerivateServlet/Derivate-2058/ASSidUE09.pdf] (16.10.2012).

Lemnitzer, L. / Zinsmeister, H. 2010. *Korpuslinguistik. Eine Einführung.* 2., durchgesehene und aktualisierte Auflage. Tübingen: Narr.

Léon, P. R. 1992. *Phonétisme et prononciations du français. Avec des travaux pratiques d'application et leurs corrigés.* Paris: Nathan.

Löbner, S. 2003. *Semantik. Eine Einführung.* Berlin: De Gruyter.

Longobardi, G. 1994. Reference and Proper Names. *Linguistic Inquiry* 25, 609–665.

Lyons, C. 1999. *Definiteness.* Cambridge: Cambridge University Press.

McNeil, D. 1966. Developmental Psycholinguistics. In *The Genesis of Language. A Psycholinguistic Approach.* Smith, F. / Miller, G. A. eds. Cambridge, MA: MIT Press, 15–84.

Meisel, J. M. 1973. *Einführung in die transformationelle Syntax. Band I: Grundlagen* (Romanistische Arbeitshefte 1), *Band II: Anwendung auf das Französische* (Romanistische Arbeitshefte 5). Tübingen: Niemeyer.

Mendikoetxea, A. 1999. Construcciones inacusativas y pasivas. In *Gramática descriptiva de la lengua española.* Band 2. Bosque, I. / Demonte, V. eds. Madrid: Espasa, 1575–1629.

Mensching, G. 2000. *Infinitive Constructions with Specified Subjects. A Syntactic Analysis of the Romance Languages.* Oxford: Oxford University Press.

Mensching, G. 2005. Sonden und Phasen in romanischen Sprachen. In *Deutsche Romanistik – generativ.* Kaiser, G. ed. Tübingen: Narr, 124–143.

Müller, G. 2000. *Elemente der optimalitätstheoretischen Syntax.* Tübingen: Stauffenburg.

Müller, G. 2003. Optionality in Optimality-Theoretic Syntax. In *The Second Glot International State-of-the-Article Book. The Latest in Linguistics.* Cheng, L. / Sybesma, R. eds. Berlin: De Gruyter, 289–321.

Müller, G. / Rohrbacher, B. 1989. Eine Geschichte ohne Subjekt. Zur Entwicklung der *pro*-Theorie. *Linguistische Berichte* 119, 3–52.

Müller, J. 2009. *Spracheneinfluss im Bereich der OV/VO- Stellung. Ein Vergleich von Deutsch mit Französisch.* Unveröffentlichte Magisterarbeit, Wuppertal: Bergische Universität Wuppertal.

158

Müller, N. 1998. Transfer in Bilingual First Language Acquisition. *Bilingualism. Language and Cognition* 1, 151–171.

Müller, N. / Riemer, B. 1998. *Generative Syntax der romanischen Sprachen.* Tübingen: Stauffenburg.

Müller, N. / Kupisch, T. / Schmitz, K. / Cantone, K. 2011. *Einführung in die Mehrsprachigkeitsforschung. Deutsch, Französisch, Italienisch.* 3., überarbeitete Auflage. Tübingen: Narr.

Nunes, J. 2004. *Linearization of Chains and Sideward Movement.* Cambridge, MA: MIT Press.

Ordóñez, F. 2000. *The Clausal Structure of Spanish. A Comparative Study.* New York: Garland.

Ouhalla, J. 1999. *Introducing Transformational Grammar. From Principles and Parameters to Minimalism.* London: Arnold.

Patuto, M. 2012a. Die Syntax-Pragmatik-Schnittstelle. Der Subjekterwerb im bilingualen Individuum. *Bavarian Working Papers in Linguistics* 1, 52–67.

Patuto, M. 2012b. *Der Erwerb des Subjekts in (Nicht-)Nullsubjektsprachen. Die Rolle des Spracheneinflusses und der Sprachdominanz bei bilingual deutsch-italienisch, deutsch-spanisch und französisch-italienisch aufwachsenden Kindern.* Tübingen: Narr.

Platz-Schliebs, A. / Schmitz, K. / Müller, N. / Merino Claros, E. 2012. *Einführung in die Romanische Sprachwissenschaft. Französisch, Italienisch, Spanisch.* Tübingen: Narr.

Platzack, C. 2001. The Vulnerable C-Domain. *Brain and Language* 77, 364–377.

Pollock, J.-Y. 1989. Verb Movement, Universal Grammar, and the Structure of IP. *Linguistic Inquiry* 20, 365–424.

Pomino, N. / Zepp, S. 2004. *Hispanistik.* Paderborn: Fink.

Price, G. 1988. *Die französische Sprache.* Basel: Francke.

Prieto, P. / Roseano, P. eds. 2010. *Transcription of Intonation of the Spanish Language* (Lincom Studies in Phonetics 6). München: Lincom

Prince, A. / Smolensky, P. 2004. *Optimality Theory. Constraint Interaction in Generative Grammar.* Malden: Blackwell.

Rainer, F. 1999. La derivación adjetival. In *Gramática descriptiva de la lengua española.* Band 3. Bosque, I. / Demonte, V. eds. Madrid: Espasa, 4595–4644.

Ramaglia, F. 2008. *La sintassi degli aggettivi e la proiezione estesa del NP.* Dissertation, Rom: Università degli Studi Roma Tre. [http://www.docsity.com/it-docs/La_sintassi_degli_aggettivi _e_la_proiezione_estesa_dell_NP] (16.10.2012).

Ramus, F. / Nespor, M. / Mehler, J. 1999. Correlates of Linguistic Rhythm in the Speech Signal. *Cognition* 73, 265–292.

Raposo, E. / Uriagereka, J. 1990. Long Distance Case Assignment. *Linguistic Inquiry* 21, 505–537.

Rauh, G. 1994. Prépositions et rôles. Points de vue syntaxique et sémantique. *Langages* 113, 45–78.

Remberger, E.-M. 2006. *Hilfsverben. Eine minimalistische Analyse am Beispiel des Italienischen und Sardischen.* Tübingen: Niemeyer.

Repetto, V. 2010. *L'acquisizione bilingue. L'ordine dei costituenti della frase e loro realizzazione morfologica in italiano e in tedesco.* Unveröffentlichte Dissertation, Wuppertal/Neapel: Bergische Universität Wuppertal / Università di Napoli.

Rinke, E. 2007. *Syntaktische Variation aus synchronischer und diachronischer Perspektive. Die Entwicklung der Wortstellung im Portugiesischen.* Frankfurt: Vervuert.

Rinke, E. 2011. El doblado de clíticos en el español estándar y el argentino. Variación lingüística y análisis sintáctico. In *El español rioplatense. Lengua, literatura, expresiones culturales.* Di Tullio, Á. / Kailuweit, R. eds. Frankfurt: Vervuert, 103–119.

Rizzi, L. 1982. *Issues in Italian Syntax.* Dordrecht: Foris.

Rizzi, L. 1986. Null Objects in Italian and the Theory of *pro*. *Linguistic Inquiry* 17, 501–558.

Rizzi, L. 1997. The Fine Structure of the Left Periphery. In *Elements of Grammar. Handbook of Generative Syntax*. Haegeman, L. M. ed. Dordrecht: Kluwer, 281–337.

Rizzi, L. 2001. On the Position 'Int(errogative)' in the Left Periphery of the Clause. In *Current Issues in Italian Syntax. Essays offered to Lorenzo Renzi*. Cinque, G. / Salvi, G. eds. Amsterdam: Elsevier, 287–296.

Rizzi, L. 2004a. Locality and Left Periphery. In *Structures and Beyond. The Cartography of Syntactic Structures 3*. Belletti, A. ed. Oxford: Oxford University Press, 223–251.

Rizzi, L. 2004b. On the Form of Chains. Criterial Positions and ECP Effects. Manuskript, Siena: Università di Siena. [http://www.ciscl.unisi.it/doc/doc_pub/Rizzi_2004-On_the_form_of_chains.pdf] (16.10.2012).

Rizzi, S. / Arnaus Gil, L. / Repetto, V. / Müller, J. / Müller, N. 2012. Adjective Placement in Bilingual Romance-Romance and Romance-German Children with Special Reference to Romance (French, Italian and Spanish). Erscheint in *Studia Linguistica*.

Roberge, Y. 1990. *The Syntactic Recoverability of Null Arguments*. Montréal: Presses de l'Université de Montréal.

Roberts, I. G. 1993. *Verbs and Diachronic Syntax*. Dordrecht: Kluwer.

Roberts, I. G. / Roussou, A. 1999. A Formal Approach to 'Grammaticalization'. *Linguistics* 37, 1011–1041.

Rowlett, P. 1998. *Sentential Negation in French*. Oxford: Oxford University Press.

Rowlett, P. 2006. *The Syntax of French*. Cambridge: Cambridge University Press.

Safir, K. J. 1985. *Syntactic Chains*. Cambridge: Cambridge University Press.

Schmeißer, A. 2008. *Asymmetrische Entwicklung von Sprachverstehen und Sprachproduktion beim Tempuserwerb monolingual französischer Kinder*. Unveröffentlichte Bachelorarbeit, Wuppertal: Bergische Universität Wuppertal.

Schmitz, K. 2004. Die Witterungsverben im Französischen und Italienischen. In *Semantische Rollen*. Kailuweit, R. / Hummel, M. eds. Tübingen: Narr, 402–420.

Schmitz, K. 2007. L'interface syntaxe-pragmatique. Le sujet chez des enfants franco-allemands et italo-allemands. *Acquisition et interaction en langue étrangère (AILE)* 25, 9–43.

Schmitz, K. / Patuto, M. / Müller, N. 2012. The Null-Subject Parameter at the Interface between Syntax and Pragmatics. Evidence from Bilingual German-Italian, German-French and Italian-French Children. *First Language* 32, 205–238.

Schwarze, C. 1995. *Grammatik der italienischen Sprache*. Tübingen: Niemeyer.

Selkirk, E. O. 1984. *Phonology and Syntax. The Relation between Sound and Structure*. Cambridge, MA: MIT Press.

Silva, G. V. 2001. *Word Order in Brazilian Portuguese*. Berlin: De Gruyter.

Stempel, W.-D. 1981. "L'amour, elle appelle ça", "L'amour tu ne connais pas". In *Logos semantikos. Studia linguistica in honorem Eugenio Coseriu 1921–1981*. Band 4. Rohrer, C. eds. Berlin: De Gruyter, 351–367.

Strozer, J. 1976. *Clitics in Spanish*. Dissertation, Los Angeles: UCLA.

Tesnière, L. 1959. *Eléments de syntaxe structurale*. Paris: Klincksieck.

Ticio, E. 2010. *Locality Domains in the Spanish DP*. Berlin: Springer.

Torrego, E. 1998. *The Dependencies of Objects*. Cambridge, MA: MIT Press.

Trask, R. L. 1997. *The History of Basque*. London: Routledge.

Uriagereka, J. 1995. Aspects of the Syntax of Clitic Placement in Western Romance. *Linguistic Inquiry* 26, 79–123.

Uriagereka, J. 2005. On the Syntax of Doubling. In *Clitic and Affix Combinations*. Heggie, L. / Ordóñez, F. eds. Amsterdam: Benjamins, 343–374.

Valian, V. 1990a. Null Subjects. A Problem for Parameter-Setting Models of Language Acquisition. *Cognition* 35, 105–122.

Valian, V. 1990b. Logical and Psychological Constraints on the Acquisition of Syntax. In *Language Processing and Language Acquisition*. Frazier, L. / De Villiers, J. eds. Dordrecht: Kluwer, 119–145.

Van der Auwera, J. 1984. Subject and Non-Subject Asymmetries in the Relativization of Embedded NPs. In *Sentential Complementation*. De Geest, W. / Putseys, Y. eds. Dordrecht: Foris, 257–269.

Von Heusinger, K. 1997. *Salienz und Referenz. Der Epsilonoperator in der Semantik der Nominalphrase und anaphorischer Pronomen*. Berlin: Akademie-Verlag.

Von Humboldt, W. 1836. *Ueber die Verschiedenheit des menschlichen Sprachbaus und ihren Einfluss auf die geistige Entwicklung des Menschengeschlechts*. Herausgegeben von Herbert Nette. Darmstadt: Claassen & Roether, 1949.

Von Stechow, A. / Sternefeld, W. 1988. *Bausteine syntaktischen Wissens. Ein Lehrbuch der generativen Grammatik*. Opladen: Westdeutscher Verlag.

Webelhuth, G. 1995. X-bar Theory and Case Theory. In *Government and Binding Theory and the Minimalist Program. Principles and Parameters in Syntactic Theory*. Webelhuth, G. ed. Cambridge, MA: Blackwell, 15–95.

White, L. 1989. *Universal Grammar and Second Language Acquisition*. Amsterdam: Benjamins.

Williams, E. 1991. The Argument-Bound Empty Categories. In *Principles and Parameters in Comparative Grammar*. Freidin, R. ed. Cambridge, MA: MIT Press, 77–98.

Yang, C. 1999. A Selectionist Theory of Language Acquisition. *ACL Anthology*, 429–435. [http://acl.ldc.upenn.edu/P/P99/P99-1055.pdf] (16.10.2012).

Zagona, K. 2002. *The Syntax of Spanish*. Cambridge: Cambridge University Press.

Zimmer, D. E. 1995. *So kommt der Mensch zur Sprache. Über Spracherwerb, Sprachentwicklung und Sprache & Denken*. 2. Auflage. München: Heyne.

Zubizarreta, M. L. 1998. *Prosody, Focus, and Word Order*. Cambridge, MA: MIT Press.

Zubizarreta, M. L. 1999. Las funciones informativas. Tema y foco. In *Gramática descriptiva de la lengua española*. Band 3. Bosque, I. / Demonte, V. eds. Madrid: Espasa, 4215–4244.

Zuckerman, S. 2001. *The Acquisition of "Optional" Movement*. Dissertation, Groningen: Rijksuniversiteit Groningen. [http://dissertations.ub.rug.nl/faculties/medicine/2001/s.zuckerman/] (16.10.2012).

Zwart, J. W. 2003. Agreement and Remnant Movement in the Domain of West-Germanic Verb Movement. In *Germania et alia. A Linguistic Webschrift for H. den Besten*. Koster, J. / Van Riemsdijk, H. eds. 1–15. [http://www.let.rug.nl/~koster/DenBesten/Zwart.pdf] (16.10.2012).

Glossar

Die Terminologie der neueren generativen Syntaxtheorie wurde im Wesentlichen in englischsprachigen Fachtexten entwickelt. Dies bringt für einen in einer anderen Sprache verfassten Text das Problem der angemessenen Übertragung des Fachwortschatzes mit sich. Im Folgenden haben wir den gängigen deutschen Termini jeweils die englischen Originaltermini sowie die in der Literatur üblichen französischen, italienischen bzw. spanischen Entsprechungen gegenübergestellt. Teilweise hat sich die Verwendung der englischen Begriffe auch in deutschen Texten durchgesetzt; in diesen Fällen bleibt in der Tabelle die entsprechende Spalte leer. Nicht immer ist es uns gelungen, geeignete Äquivalente in den romanischen Sprachen auszumachen; für entsprechende Hinweise sind wir dankbar (christoph.gabriel@uni-hamburg.de bzw. nmueller@uni-wuppertal.de).

deutsch	englisch	französisch	italienisch	spanisch	Seiten
Logische Form (LF)	Logical Form (LF)	Forme Logique (FL)	Forma Logica (FL)	Forma Lógica (FL)	42–46
	Merge	Fusion	Operazione di concatenazione / di inserimento diretto di materiale lessicale	Emparejamiento/Fusión/ Ensamble	99–104
	Minimal Link Condition			Condición del Eslabón Mínimo	105
Merkmal (stark, schwach)	feature (strong, weak)	trait (fort, faible)	tratto (forte, debole)	rasgo (fuerte, débil)	100
Numeration (auch: Enumeration)	Numeration	énumération	enumerazione	Enumeración	99–102
Ökonomieprinzip	economy principle	principe d'économie	principio di economia	principio de economía	105f.
overt (Bewegung)	overt (movement)	(mouvement) visible	movimento visibile	(movimiento) abierto/explícito	42
Parameter	parameter	paramètre	parametro	parámetro	5–23
Phase (stark, schwach)	phase (strong, weak)	phase (forte, faible)	fase (forte, debole)	fase (fuerte, débil)	119–121
Phonetische Form (PF)	Phonetic Form (PF)	Forme Phonétique (PF)	Forma Fonetica	Forma Fonética (FF) / Representación Fonética (RF)	42–46
	Procrastinate	Principe de Procrastination	Principio del Procrastinare	Principio de la Demora / del Retraso	105
Prinzip	principle	principe	principio	principio	5–23
Pro-drop-Parameter; ~Sprache = Nullsubjekt-Parameter; ~ Sprache	pro drop parameter; ~ language Null subject parameter; ~ language	paramètre du sujet nul, langue à sujet nul	parametro pro-drop (del soggetto nullo)	parámetro pro-drop; lengua ~ parámetro del sujeto nulo; lengua de ~	14–17
Rektion	government	gouvernement/rection	reggenza	régimen/rección	84–87
Rektionskategorie	governing category	catégorie gouvernante	categoria di reggenza	categoría regente/rectora	84–87
Satz, Teilsatz/Gliedsatz	sentence, clause	phrase, proposition	frase, proposizione	oración, cláusula	28–31,
– Matrixsatz	– matrix clause	– matrice	– principale	– principal	36–42
– Nebensatz	– subordinate clause	– subordonnée	– subordinata	– subordinada/completiva	
Schnittstelle	interface	interface	interfaccia	interfaz, interficie	93–95, 112, 120–122
	Shortest Move	Mouvement court	Movimento Corto	Movimiento mínimo	105
	Small Clause (SC)	petite proposition	frase ridotta	cláusula pequeña/reducida	68
Sonde	probe	sonde	sonda	sonda	112–116
	Spellout	Epel	Spell-out	Materialización	94f.
Spaltsatz	cleft sentence	phrase clivée	frase scissa	oración escindida	59
Spezifikator (auch: Spezifizierer)	specifier	spécifieur	specificatore	especificador	33, 35
Spiegelprinzip	Mirror Principle	principe du miroir	principio especular		51

deutsch	englisch	französisch	italienisch	spanisch	Seiten
Split-C(-Hypothese)	Split-C(-Hypothesis)	(hypothèse de l') éclatement de Comp / du SC ('syntagme complémenteur')	ipotesi Split-C	(Hipótesis del) SC ('sintagma complementante') escindido	56–62
Split-I(-Hypothese)	Split-Infl(-Hypothesis)	(hypothèse de l') éclatement de Infl / du SF ('syntagme flexionnel')	ipotesi Split-Infl	(Hipótesis del) SF ('sintagma flexión') escindido; Hipótesis de la división del SF	51–56
Spracherwerb	language acquisition	acquisition du langage	acquisizione del linguaggio	adquisición del lenguaje	4–17
Spur	trace	trace	traccia	huella	46, 54, 72, 80
Strukturbaum	phrase marker / tree diagram	arbre syntagmatique / configuration arborescente / structure en arbre	struttura ad albero	diagrama de árbol (etiquetado)	31ff.
Thetarolle	theta role	rôle thématique	ruolo tematico	papel temático	62–72
Topikalisierung	topicalization	topicalisation	topicalizzazione	topicalización	56–62
unakkusativ, ~es Verb	unaccusative (verb)	(verbe) inaccusatif	verbo inaccusativo	(verbo) inacusativo	75–79
	Uniformity of Theta Assignment Hypothesis (UTAH)	Hypothèse de l'Uniformité de l'Assignation Thématique (HUAT)	ipotesi dell' assegnazione tematica uniforme (IATU)	Hipótesis de la Uniformidad de la Asignación Temática (HUAT)	86–88
V2-Sprache	verb second language	langue à verbe second	lingua a verbo secondo	lengua de verbo en segunda posición	2, 38–41, 61
VP-interne Subjekthypothese (VISH)	VP-internal subject hypothesis	Hypothèse du sujet interne (au syntagme verbal)	ipotesi del soggetto interno (al sintagma verbale)	Hipótesis del sujeto interno (al sintagma verbal)	66ff.
Wh-Bewegung	wh-movement	déplacement/mouvement Qu-	movimento A'	movimiento (de) QU	39–42
X-bar-Theorie (auch: X'-Theorie)	X-bar (X') Theory	théorie X-barre	Teoria X' (X-barra)	Teoría de la X-barra / X con barra	31–36, 99
Ziel	target, goal	cible	meta	meta	112–116

Index